Cher oncle Normand,

Étant d[...] s
n'avez pu [...] rendre
à Montréal pour les
célébrations du Frère
André... c'est lui
qui se rend jusqu'à vous!

Bonne Lecture

Carole xx
et
Linda xo

Le frère André

Correction: Ginette Patenaude
Infographie: Johanne Lemay

DISTRIBUTEUR EXCLUSIF:

• Pour le Canada et les États-Unis:
  MESSAGERIES ADP*
  2315, rue de la Province
  Longueuil, Québec J4G 1G4
  Tél.: 450 640-1237
  Télécopieur: 450 674-6237
  Internet: www.messageries-adp.com
  *filiale du Groupe Sogides inc.,
   filiale du Groupe Livre Quebecor Media inc.

Catalogage avant publication de Bibliothèque et
Archives nationales du Québec et Bibliothèque
et Archives Canada

Lachance, Micheline

Le frère André: l'histoire de l'obscur portier qui allait
accomplir des miracles

Nouv. éd. mise à jour et augm.
Comprend des réf. bibliogr.

ISBN 978-2-7619-2954-7

1. André, frère, 1845-1937. 2. Oratoire Saint-Joseph
(Montréal, Québec) - Histoire. 3. Thaumaturges -
Québec (Province) - Biographies. 4. Frères de Sainte-
Croix - Biographies. 5. Religieux - Québec (Province)
- Biographies. I. Titre.

BX4750.A58L32 2010   271'.79   C2010-941644-9

Gouvernement du Québec – Programme de crédit
d'impôt pour l'édition de livres – Gestion SODEC –
www.sodec.gouv.qc.ca

L'Éditeur bénéficie du soutien de la Société de développement des entreprises culturelles du Québec
pour son programme d'édition.

Le Conseil des Arts du Canada
The Canada Council for the Arts

Nous remercions le Conseil des Arts du Canada de
l'aide accordée à notre programme de publication.

Nous reconnaissons l'aide financière du gouvernement
du Canada par l'entremise du Fonds du livre du Canada
pour nos activités d'édition.

10-10

© 2010, Les Éditions de l'Homme,
division du Groupe Sogides inc.,
filiale du Groupe Livre Quebecor Media inc.
(Montréal, Québec)

Dépôt légal: 2010
Bibliothèque et Archives nationales du Québec

ISBN 978-2-7619-2954-7

Micheline Lachance

Le frère André

L'histoire de
l'obscur portier
qui allait accomplir
des miracles

LES ÉDITIONS DE L'HOMME
Une compagnie de Quebecor Media

*À Marie-Josée, qui a toujours partagé
mon engouement à l'égard du petit frère rempli
de compassion pour les misères du monde.*

Note de l'auteur

Tous les dialogues contenus dans ce livre sont authentiques. Ils ont été transmis par les acteurs même, lors du procès de sanctification du frère André et réunis dans le Summarium. D'autres témoignages ont été recueillis par le père Henri-Paul Bergeron, c.s.c, premier biographe du frère André, qui a interrogé de précieux informateurs aux lendemains du décès du thaumaturge. Enfin, il faut souligner la laborieuse enquête du chanoine français Étienne Catta qui, après avoir passé au crible les informations existantes, a poursuivi ses recherches auprès des témoins de l'époque encore vivants en 1963.

Introduction

*Ses dénonciateurs l'avaient surnommé par dérision «le frère graisseux».
Il avait cinquante ans quand sa réputation de thaumaturge a pris naissance. De partout, on assiégeait les abords du collège Notre-Dame où il
était portier, réclamant «le petit frère qui guérit tous les maux».*

*Nous sommes au début du vingtième siècle. Le frère André ne laisse
personne indifférent. Pourtant, il a l'air bien ordinaire. Cet illettré à
peine capable de signer son nom inquiète la gent médicale et les autorités
religieuses. Le frère est au cœur d'une véritable polémique.*

*L'archevêque de Montréal, monseigneur Bruchési, s'en arrache les
cheveux. Les supérieurs du collège Notre-Dame marchent sur des charbons ardents et les médecins qui le tiennent pour un charlatan le dénoncent et le ridiculisent. La cabale bat son plein. On enquête, on multiplie
les interdits, on tente de ralentir le mouvement de foule. Rien à faire, le
peuple continue de faire le pied de grue aux abords de l'institution, toujours animé du même espoir: voir, toucher le frère André, lui parler.*

*Qui donc était le frère André? Le père Émile Deguire, âgé de 83 ans,
ami intime du thaumaturge et l'un des derniers témoins de l'époque,
l'affirmait sans ambages: «C'était un homme comme tout le monde.
Les gens l'aimaient parce qu'il leur ressemblait.»*

*Toutes les familles québécoises se reconnaîtront dans l'histoire du
frère André. Nos annales regorgent d'Alfred Bessette[1]. Qui n'a pas*

---

1. Le frère André est né Alfred Bessette.

entendu parler d'un grand-oncle ou d'un arrière-petit-cousin malchanceux, orphelin en bas âge, illettré et sans avenir ? De ces nombreux malheureux qui se sont expatriés aux États-Unis dans l'espoir d'une vie meilleure ? Plusieurs, comme Alfred Bessette, sont rentrés au bercail les mains vides.

Nés au milieu du XIXe, ces hommes et ces femmes ont peu reçu de leurs pères si ce n'est une foi inconditionnelle et peut-être aussi la certitude d'être « nés pour un petit pain ». Ils appartiennent à une génération qui a vu s'écrouler le monde. La guerre de 1914-1918 ? Ils y ont participé mais à reculons. Puis, ce fut la grippe espagnole, ce terrible fléau qui a décimé des familles entières. Plus tard, à l'orée de la vieillesse, les voilà confrontés à une terrible menace : le péril communiste !

Les habitués du frère André, c'étaient ces gens. Ils allaient d'abord vers le « guérisseur ». Vers cet homme qui arriverait peut-être à redonner à un membre accidenté sa fonction normale ou à enrayer une tuberculose sévère.

Avec le temps, le frère André en a fait ses complices en les invitant à partager son grand rêve : construire sur le mont Royal un sanctuaire dédié à saint Joseph. Si l'Oratoire existe aujourd'hui, c'est grâce à la détermination du frère André qui ne s'est jamais démentie et aussi aux pèlerins qui ont forcé le clergé à accepter un culte populaire dont il s'est longtemps méfié.

L'Église s'est d'abord montrée réticente devant les phénomènes étonnants qui se déroulaient sur la montagne. Elle tenait pour suspect l'engouement de certains chrétiens réputés naïfs et crédules. Jusqu'au jour où monseigneur Bruchési reconnut officiellement ces « faits extraordinaires ».

Le frère André est mort il y a soixante-treize ans. Mais il demeure singulièrement présent à l'Oratoire Saint-Joseph. De nombreux pèlerins parcourent de grandes distances pour venir jusqu'à lui. Ils touchent son tombeau et lui parlent comme s'il était vivant.

Pendant un certain temps, le phénomène est tombé dans l'oubli. On a balayé du revers de la main le frère André et ses miracles, comme on l'a fait de tout notre passé religieux. On a relégué aux oubliettes toutes ces croyances et pratiques religieuses qui ont hanté notre enfance jusqu'à nous étouffer. On les a même ridiculisées.

Au même moment, l'évolution de la science a levé le voile sur certaines guérisons jusqu'alors inexplicables. Ainsi, la médecine d'aujourd'hui prouve hors de tout doute qu'une fièvre des foins peut, à la radiographie, prendre les apparences d'une tuberculose et disparaître en 48 heures.

Voilà qu'aujourd'hui, on époussette l'histoire. La religion de nos pères retrouve sa place. Elle fait partie de notre patrimoine. Le frère André, c'est un peu notre arrière-grand-oncle. Nous ne cherchons plus à juger. Nous recollons patiemment les morceaux de notre passé.

L'ethnologue québécois Jean Simard, avec qui je discutais un jour du phénomène, a trouvé les mots justes pour réinsérer le frère André dans notre histoire: «la religion populaire, dit-il, c'est un patrimoine comme la langue et la ruralité chez nous. C'est un bagage qui nous suit et dont on ne peut se défaire quoi qu'on fasse… On a tous un peu de terre à nos bottes et quelques médailles accrochées au cou.»

Pendant vingt ans, nous avons eu honte. Nous avons méprisé ce passé religieux. Maintenant, nous le regardons avec un œil neuf. Le temps a effacé les égratignures. Il importe peu que les miracles de la montagne aient été réels ou imaginaires. La vérité n'est jamais simple et en fouillant l'histoire, on en vient à se demander s'il n'y en a vraiment qu'une.

Au fond, toute la différence réside dans les sentiments qui nous animent. Désormais, nous commençons à accepter, à aimer même, notre passé avec ses grandes familles, ses bénédictions paternelles, ses vendredis maigres… et ses frère André.

PREMIÈRE PARTIE

Chapitre 1

Une autre journée de purgatoire

Le tramway quitte la gare du Chemin Saint-Luc[1] juste en face du Collège Notre-Dame. Il regagne cahin-caha le terminus de la rue du Parc. L'engin criard ramène vers le bas de la ville les derniers malades venus raconter leurs misères au frère André.

Le jour descend. C'est l'entre chien et loup. Un petit homme chétif, sans âge, referme derrière lui la porte d'entrée de la gare. C'est dans cet abri de fortune que le frère André reçoit ses visiteurs depuis quelques mois déjà. Jour après jour, arthritiques, cancéreux, tuberculeux s'entassent dans cette salle d'attente improvisée. Il a fallu s'organiser avec les moyens du bord, car le père supérieur est formel : aucun malade ne doit franchir la porte du collège ni circuler dans les corridors. Le risque de contagion pour les élèves est trop sérieux.

— Une autre journée de purgatoire qui s'achève, soupire le frère André, en voyant le tramway s'éloigner.

Il paraît vieilli, ce soir, le petit frère. Plus voûté que d'habitude. Il se dirige lentement vers le collège où il doit reprendre son poste de portier. Sur sa route, le religieux croise son supérieur qui raccompagne le médecin attitré du collège à la grille du jardin.

— Tiens, notre frère graisseux a fini de frotter son monde pour aujourd'hui ! s'écrie le docteur, cinglant.

Le frère André baisse la tête et va son chemin. Quand donc le docteur Charette cessera-t-il de s'acharner contre lui ! Sa hargne n'a pas de répit. Le médecin élève la voix pour être

---

1. Aujourd'hui Chemin de la Reine Marie.

certain que ses propos acerbes seront clairement entendus du frère. D'un ton chargé de mépris, il frappe :

— Savez-vous, père supérieur, que les activités de votre guérisseur commencent à faire du bruit ? J'ai ouï dire que le curé de la paroisse se plaint de cette vilaine habitude qu'a votre protégé de frictionner les gens avec de l'huile de saint Joseph. Il prétend que le frère André est en train de faire de la religion catholique une religion de frottage. Il va pourtant falloir sévir avant que…

Le frère André n'entend plus. La fin de l'attaque se perd. Une flèche de plus décochée à son endroit. Pourtant, ce soir, il a le cœur gros et les insultes ne passent pas. S'il se laissait aller, il éclaterait en sanglots.

— Frère André, on vous demande au téléphone.

« Allons, il faut se secouer », songe le petit frère brusquement ramené à la réalité. Il presse le pas, s'enferme dans sa loge de portier et va jusqu'au téléphone. Peut-être est-ce une personne qui a besoin de son aide ?

— J'écoute, dit-il, en approchant le récepteur de son oreille.

— Vous n'êtes qu'un charlatan ! lance une voix inconnue avant de raccrocher bruyamment.

Dans le silence de la porterie, de ces quatre murs entre lesquels il passe le plus clair de son temps jour et nuit depuis trente ans, le frère André pleure pour de bon. « Je ne sais pas ce que je leur ai fait, s'interroge-t-il. Pourquoi me font-ils tant de difficultés ? Est-ce donc si mal de prier saint Joseph avec des malades ? »

Le harcèlement du docteur Joseph-Albini Charette ne date pas d'hier. Le frère André se sent bien insignifiant à côté du médecin qui est marguillier de la paroisse et commissaire d'école. Il jouit d'une réputation à toute épreuve. Ses opinions ont force de loi. S'il pose un diagnostic médical, on s'incline.

Le frère André sait trop bien pourquoi le médecin ne le laisse pas respirer. Il se rappelle cet incident de 1884 alors qu'il avait 39 ans… Le docteur Charette avait imposé le lit à un jeune élève du collège qui souffrait de fièvre maligne. L'enfant reposait à l'infirmerie quand le frère André s'arrêta à son chevet. Pendant son noviciat, quelques années plus tôt, il avait assisté les infirmiers et les médecins de l'institution qui soignaient les malades. Depuis ce temps-là, le frère avait conservé l'habitude de leur rendre visite.

À la vue du jeune garçon assis dans son lit, la tête appuyée sur des oreillers, le frère André esquissa un sourire et s'étonna :

— Qu'est ce que tu fais au lit à pareille heure, petit paresseux ?

— Je suis malade, protesta l'enfant.

— Mais non, renchérit le frère, tu n'es pas malade. Va vite jouer dehors avec tes petits camarades.

Le garçonnet ne se le fit pas dire deux fois.

Dès qu'il connut la nouvelle, le docteur Charette, bouillant de rage, apostropha le frère André. Comment un simple frère sans instruction osait-il passer outre à ses directives ? Timidement, le frère André essaya de plaider sa cause :

— Mais l'enfant ne fait plus de fièvre !

— J'affirme le contraire, répliqua le médecin exaspéré, en plongeant le thermomètre dans la bouche du jeune malade.

Il fallut bien se rendre à l'évidence : la fièvre était tombée. Une longue guerre venait d'être déclarée. Une lutte sans merci.

Dans sa loge, le frère André soupire. Il prend son mal en patience. Si au moins, il pouvait se vider le cœur. Hélas ! le frère Aldéric, son vieil ami, son confident, est mort. Comme il se sent seul !

On frappe. Le frère André chasse ses sombres pensées. Dans l'embrasure de la porte, un homme repoussant le supplie des yeux. Une tache rouge et boursouflée le défigure du front jusqu'au menton. La plaie suppure.

— Frère André, implore le visiteur, touchez-moi la tête et guérissez-moi.

Le frère André est embarrassé. Il n'a pas la permission de recevoir ses malades au parloir. Il hésite, puis répond avec douceur :

— Allons, vous ne savez pas tout ce qu'on dit contre moi ? Priez plutôt saint Joseph et vous serez guéri.

Édouard Lacroix baisse la tête. Il balbutie deux ou trois syllabes, mais la suite reste étranglée dans sa gorge. Il essuie maladroitement les larmes qui coulent sur sa joue malade. À côté de lui, sa mère, résignée, lui prend le bras comme pour repartir. Mais l'homme résiste. Dans un ultime espoir, il murmure tout bas :

— Je vous en supplie, touchez-moi la tête…

Le frère André le prend par les épaules et le dirige lentement vers la chapelle. Ému par tant de souffrances, il ne peut s'empêcher, chemin faisant, de lui tapoter le derrière de la tête. Sa voix se fait paternelle :

— Allez à la chapelle et faites ce que je vous dis.

L'homme disparaît dans la pénombre au bras de sa mère. Le jour est tout à fait tombé. Le petit frère ne s'en est même pas aperçu. Il est là, dans sa cellule, perdu dans ses pensées.

* * *

Ses souvenirs le ramènent trente ans en arrière. Il revoit toutes ces années à la porterie du collège Notre-Dame, à la Côte-des-Neiges. Quand on s'étonne de le trouver à son poste après plus d'un quart de siècle, il ironise :

— Après le noviciat, mes supérieurs m'ont mis à la porte et j'y suis resté !

La vie a changé au fil des ans. Pourtant, la petite loge du portier est demeurée en tout point la même depuis 1882. Mêmes murs de crépis, hauts et monotones. Même carrelage au plancher. Pour tout compagnon, une image encadrée de saint Joseph et un vieux crucifix.

Quel confort à côté du collège moyenâgeux d'avant 1880! Les pièces de l'hôtel Bellevue, converti à la hâte en institution scolaire, étaient exiguës. À tel point qu'on avait dû loger les sœurs responsables de l'entretien dans… l'ancien caveau à légumes. Elles y demeurèrent jusqu'à ce que l'on construise un étage au-dessus de l'écurie. C'est d'ailleurs dans cette écurie que l'on installa les cuisines. Le toit coulait désespérément les jours de grandes pluies. Les anciens propriétaires n'ayant jamais posé les ardoises, il était simplement recouvert de minces lattes.

Le frère André l'a bien connue, cette sombre cuisine mal chauffée. La plupart du temps, il y prenait ses repas seul et en vitesse, sur un coin de la table. Inévitablement, le son strident de la cloche le ramenait, entre deux bouchées, à son poste de portier. Que d'humidité détestable se dégageait de cette cuisine où l'on avait l'habitude de suspendre les vêtements mouillés, frais sortis des cuves! Tout au long du jour, le poêle ronflait. Mais, comme il tirait mal, il enfumait la pièce plus qu'il ne la réchauffait. Les petites sœurs avaient beau mettre la soupe à cuire au petit matin, il arrivait souvent, hélas! que les pois n'étaient qu'à demi-cuits, l'heure du souper venue. Si on en mangeait du pain pis des patates dans ce temps-là!

Le frère André ferme les yeux. Il se laisse envahir par ces souvenirs qui remontent au temps où l'on construisait le nouveau collège. Après 1883, la vie est devenue beaucoup plus facile. Mais la loge du portier est restée bien sobre : un banc de cuirette rembourré pour dormir, une commode et une armoire à vêtements. Voilà son royaume. Entre les sons de cloche annonçant l'arrivée des visiteurs, le petit frère raccommode les soutanes et les chaussettes. Il fabrique aussi des cordons de laine noire que les religieux portent en guise de ceinture.

— Frère André, je viens vous aider.

Le portier lève les yeux. C'est Maurice, le petit Duplessis, qui deviendra plus tard premier ministre du Québec. Il entre en coup de vent dans la pièce. Les jours de congé, l'étudiant vient prêter main-forte au frère. Celui-ci accueille les visiteurs tandis que Maurice court aux quatre coins du collège prévenir les élèves qui sont demandés au parloir. Les étudiants commencent à être nombreux au collège Notre-Dame. Lors de l'ouverture, en 1869, on en dénombrait un peu plus de vingt. Une dizaine d'années plus tard, les voilà trois cents! Sans ascenseur ni système d'interphone, c'est la course folle à travers l'édifice aux heures d'affluence. Quand il est seul, le petit frère s'essouffle à monter et à descendre les escaliers à toute vapeur afin d'être de retour au poste avant l'arrivée des prochains visiteurs.

Et le père Louage qui n'entend pas à rire! Personne n'en revient dans la communauté. On dirait que le père supérieur a une dent contre le frère André. Il l'accable de reproches pour tout et pour rien. Il a l'air de croire que le portier peut être partout à la fois. Pour blaguer, les religieux appellent le frère André, le «paratonnerre du collège». C'est lui qui essuie les sautes d'humeur du supérieur.

Le père Louage a le don d'embarrasser ses subalternes. Il le fait avec un sans-gêne révoltant. Le frère André ressent encore les frissons de l'humiliation en revoyant le regard tyrannique de son supérieur qui l'apostrophe froidement:

— Où étiez-vous, frère André?

Comme d'habitude, le petit frère s'était rendu au bureau de poste, à cinq minutes de marche, pour y prendre le courrier du collège. Le frère Osée le remplaçait à la porte. Or ce dernier eut la mauvaise idée de s'éloigner de son poste au moment même où un visiteur sonnait. Personne pour répondre. Le visiteur insiste, frappe plus violemment, tant et si bien que le père Louage, un bouillant méridional, se voit obligé de sortir de son bureau et de descendre au rez-de-chaussée pour répondre à la porte.

Au retour du frère André, le père supérieur ne mâche pas ses mots. Le portier essaie d'échapper aux remontrances :

— J'étais au bureau de poste, explique-t-il honnêtement.

— Voyons, réplique le supérieur maussade, je suis Provincial, supérieur, économe ; maintenant, il faut en plus que je sois portier ! Baisez la terre, frère André.

Devant le frère Osée, malheureux mais impuissant de voir son confrère blâmé à sa place, le frère André s'exécute sans mot dire.

* * *

Pas facile la vie de portier sous le règne du père Louage ! Heureusement, quand le vase déborde, le frère André peut se réconforter auprès de son vieil ami le frère Aldéric.

Pauvre frère Aldéric ! S'il jouit de l'estime de tous, tant en France, son pays natal, qu'au Québec, sa patrie d'adoption, on ne peut pas dire qu'il soit dans les bonnes grâces du père Louage. À son tour, il doit, lui aussi… baiser la terre !

L'amitié qui unit les frères Aldéric et André est de celles qui durent une vie. Tout contribue à rapprocher les deux hommes : leur attachement à Saint-Césaire, petit village qui a vu grandir le frère André et où le frère Aldéric enseigna peu après son arrivée au Canada. Mais leur ferveur commune pour saint Joseph s'avère le lien le plus fort entre eux.

Le frère Aldéric a été le premier véritable confident du frère André durant les années passées au collège Notre-Dame. C'était autour de 1877. Le religieux français, installé à la Côte-des-Neiges depuis deux ans, écoutait avec émerveillement le petit frère de dix-huit ans son cadet lui raconter toutes les faveurs obtenues de saint Joseph grâce à l'huile qui brûle sous la lampe dans la chapelle.

Avant de rencontrer le frère Aldéric, le portier du collège n'avait jamais osé parler à quiconque des guérisons dont il était témoin. Il profitait de courses à faire en ville pour apporter furtivement de l'huile de saint Joseph aux malades du voisinage.

Loin de remettre en question l'usage de l'huile, le frère Aldéric encourage son jeune ami à continuer son travail. La technique, lui explique-t-il, n'est pas nouvelle : dans la plupart des sanctuaires européens, les pèlerins ont recours à l'huile qui brûle près de l'autel[2].

Quand il s'arrête à la porterie pour faire la conversation, le frère Aldéric lit à haute voix des extraits d'articles parus en France dans les *Annales de l'Association de Saint-Joseph*.

L'auteur y fait le récit de « cures merveilleuses » obtenues grâce à l'application sur la partie malade « d'un peu d'huile qui a brûlé devant une relique de saint Joseph, à la suite de deux ou trois neuvaines ou devant la statue[3]. »

Le frère Aldéric a lui-même été guéri d'une blessure à la jambe à l'aide du procédé si cher au frère André. Il décide donc, un beau jour de 1878, d'envoyer le compte rendu de sa guérison à la revue française qui publie sa lettre au mois de juin.

---

2. Catta, Chanoine Étienne, *Le frère André et l'Oratoire Saint-Joseph du Mont-Royal*, Montréal, Fides, 1964, p. 209-210.
3. *Op. cit.*, p. 48.

Mon Révérend Père,

Je vous prie de publier… à la louange de saint Joseph quelques-
unes des nombreuses faveurs qu'il a daigné nous accorder ici
avec cette libéralité qui s'étend partout à ceux qui l'invoquent
avec confiance et amour…

Le 5 février dernier, je me fis en tombant sur un fer presque
tranchant une blessure jusqu'à l'os de la jambe droite…

Je ne pris aucune précaution, n'attachant aucune impor-
tance à cet accident. Avec deux ou trois jours d'un repos absolu,
le mal aurait probablement disparu… Je ne dis rien à personne
et continuai d'aller et venir et de me livrer à mes occupations
ordinaires. Au bout de huit jours, je dus m'arrêter. La plaie
s'était envenimée sous l'influence du froid et de la marche, et
ma jambe était enflée. Les soins du docteur ne tardèrent pas à
faire disparaître l'enflure, et l'on fit sur ma jambe des applica-
tions de gomme de sapin…

Le frère Aldéric raconte ensuite comment son mal s'ag-
grava en dépit d'une surveillance médicale étroite. Ni la
gomme, ni les onguents ne réussirent à conjurer le mal. Le
pauvre malade tremblait à l'idée qu'on allait peut-être lui couper la jambe. Mais lisons la suite de sa lettre :

N'ayant plus aucune confiance dans tous ces onguents miton-
mitaine, je tournai mes regards vers l'ami des malheureux, le
médecin des malades abandonnés, vers notre bon et puissant saint
Joseph…

Le 31 mars, je me fais conduire à la Côte-des-Neiges pour
la réunion ordinaire du Conseil provincial. Là je demande au
petit frère André de me procurer un peu d'huile de la lampe de
saint Joseph, de cette huile dont il m'avait dit des merveilles.

Le bon frère André ne se crut pas autorisé à m'accorder l'objet de ma demande et pour l'obtenir, il me fallut recourir au frère Ladislas, le sacristain de Notre-Dame.

Le soir, je versai quelques gouttes de ma précieuse fiole sur la plaie de ma jambe en priant saint Joseph de me guérir, et lui promettant, si j'étais exaucé, de communier le lendemain en action de grâces.

À mon réveil, je ne ressentais plus aucune douleur à ma jambe et, au bout de deux jours passés sans découvrir la plaie, j'ôte les bandes; je vois une croûte sèche sur la plaie cicatrisée, et chacun de mes visiteurs peut constater de visu que je suis radicalement guéri.

Gloire, amour et reconnaissance à saint Joseph! Depuis lors, j'ai repris mes occupations ordinaires.

* * *

La nouvelle des guérisons obtenues grâce au portier du collège se répand comme une traînée de poudre. Les hommes, les femmes et les enfants, malades ou infirmes, déambulent dans les corridors de l'institution. Ils attendent patiemment au parloir. Puis, à la demande du frère André, ils se dirigent vers la chapelle, confiants d'obtenir l'aide sollicitée.

Les mardis et les dimanches, l'affluence atteint son comble. Ces jours-là, les patients habituels du frère André doivent céder les meilleures places aux parents qui viennent voir leurs fils pensionnaires au parloir. Le va-et-vient devient bientôt indescriptible. Il faut se résigner à acheminer les malades vers une pièce minuscule qui sert généralement de garde-manger pour les friandises destinées aux élèves.

Après le départ des visiteurs, le parloir et les corridors du collège sont dans un état lamentable: des traces de pas sur le carrelage, des déchets de collation, des chaises éparpillées, tout est à la traîne.

Le dernier visiteur a à peine franchi le seuil de la porte que le frère André se remet à l'ouvrage. À quatre pattes, un seau rempli d'eau savonneuse à côté de lui, un chiffon à la main, il s'acharne contre les taches rebelles. Les manches retroussées, la tête penchée, il sue à grosses gouttes.

— Je vous salue Marie…

Le frère astique, en marmonnant des Ave et des Pater. En levant la tête pour tordre son chiffon, il aperçoit le frère Étiene qui pénètre dans le collège… sans même s'essuyer les pieds.

— Attention, frère Étienne, fait-il en fronçant les sourcils. Vous ne voyez pas que je lave ?

Sans remarquer l'air penaud de l'interpellé, le frère André replonge dans ses prières :

— Sainte Marie, mère de Dieu…

Ce soir-là, le frère Anatole lui donne un coup de main. Il replace en rang d'oignons les chaises dispersées ici et là dans le parloir. On sonne. Qui peut bien arriver à pareille heure ? Le frère Anatole se précipite à la porte pour ne pas déranger son compagnon qui brosse avec tant d'ardeur les éclaboussures sur le parquet. Une dame bien mise demande le frère André.

— C'est pour vous, frère André.

La dame souffrant de rhumatismes traîne sa jambe malade jusqu'au frère qui continue son nettoyage sans faire attention à la visiteuse. Offusquée, elle ne se gêne pas pour dire sa façon de penser au petit homme à la soutane usée et relevée, trop impoli pour déposer sa brosse, le temps de recevoir comme il se doit une personne de la bonne société.

Visiblement embarrassé, le frère André, qui n'apprécie pas cette visite impromptue à l'heure du grand ménage, répond, incisif :

— Vous n'êtes pas malade, madame, vous pouvez marcher.

La réponse pique à vif la visiteuse qui n'est pas habituée au style mordant du frère André. Elle tourne les talons et se dirige d'un bon pas vers la sortie.

Le frère Anatole n'en croit pas ses yeux. Longtemps après l'incident, il racontait encore la scène : la dame, qui traînait péniblement sa jambe à l'arrivée, repartit en marchant normalement.

— Je vous jure que j'ai vu de mes yeux cette femme marcher comme vous et moi, répète-t-il inlassablement aux incrédules.

Intrigué, le frère Anatole interroge le frère André. Mais celui-ci n'aime pas parler de ce que d'aucuns appellent « ses exploits ». Le frère Anatole devra donc se contenter de la formule habituelle de son confrère :

— Je n'y suis pour rien ; c'est saint Joseph qui se sert de moi pour guérir. Je ne suis que son petit chien.

L'horloge indique dix heures passées. Le frère André regagne sa loge pour se reposer. Quelle journée ! Il s'étend tout habillé sur l'étroit banc qui lui tient lieu de lit et s'endort.

Enfoncé dans un demi-sommeil, le portier entend tout à coup des bruits sourds et répétés. Il prête l'oreille. On dirait des bruits de sabots. À trois heures du matin ? Qui cela peut-il être ? D'un bond, il saute hors du lit et se précipite à la fenêtre.

— Mon doux ! les chevaux se sont évadés de l'enclos !

En vitesse, il court frapper à la porte de la cellule du frère Abondius.

— Vite, venez m'aider, les chevaux ont sauté la clôture. Ils sont en train de tout saccager dans le jardin !

Quand les chevaux sont enfin rentrés au bercail, le frère André regarde l'horloge : cinq heures ! Il faut réveiller les religieux ! Il entreprend sa ronde comme tous les matins.

Deux petits coups à chaque porte après quoi il répète de sa voix fluette : *Benedicamus Domino* ! De l'intérieur, une autre voix répond : *Deo gratias* !

Avant de retourner à son poste, le frère André s'arrête aux cuisines pour le petit déjeuner. Une religieuse est déjà aux fourneaux.

— Bonjour frère André, vous avez l'air fatigué. Avez-vous eu le temps d'aller à la messe ce matin ?

— Je suis allé communier, rassure le petit frère. J'y suis allé… même si j'ai « brossé » toute la nuit, dit-il en imitant un homme qui relève d'une cuite.

— Oh ! frère André ! Vous devriez avoir honte, glousse la bonne sœur.

Après avoir avalé quelques croûtons de pain sec trempé dans un verre de lait coupé d'eau, le frère André file. C'est vendredi. Dieu merci, il fait beau. Comme chaque fin de semaine, le petit frère se rend à l'étable, attelle un vieux cheval maigrichon à la voiture et le voilà en route vers la ville. À l'époque, la Côte-des-Neiges est un petit village de rien du tout. On disait des étudiants qui fréquentaient le collège Notre-Dame qu'ils étaient pensionnaires à la campagne.

Le frère André parcourt donc les rangs des environs, s'arrêtant chez les parents des élèves pour y déposer leur poche de linge sale et prendre une valise de vêtements propres.

* * *

En 1888, l'automne est hâtif. Les feuilles rouges, jaunes, brunes, sillonnent la route, recouvrent les allées et le jardin du collège. Le frère André racle depuis deux bonnes heures. Il rassemble les feuilles mortes et les débris de culture en tas. Puis, il transporte le tout dans sa brouette derrière les bâtiments. Entre deux voyages, il s'affaisse sur le sol humide, exténué.

Il faut le soulever et le transporter jusqu'à sa chambre. Il reprend bientôt ses sens, mais ceux qui l'approchent remarquent sur son visage les traits d'un homme surmené. Le père supérieur fait demander le médecin.

— Je l'ai vu cracher du sang, raconte tout bas le frère Philippe qui attend, derrière la porte de la chambre, le verdict du médecin. Pour moi, il fait des ulcères d'estomac.

Ça n'aurait rien de surprenant. Le frère André, qui a maintenant 43 ans, n'a jamais soigné son alimentation. Un peu de farine délayée dans un verre de lait coupé d'eau. Jamais de viande ni de légumes, encore moins de dessert.

— Il se nourrit tellement mal aussi, observe sœur Sainte-Catherine-de-Ricci.

Elle en sait quelque chose, puisqu'elle est préposée aux cuisines. Sa compagne, sœur Sainte-Sophie, acquiesce:

— Des fois, pour faire changement, il prend un bol de soupe sur le coin de la table, à côté de la fournaise.

Son examen terminé, le docteur Laberge range ses instruments. Il donne une tape sur l'épaule de son malade et sort de la pièce.

— J'aimerais voir le père supérieur, demande-t-il. Puis-je monter à son bureau?

Après les salutations d'usage, le médecin, un homme expéditif, peu habitué aux détours, va droit au but:

— Le frère André a besoin d'un repos complet. C'est une question de vie ou de mort.

Le père supérieur fronce les sourcils. Depuis longtemps déjà, il connaît l'état de santé fragile du frère. Il s'évertue à le mettre en garde. Rien à faire, le portier refuse d'entendre raison. Il s'est mis dans la tête d'aménager un joli parterre devant l'entrée principale du collège. Le père supérieur en ressent une vive émotion: c'est pour lui faire plaisir que le petit frère s'est donné tout ce mal. Au prix de quels sacrifices?

De sa fenêtre, à l'étage, le père supérieur avait pu observer le frère André dans le jardin. Il s'acharnait beau temps mauvais temps à enlever les feuilles mortes qui jonchaient le sol. Puis, il ratissait le parterre, à la recherche de pierres qu'il transportait à l'autre bout du terrain, à l'aide d'une brouette vétuste. Le frère Adrien, un botaniste en herbe, lui donnait un coup de main. Ensemble, durant l'été, ils avaient planté les fleurs qui découpent la pelouse en forme d'étoile. Ses fleurs, le frère André les avait surnommées « mes petites poules ».

— Frère Adrien, venez voir mes petits poussins, lançait-il triomphant en montrant du doigt les nouvelles pousses.

Il était heureux et ne voyait pas le temps passer. Ni ses forces l'abandonner. Une nuit, il travailla jusqu'à l'aube, sans voir le jour se lever. Le son de l'angélus l'avait brusquement ramené à la réalité.

Après avoir remis une ordonnance médicale au père supérieur, le docteur Laberge prend congé non sans avoir obtenu l'assurance que le malade cesserait toute activité le temps nécessaire à une convalescence raisonnable.

— Ce ne sera pas facile de lui faire avaler la pilule, marmonne le père supérieur en descendant à la loge du portier.

Le malade l'accueille avec sérénité. Il n'a pas bonne mine, mais ne semble pas inquiet le moins du monde. C'est plutôt lui qui tente de rassurer son supérieur.

Le frère André est né avec une digestion lente, ce qui ne l'a jamais empêché de vivre normalement. Son estomac, c'est comme un vieux camarade mal en point qui fait souffrir mais qu'on ne peut pas abandonner en cours de route. Voilà maintenant 43 ans qu'il le traîne. Pourtant, à sa naissance, personne n'a cru qu'il survivrait. Il fut même baptisé sous condition dans la modeste maison de ses parents, au Mont-Saint-Grégoire.

Comment voulez-vous faire entendre raison à un homme sûr de vivre jusqu'à cent ans? Un simple évanouissement causé par un excès de fatigue ne suffira pas à le clouer au lit très longtemps.

Les pères et les frères ont bien essayé par tous les moyens de raisonner le frère André. Pourtant, quelques jours plus tard, quand le docteur Laberge passe prendre des nouvelles de son malade, il le trouve juché en haut de l'escabeau en train de laver énergiquement les vitres du collège. Il se hâte afin qu'elles brillent comme un sou neuf le jour de la rentrée. Devant l'étonnement du médecin, le petit frère se contente de lui avouer en riant :

— Si jamais je viens à mourir, la communauté sera bien débarrassée.

Le jour de la rentrée, les parents s'émerveillent devant les parterres en fleurs du collège. Les vitres et les planchers reluisent de propreté et le portier est à son poste… même s'il a perdu des plumes durant l'été. Cela, tout le monde le remarque.

Trois mois ont passé depuis la dernière visite des parents au collège. Ils étaient nombreux à la cérémonie de la remise des bulletins et à la distribution des prix, présidée par monsieur Nérée Duplessis, de Trois-Rivières, le père du jeune Maurice. Le frère André paraissait en verve, ce jour-là. Il était partout à la fois, y allant d'un bon mot aux parents et d'une accolade aux étudiants. Les souhaits de bonnes vacances volaient à tout vent.

À la rentrée, en septembre, les mêmes parents raccompagnent leurs fils au collège. Personne n'en revient devant l'allure du petit frère qui ne peut cacher son état lamentable.

— Mon Dieu, c'est pas croyable, s'étonne la mère d'un étudiant de syntaxe, frère André, comme vous êtes changé ! C'est à peine si je vous reconnais !

— Mais voyons madame, fait le frère, pince-sans-rire, c'est normal… je me change toujours le dimanche. Il n'y a rien d'extraordinaire à cela !

Chapitre 2
L'huile de saint Joseph

Le frère André sort du bureau du père supérieur. L'ordre qu'il vient de recevoir ne l'étonne guère : défense de recevoir les malades et les impotents à l'intérieur du collège.

Le petit frère s'y attendait. Certains regards ne trompent pas et le portier a bien lu dans les yeux de plusieurs parents une froideur éloquente. Il a capté au passage des remarques désobligeantes sur « ses pratiques douteuses ». Mais il ignorait le pire : un groupe de parents vient de servir un ultimatum au supérieur du collège : « Si la ronde des infirmes, des malades et des éclopés continue, nous retirons nos enfants de votre institution. »

Le nouveau supérieur, le père Dion, a mis du temps avant de prévenir le frère André du sérieux de la situation. Il a longtemps gardé pour lui les lettres de protestation qui s'accumulaient sur son bureau. Comme son prédécesseur, il a toujours fait confiance à son protégé sans jamais prêter l'oreille aux calomnies qui arrivaient jusqu'à lui. Le frère André est un homme honnête et un religieux consciencieux. Il encourage les malades à implorer saint Joseph pour leur guérison. Jusqu'à preuve du contraire, il n'y a là aucune faute.

Seulement voilà ! Cette histoire d'huile de saint Joseph qui sert à frotter les plaies des malades commence à être montée en épingle. En homme lucide, le père Dion essaie de mesurer l'ampleur de la situation. Quand le frère André a commencé à distribuer son huile, personne au sein de la communauté n'a trouvé à redire. Après tout, cette pratique est fort courante dans la plupart des pays catholiques, et plus particulièrement depuis 1872, quand les religieux de Sainte-Croix propagèrent l'idée que saint Joseph était «l'avocat des causes désespérées».

— L'huile, lui explique un jour le frère, c'est comme la médaille. Ça fait mieux penser à saint Joseph, ça excite la confiance envers lui.

Le père Dion replace la calotte qu'il porte à l'arrière de la tête. Puis, il jette un coup d'œil sur les lettres de dénonciation qu'il a reçues. Il est clair que les parents s'opposent farouchement à la pratique du frère André. Certains craignent pour leurs fils la contagion : ces malades peuvent fort bien être porteurs de maladies infectieuses. Pourquoi en effet envoyer ses enfants dans une institution privée s'ils y courent le risque de contracter des maux graves ? D'autres parents dénoncent la façon de procéder du religieux : *Cette manie qu'a le frère André d'appliquer lui-même son huile sur les parties malades est répugnante*, écrivent-ils, visiblement dégoûtés. D'autres enfin s'interrogent sur la moralité du frère qui n'hésite pas à toucher les hommes. Pis encore, les femmes.

Il y a des gens qui dépassent les bornes : le frère Étienne a aperçu des curieux accroupis devant la porte du magasin de bonbons où le portier reçoit ses malades. Ils cherchaient à voir par le trou de la serrure s'il se passait des choses louches dans la mystérieuse pièce…

Jusqu'à ce que les récriminations deviennent pressantes, le père supérieur a autorisé le frère André à consoler et à encourager ses malades. Mais il doit maintenant se rendre à l'évidence : toute cette histoire risque de causer un tort considérable à l'institution dont il a la responsabilité.

Certains religieux du collège se mettent maintenant de la partie. Depuis quelque temps, le préfet de discipline fait équipe avec le docteur Charette pour ridiculiser le petit frère. Le frère Henri, avouons-le, n'a pas la langue dans sa poche. Exigeant envers lui-même, il l'est tout autant envers les autres. La plupart des religieux le perçoivent comme un homme dur qui sait devenir cruel le cas échéant. Il aborde la quarantaine et manifeste dans la vie quotidienne autant d'impulsivité que de nervosité.

Or, les pratiques du frère André le mettent littéralement hors de lui. Il compare le parloir du collège où s'entassent les malades à une « piscine probatique », rappelant les réservoirs d'eau dans lesquels, jadis, on plongeait les victimes destinées au sacrifice à Jérusalem. À ses yeux, le frère André est un vulgaire « rabouteux ».

Curieusement, l'entêtement des détracteurs du frère André ne semble pas ébranler la confiance des malheureux qui viennent en nombre sans cesse croissant frapper à la porte du collège. Les visiteurs ne veulent pas entendre raison. On les refoule à l'entrée ? Qu'à cela ne tienne, ils attendent patiemment à l'extérieur, près de la grille, le petit frère en qui ils mettent tous leurs espoirs.

—Je n'ai pas la permission de vous recevoir, explique le frère André, en secouant tristement la tête.

—Mais, frère André, je viens de loin, implore un visiteur déçu.

—Voyez le père Provincial, si vous voulez.

Le frère André a les mains liées. Il ne peut secourir son monde sans l'autorisation de ses supérieurs. Il a fait le vœu d'obéissance. Tant de souffrances le déchirent.

Depuis qu'on a installé le téléphone au collège Notre-Dame, le 1er juin 1890, la petite sonnerie se fait entendre jour et nuit.

— Est-ce que je peux parler au frère André ?

Ça ne dérougit pas. C'est à n'y rien comprendre. Comme si ce petit homme à l'air faiblard tenait dans ses mains la destinée de tous les Montréalais.

— Je n'y suis pour rien, proteste-t-il. C'est saint Joseph.

Patiemment, le petit frère répond à chaque appel. Tout le monde à Montréal a le téléphone. La métropole s'est dotée de son premier annuaire en 1880. La réception par ligne téléphonique n'est pas parfaite. Quand par malheur un tramway passe, la conversation s'embrouille. On n'entend plus que le bruit strident des fils électriques qui s'entrechoquent. Mais la plupart du temps, le frère André réussit à faire passer son message :

— Priez saint Joseph.

Le passage des tramways électriques à la Côte-des-Neiges, depuis 1893, a également contribué à attirer les visiteurs au pied du mont Royal. Les « p'tits chars » comme on les appelle déjà, prennent le départ à l'angle des rues du Parc et Mont-Royal. Ils empruntent le Chemin de la Côte-Sainte-Catherine et traversent la paroisse de la Côte-des-Neiges.

La petite ville sise sur le versant de la montagne est privilégiée. À l'époque, la plupart des banlieues sont desservies par des véhicules circulant sur des rails mais traînés par des chevaux. Les banquettes sont inconfortables et les accidents fréquents, puisque les sabots des chevaux restent coincés dans les rails.

Grâce aux tramways électriques, la Côte-des-neiges est reliée à la grande ville par un système de transport moderne. L'administration du collège Notre-Dame a dû y mettre le prix. Elle versa à la compagnie des Chemins de fer, également propriétaire des tramways, la somme de 500 $ à la condition que le tracé qui ceinture le mont Royal s'arrête devant l'institution. Au début du siècle, l'automobile est l'apanage des gens riches. C'est dire que la plupart des visiteurs du frère André prennent le *Mountain Belt Line* pour se rendre jusqu'à lui.

* * *

Pendant que des centaines de malheureux réclament le secours du frère André, ses adversaires font les cent pas dans les bureaux de l'archevêché où ils ont sollicité une audience de monseigneur Bruchési.

Le prélat, un homme d'allure noble, écoute leurs doléances sans argumenter. Les allégations de certains le laissent assurément perplexe. Autant les dénonciations sont lourdes de sous-entendus, autant les éloges qui parviennent jusqu'à lui sont convaincants.

Monseigneur Bruchési ajuste son lorgnon. Enfoncé dans son fauteuil, les mains appuyées aux accoudoirs, il réfléchit. Il n'a certes pas de temps à perdre avec cette histoire. Montréal croît à un rythme effréné et il a décidément plus d'un chat à fouetter. Il doit surveiller la presse. Il va parfois jusqu'à réclamer des pamphlétaires un droit de regard sur leurs écrits. Il le faut bien, à l'heure où les femmes réclament des droits, où les catholiques s'intéressent au théâtre... il doit resserrer la vis avant qu'il ne soit trop tard.

L'archevêque de Montréal convoque le supérieur du collège. Lui seul peut apporter les éclaircissements requis. Le père Dion saura si la situation est bien maîtrisée. L'entrevue est dépourvue de tout caractère officiel. Assis derrière sa longue table, monseigneur Bruchési pose la seule question qui lui semble pertinente :

— Si l'on demandait au frère André de ne plus recevoir de malades, obéirait-il ?

— Il le ferait immédiatement, répond le père Dion sans embarras.

Rassuré, le prélat enchaîne :

— Laissez-le donc faire. Si l'œuvre est humaine, elle tombera d'elle-même ; si elle est divine, elle subsistera.

Dans un climat empreint de cordialité, les deux religieux épluchent la question. Monseigneur Bruchési insiste pour que le père supérieur lui décrive avec force détails ce mouvement de foule qui se dessine au pied de la montagne. L'évêque en profite pour lancer un appel à la prudence. Il faut éviter à tout prix de prêter flanc aux attaques des détracteurs. Ses remarques portent notamment sur l'hygiène et sur les touchers du frère André qui, tout innocents qu'ils soient, en indisposent plus d'un.

Avec la bénédiction de l'évêque, le frère André continue donc à recevoir ses malades qui se pressent désormais à la grille du collège. Tout se passe bien durant l'été. Mais l'automne venu, on ne peut pas décemment laisser tous ces malheureux faire le pied de grue sous la pluie, exposés aux vents bourrus d'octobre. Les autorités du collège décident donc d'autoriser le frère André à s'installer dans la petite gare de tramway, aux heures d'affluence. Cette aubette a été construite aux frais des pères de Sainte-Croix pour le confort des visiteurs qui voyagent en tramway.

* * *

Dans ses rares moments libres, le petit frère invite ses compagnons, religieux, étudiants ou malades à l'accompagner à travers les sentiers du mont Royal.

À partir de 1897, les randonnées à la montagne deviennent de plus en plus populaires. Les religieux et les élèves empruntent le petit sentier qui zigzague au milieu des arbres et se ramifie à l'approche du faîte.

— Frère André, vous avez laissé échapper quelque chose.

Le petit frère continue son chemin sans se retourner. Tout le monde connaît la ruse : les poches pleines de médailles de saint Joseph, le frère André, mine de rien, les laisse tomber une à une pour que ses pupilles les ramassent.

Là-haut, la luminosité est intense et la vue sans pareille. Au loin, se dessinent le Saint-Laurent et le lac Saint-Louis. Au nord, on aperçoit le lac des Deux-Montagnes et la rivière des Prairies qui sépare Montréal de l'île Jésus. Il fait bon respirer l'air pur. Quand le soleil décline, les plus jeunes dévalent la pente au pas de course. À l'heure de la soupe, personne ne se fait prier.

L'hiver, les pensionnaires s'amusent pendant la récréation. Tantôt en raquettes, tantôt en traîne sauvage, ils sillonnent la pente, emmitouflés jusqu'aux oreilles. Le vent et la neige effacent le sentier. Il faut se fier à la pente abrupte pour rentrer au bercail à la tombée du jour. Ah ! ces glissades épiques ! Ils en reviennent la peau râpée par le froid.

À Montréal, tout le monde se raconte les exploits réalisés sur le mont Royal. Un jeune Irlandais de la Colombie-Britannique, pensionnaire au collège, fait parler de lui. Il descend la montagne en ski, un sport qui connaît encore très peu d'adeptes dans la région.

Avril : un vent tiède, presque doux, annonce le printemps. La neige a cessé de tomber. Les broussailles refont surface et le sentier réapparaît. Le temps est venu de reprendre les randonnées pédestres jusqu'au sommet de la montagne.

Presque aussi petit que ses élèves, le frère André est à peine reconnaissable dans le groupe. Seule sa soutane le distingue des jeunes. Sur le plateau, il arrive qu'on organise un pique-nique quand le temps le permet. On fabrique un foyer rudimentaire avec des pierres rassemblées en cercle. Le feu de camp brûle jusqu'à la brunante. On y fait chauffer l'eau pour la cuisson des épis de maïs. Un jour, la fête tourne presque à la catastrophe: le frère Adrien vient tout près de renverser la marmite d'eau bouillante. Une fois le danger passé, les petits gars ne manquent pas de le taquiner copieusement.

Il faut dire que le frère Adrien est un grand distrait. Ses maladresses sont souvent l'occasion de moqueries. Sa plus succulente bévue a fait le tour du collège.

Le frère Adrien est chargé de sonner l'angélus et de réveiller les pensionnaires pendant que le frère André promène son *Benedicamus Domino!* d'une chambre de religieux à l'autre. Un soir de mai, le frère lunatique remplace le portier du collège, mais celui-ci tarde à rentrer et son remplaçant s'assoupit. À son retour, le frère André le secoue pour le réveiller:

— C'est moi, le frère André.

Éveillé en sursaut, le frère Adrien, qui se croit déjà au matin, se lève et tel un automate, court allègrement sonner l'angélus. Il n'était même pas minuit!

* * *

Quelle peur ils ont eue, tout de même, les religieux du collège! Cette histoire de terrain à vendre en face de l'institution les obséda pendant des années. Aujourd'hui, on s'amuse sur la montagne mais il n'y a pas si longtemps, on tremblait à l'idée qu'un nouveau propriétaire y installe un club tapageur aux mœurs douteuses. Déjà, plusieurs hôtels ont pignon sur rue dans le voisinage. Juste à côté du collège, des hommes d'affaires viennent d'inaugurer un club sportif. En hiver, les abonnés bruyants se promènent en raquettes avant de finir la soirée au chalet autour d'un verre, dans une atmosphère enfumée, au son d'une musique endiablée. L'été, des coups de feu se font entendre. C'est la saison de la chasse à courre. S'il fallait qu'une entreprise du genre s'installe en face du collège Notre-Dame!

Le danger d'une transaction immobilière indésirable plane. L'année précédente, Alexander Gunn, un vieil Écossais à qui le terrain d'en face appartenait, avait décidé de vendre. Les religieux s'étaient montrés intéressés, mais leurs coffres n'étaient pas assez garnis. Le propriétaire s'était donc tourné vers un autre acheteur, Michael Guerin, un spéculateur.

Sitôt le contrat de vente signé, Michael Guerin part à la recherche d'un investisseur ou d'un promoteur immobilier. Les pères de Sainte-Croix sont en émoi. Le frère Aldéric, qui est l'économe du collège, tourne et retourne le problème. Sur sa feuille, il aligne les chiffres, espérant contre toute évidence réussir à étirer la colonne des gains prévisibles.

À la fin du jour, le frère Aldéric frappe à la porte de son ami, le frère André, pour lui confier son tourment. Ce dernier n'entretient aucun doute : la solution viendra de saint Joseph.

Peut-être bien ! Mais en attendant, les succès du jardinier du collège sont providentiels. Le frère Ignace qui, bon an mal an, remporte le concours de citrouille, s'est surpassé cette année. Sa dernière récolte de légumes défie toutes les prévisions. Il a vendu au marché Bonsecours tomates, laitues, choux, carottes et navets pour la rondelette somme de 12 000 $.

Et les prévisions pour l'année qui vient sont aussi encourageantes.

L'économe n'oublie pas les conseils de son ami, le frère André. Il profite d'une promenade sur la montagne en compagnie du père Geoffrion pour enfouir une médaille de saint Joseph dans le sol, parmi les racines d'un énorme pin. Les deux religieux s'agenouillent ensuite pour prier. Ils demandent à leur patron d'exaucer leur souhait le plus cher.

On dit que le malheur des uns fait le bonheur des autres. Et cette année-là, les affaires de monsieur Guerin s'avèrent désastreuses. Il cherche à se débarrasser de son terrain. Il finit par accepter l'offre des pères de Sainte-Croix, bien qu'elle soit inférieure à la somme désirée, à la condition d'être payé comptant. Le 28 juillet 1896, l'acte de vente est signé. Le père Geoffrion remet à monsieur Guerin un chèque de 10 000 $ tiré sur la banque d'Hochelaga.

Le frère André n'est pas dans les secrets des dieux. Il apprend les dernières nouvelles de la bouche de son ami, le frère Aldéric, qui siège au Conseil provincial.

En effet, l'économe du collège confie au frère André les grandes décisions prises lors des réunions. Il est entendu que la montagne s'appellera désormais «parc de Saint-Joseph» en reconnaissance pour la faveur obtenue. Quant à la vocation du terrain nouvellement acquis, elle n'est pas facile à déterminer. Pour le moment, les membres du Conseil s'entendent pour permettre aux étudiants de profiter de l'espace afin de s'ébattre en plein air. À temps perdu, on construira un belvédère. Les religieux et les collégiens les plus âgés se chargeront de la besogne. Pour s'y rendre, on tracera un large chemin de pierre.

Le frère Aldéric n'en finit pas d'énumérer les projets à l'étude. Au moment de quitter la chambre du frère André, il promet de le tenir au courant des développements au fur et à mesure qu'ils prendront forme. Sur le pas de la porte, l'économe se retourne l'air mi-intrigué, mi-moqueur et confie :

— C'est curieux, frère André ! Chaque fois que j'entre dans ma chambre, je trouve la statue de saint Joseph tournée vers la montagne.

— C'est que… saint Joseph veut y être honoré, fait le frère André avec une pointe d'ironie.

* * *

Pendant que ses supérieurs négocient l'achat de la propriété, le frère André multiplie les neuvaines et les chemins de croix. Il rêve au jour où saint Joseph trônera dans une petite chapelle en haut de la montagne, surplombant la ville.

Ce projet du frère André est un secret de polichinelle. Quand, par un bel après-midi d'automne, quelques religieux voient le portier du collège partir un paquet sous le bras, ils se doutent bien qu'il y a anguille sous roche.

Ce jour-là, le petit frère se rend au Château Renaud, situé à quelques pas du collège. Il s'agit de l'infirmerie provinciale de la congrégation qui, depuis un certain temps, accueille les pères et les frères âgés. L'un des pensionnaires, un vieillard courbé par l'âge, est renommé pour ses talents en peinture. Le frère André lui confie son trésor: une statue de plâtre. L'aïeul a certes la voix chevrotante et presque éteinte; sa main alerte a néanmoins peint en belles couleurs les traits pâles du saint Joseph de plâtre.

Quelques jours plus tard, le frère André sollicite une nouvelle faveur du père Provincial: la permission de nicher sa statue sur la montagne, à l'ombre d'un gros arbre. Ainsi, au hasard de promenades, les étudiants, les religieux et les visiteurs du frère pourront s'agenouiller quelques instants dans ce décor pittoresque.

Les visiteurs du frère André! Voilà précisément le nœud du problème. Le père Provincial paraît songeur. Ses yeux, d'un éclat particulier, cachent mal son malaise. Bien sûr, la permission sollicitée est en soi anodine. L'idée est même plutôt charmante. Mais acquiescer au désir du frère André, est-ce du même souffle reconnaître le rôle de thaumaturge qu'il joue auprès des malades dont le nombre va croissant? Est-ce en somme lui accorder le feu vert?

Le père Provincial pèse et soupèse le problème, du fond de son fauteuil, les mains accrochées aux accoudoirs. Certes, la communauté tolère sans trop maugréer ces mouvements de foule dans les jardins du collège et, en face, à la gare de la compagnie de tramways transformée en kiosque. Mais les pères n'aiment guère ce genre de manifestation, vertement dénoncée dans certains milieux dignes de confiance. « J'ai des comptes à rendre », songe-t-il, embarrassé. Le Conseil du collège Notre-Dame n'a pas approuvé l'achat de la propriété pour qu'elle soit prise d'assaut par les visiteurs du frère André. Non, le père Provincial ne peut, en conscience, accéder à la demande du frère.

S'il est désappointé, le frère André n'est nullement découragé. Son optimisme l'emporte. Il cherche des appuis. Son ami, Jules-Aimé Maucotel, un Français d'origine, notable de surcroît, est l'homme tout désigné. Le frère sollicite son aide avant de réitérer sa demande aux autorités religieuses.

Jules-Aimé Maucotel ne sait rien refuser au petit frère qui l'a un jour littéralement sorti du trou. Lors de sa première visite à la gare de tramway, le greffier de Montréal souffrait d'une dépression nerveuse qui frôlait la neurasthénie. Ensemble, les deux hommes multiplièrent les chemins de croix et les neuvaines. Et le vent tourna. Les affaires du déprimé aux allures de notaire s'améliorèrent et, comme par enchantement, son moral se rétablit. Depuis ce jour mémorable, sa reconnaissance est illimitée.

Quand Jules-Aimé Maucotel se présente devant le Provincial pour appuyer la demande du petit frère, il le fait au nom des visiteurs du frère André qui, explique-t-il, bénéficieraient grandement de ce petit havre de recueillement sur la montagne.

Nouvel échec. Le père Provincial demeure intraitable. Il faut dire qu'au fil des mois, le fameux terrain tant convoité est devenu la cause de bien des maux de tête pour la communauté. D'abord, au bas de la pente, il a fallu mettre fin à la vente des légumes devant les protestations jalouses des jardiniers-maraîchers du voisinage qui, hélas! n'ont ni le talent ni la patience du frère Ignace. En haut, le Conseil n'a pas encore arrêté sa décision quant à la vocation du terrain. Il a refusé d'autoriser la construction d'un sanatorium. Il s'est également opposé farouchement à libérer un certain nombre d'acres pour spéculation foncière. De temps à autre, lors des délibérations, un vague projet revient sur le tapis: élever un petit sanctuaire à saint Joseph en reconnaissance pour la grande faveur obtenue. Le vieux frère Aldéric n'est pas étranger au complot. En se rendant à ses réunions hebdomadaires, le secrétaire du Conseil glisse à l'oreille de son ami et complice:

— Frère André, dites un Ave pour nous.

* * *

Le hasard sert enfin le frère André. Une fois de plus, sa santé chancelle. Le médecin recommande le repos. Or, au même moment, le père Lecavalier, l'ancien supérieur du collège, est, lui aussi, condamné à la chaise longue. Pendant ces interminables heures de repos forcé, le frère André plaide inlassablement sa cause… tant et si bien qu'il obtient la permission de construire une minuscule chapelle à flanc de montagne. La partie ne sera pas facile, car la communauté n'a nullement l'intention de contribuer financièrement à la réalisation de l'entreprise. À ce propos, le père supérieur s'est montré catégorique:

— Dites à saint Joseph que vous pourrez construire si vous avez de l'argent. Je consens à ce que le frère Abondius, notre menuisier, bâtisse la chapelle dans ses moments libres. Mais c'est tout.

Le frère André ne perd pas une minute. Il place sa statue dans une niche sur la montagne près du kiosque en bois rond. Tous les soirs, il s'agenouille devant son saint Joseph de plâtre peint à la main. Les étudiants et les malades l'accompagnent. Au pied de la statue, il a placé un tronc destiné aux aumônes des bienfaiteurs.

* * *

Jamais on n'a vu le frère André aussi actif que cette année-là. Infatigable, il fait la navette entre la gare des tramways où s'entassent les malades et le collège où l'attendent d'innombrables corvées. Chaque religieux reçoit une obédience à laquelle il ne peut se dérober. Le frère André a beau être sollicité par tous les miséreux de la ville, il doit quand même exécuter les tâches qui lui incombent dans la communauté : répondre à la porte, ensevelir les morts, raccommoder les vêtements…

— Frère André, avez-vous le temps de me couper les cheveux ce matin ? Voici mon cinq sous.

Le jeune Édouard Préfontaine vient justement d'attraper le petit frère au vol. Même pressé, il ne s'esquive pas, car il aime bien ces quelques minutes de tête-à-tête avec les étudiants. Édouard s'assoit docilement sur la chaise de barbier improvisée. Le frère André place sur sa tête un bol et promène son rasoir autour, tout en bavardant.

— Frère André, demande Édouard, curieux, où en est votre projet de construire une chapelle sur la montagne ?

Les yeux du frère ont tout à coup un éclat particulier. Rien ne lui fait plus plaisir que de parler de son grand rêve. Chaque semaine, il emmène les étudiants en promenade là-haut. En gravissant la côte, il emprunte le ton de la confidence pour dévoiler ses intentions : bâtir un sanctuaire où saint Joseph serait honoré.

— J'ai maintenant la permission, répond le frère André triomphant. Le frère Abondius va construire la chapelle à la condition que je trouve l'argent nécessaire.

Pas facile ! Depuis un certain temps, le petit frère ramasse scrupuleusement tous les cinq sous qu'il retire pour chaque coupe de cheveux. Il ajoute les quelques dons qui lui viennent de part et d'autre. Hier, il a fait le total : 200 $. C'est insuffisant… mais c'est un commencement.

— Prenez cet argent pour bâtir, dit le père supérieur, mais quand vous aurez tout épuisé, vous n'en aurez pas d'autre.

Tout en parlant avec l'étudiant, le frère André a un éclair de génie :

— Édouard, tu ne pourrais pas en parler à ton père ? Peut-être consentirait-il à nous aider.

Le collégien réfléchit à la suggestion du frère. Son père a le cœur sur la main. Il s'est toujours montré généreux… et il en a les moyens. Mais l'adolescent est rusé comme un renard. Il a plus d'une corde à son arc. Il décide donc de proposer un marché au frère André :

— Si vous m'obtenez la permission d'aller chez nous à Valleyfield voir mon père, ce ne sont pas des sous mais des piastres que je vous rapporterai.

La permission est accordée et Édouard remplit sa promesse. À son retour, il court jusqu'à la porterie annoncer la nouvelle au frère :

— Mon père va fournir tout le bois nécessaire pour construire votre chapelle.

En homme de parole, monsieur Préfontaine expédie le bois à la Côte-des-Neiges au cours de la semaine suivante. Les travaux peuvent dès lors commencer. Il ne manque plus que le frère Abondius qui a promis de monter au chantier à l'occasion de son prochain congé.

* * *

Le frère Abondius, quel curieux personnage! Les collégiens l'ont surnommé «Vieux saint Joseph» à cause de sa barbe blanche à collier. Pourtant, il est encore jeune quand il entreprend la construction du petit sanctuaire. Ce religieux a, comme on dit, le métier dans le sang. Depuis son entrée en communauté, en 1891, il fabrique et répare les pupitres, consolide les chaises et les prie-Dieu et bâtit des armoires. La plupart du temps, il travaille en silence. Ses traits paraissent taillés à la hache et pourtant, toute sa personne respire la tendresse.

De son côté, le frère André n'a pas beaucoup de temps à consacrer au chantier. Son travail de portier et le va-et-vient des malades l'accaparent du matin au soir. Quand il dispose de quelques heures, on le retrouve là-haut auprès de son ami le frère Abondius. Ouvrier docile, il transporte dans une brouette les pierres qui doivent servir aux fondations de la chapelle.

En fin d'après-midi, les deux compagnons et leurs camarades du jour redescendent, les vêtements sales et les pieds boueux. À la mi-octobre, soit environ trois mois après le début des travaux, la petite chapelle est terminée.

Minuscule, elle mesure à peine 16 pi (4,85 m) sur 12 pi (3,64 m). Elle est recouverte de tôle gaufrée tant à l'extérieur qu'à l'intérieur. Au lieu de percer des fenêtres sur les côtés, c'est une espèce de galerie vitrée qui encercle le faîte et apporte le soleil et la clarté. À la place du clocher, on a installé une niche surmontée d'une grande croix. Comme la chapelle peut abriter environ une dizaine de personnes, on a aménagé une façade à deux battants qui s'ouvrent sur toute la largeur de l'édifice afin que les fidèles puissent assister aux offices religieux. À l'extérieur, sur le gazon, on a disposé deux longues rangées de sièges en amphithéâtre. Le premier autel, bien modeste, est également l'œuvre du frère Abondius.

Chapitre 3

La chapelle sur la montagne

Le 7 octobre 1904, le quotidien *La Presse* raconte l'inauguration du modeste sanctuaire. Curieusement, en lisant l'article, on reste sous l'impression que le journaliste qui l'a signé devine l'avenir :

> *Cette chapelle deviendra un lieu de pèlerinage et sera le seul endroit dans tout le Canada où les pèlerins pourront venir plaider leur cause auprès de saint Joseph qui est l'objet d'un culte particulier. Sa statue sera placée sous le socle de la croix dans une niche et fera face au chemin.*

Azarias Claude referme *La Presse*. Il quitte son fauteuil et se plante devant la fenêtre. Sa haute taille, ses épaules carrées, paysannes, en imposent.

— Si ça a du bon sens ! bougonne-t-il. Une chapelle qui va devenir un lieu de pèlerinage tout simplement parce qu'il y a dans les parages un charlatan qui fait semblant de guérir le monde. C'est épouvantable comme les gens sont naïfs !

Non. Azarias n'est pas homme à gober toutes ces histoires farfelues. Les journaux moussent ces présumées guérisons parce qu'ils sont assoiffés de sensationnalisme. Et les gens avalent ces ragots. Jusqu'à sa propre femme qui croit à ces sornettes ! Lui, au moins, il n'est pas né de la dernière pluie. Toute sa vie, il a trimé dur. À 14 ans, il était déjà boucher à son compte. Ensuite, il s'est lancé dans le commerce du bétail « debout ». Quand il quitta Saint-Polycarpe pour venir s'établir à Montréal, il se promenait déjà les poches bourrées d'argent. Pourtant, chez lui, aucune fatuité de parvenu. Il sait trop combien il faut peiner pour en arriver là. Au fil des ans et des expériences, ce fils de paysan, orphelin en bas âge, s'est forgé une morale bien à lui: dans la vie, rien n'est gratuit... il n'y a pas de miracles. Et la guérison, comme la réussite, n'arrive pas tout simplement parce qu'un petit frère de rien du tout vous frotte avec son huile. Que d'enfantillages!

— Mais dis-moi donc Azarias, on dirait que tu parles tout seul.

Madame Claude a eu le temps de déverrouiller la porte d'entrée, d'enlever ses couvre-chaussures et de ranger son manteau dans le placard avant que son mari ne s'aperçoive de sa présence.

— Tiens, te voilà, lui lance-t-il en s'éloignant de la fenêtre.

Sarcastique, il demande:

— Et pis, comment ça va là-haut?

L'éternelle question. Chaque fois que madame Claude revient de l'Oratoire sur la montagne, son mari l'accueille avec la même curiosité ironique.

D'habitude, elle écoute avec indifférence les commentaires «pas très catholiques» de son mari. À quoi bon s'obstiner puisqu'il ne veut pas entendre raison? Mais ce jour-là, elle mord à l'hameçon. Particulièrement en verve, elle a réponse à tout. Il faut dire que l'amie du frère André a toutes sortes d'incidents à raconter. Et puis, son homme, elle le connaît comme si elle l'avait tricoté: il a beau jurer comme un païen, il meurt d'envie de connaître les dernières nouvelles... même s'il fait semblant que ces «histoires de bonnes femmes» ne l'intéressent pas.

— Le frère André? Un charlatan! Il ne vaut pas plus cher que les autres.

Azarias Claude est révolté : le guérisseur de la montagne exploite la misère humaine. Il trompe les centaines de désespérés qui s'accrochent à lui comme à une bouée de sauvetage.

Madame Claude ne peut quand même pas laisser dire autant d'insanités sur un saint homme. « Surtout pas aujourd'hui » pense-t-elle en revoyant les faits saillants de la journée. D'une voix prenante, elle entreprend de relater à son mari incrédule la guérison de Calixte Richard, un maçon qui habite à deux pas du collège.

— C'est lui qui m'a raconté ce qui s'est passé. D'ailleurs, je l'ai vu de mes yeux, il est complètement guéri.

Quelques mois auparavant, le médecin de Calixte Richard avait diagnostiqué une tumeur à l'estomac. Aucun médicament ne réussissait à soulager ce grand gaillard qui, en trois mois, avait littéralement fondu. Quand son épouse décida d'appeler le frère André au chevet du malade, celui-ci avait peine à se déplacer seul.

Sans laisser le temps à Azarias Claude d'émettre d'objections, sa femme enchaîne : « Naturellement, le frère André s'est rendu sur-le-champ. Il a regardé Calixte Richard droit dans les yeux et a lancé :

— Vous n'êtes pas malade.

« C'est sa manière d'aborder les personnes souffrantes, explique madame Claude qui l'a vu plus d'une fois à l'œuvre. Ensuite, il se tourne vers la femme de Calixte et dit :

— Vous n'avez pas une petite soupe, quelque chose de léger ?

— Il ne peut pas prendre ça, s'empresse de répondre madame Richard qui connaît trop les caprices de l'estomac de Calixte.

— Faites-lui en une ! ordonne le petit frère.

«Madame Richard se lève, va droit au poêle et réchauffe le chaudron de soupe aux légumes préparée le matin même.

— Donnez-lui en une bonne assiette, insiste le frère, autoritaire. Puis, à l'intention du malade :

— Vous allez vous lever et manger cette petite soupe-là.

— Je ne suis pas capable, fait Calixte Richard, larmoyant.

«Du regard, il supplie le frère André de ne pas lui imposer pareil supplice.

«Nullement impressionné par l'air désespéré du malade, le frère André le prend par le bras et le guide jusqu'à la table. L'atmosphère est chargée d'inquiétude.

«Pour détendre le climat, le petit frère demande à brûle-pourpoint :

— Si saint Joseph vous guérissait, viendriez-vous travailler à mon kiosque là-haut ?

— Volontiers, répond le maçon, sans trop savoir où cette histoire le conduira.

— Comme ça, je compte sur vous demain matin, conclut le frère André au moment de partir, laissant ses hôtes éberlués. »

Ainsi s'achève le récit de madame Claude. Elle pense enfin avoir trouvé les explications capables de clouer le bec à son mari :

— Crois-le ou non, le lendemain de la visite du frère André, Calixte Richard a commencé à travailler en haut sur la montagne. Si tu as des doutes, eh bien, va le lui demander.

— Bah ! tu te laisses raconter n'importe quoi.

Vexée par tant de mauvaise foi, madame Claude tourne les talons et se dirige vers la cuisine où elle prépare le souper.

«Un jour, se dit-elle, il devra bien se rendre à l'évidence. »

* * *

Azarias Claude n'a pas totalement tort. Il est vrai que les malades et les éclopés qui frappent à la porte du petit frère sont des désespérés. Ils jouent alors leur dernière carte, convaincus qu'ils n'ont plus rien à perdre. Depuis que le monde est monde, l'homme ou la femme qui n'a plus une once d'espoir se tourne vers le guérisseur. Quand la médecine s'avoue vaincue, on lui trouve un substitut. La volonté de survie demeure plus forte que tout.

« Laissez faire le frère André » a recommandé l'évêque de Montréal. Les religieux se sont pliés à la demande de monseigneur Bruchési. Même le frère Henri, jadis l'ennemi du thaumaturge, fait maintenant patte de velours. Les jours de congé, il affecte des étudiants au service du parloir afin que le frère André puisse consacrer plus de temps à ses malades.

Plus il est question des merveilles qu'opère « le frère qui guérit tous les maux », plus ses détracteurs se montrent agressifs. S'estimant mieux éclairés que le troupeau qui se livre en pâture aux mains du magicien, ils dénoncent sans vergogne l'espèce de « rabouteux » de village qui vole le pauvre monde. Dans sa lettre de protestation, un père de famille juge que toute cette histoire sent la sorcellerie locale.

Le Conseil d'hygiène de la Mairie de Montréal ne peut tergiverser plus longtemps. Il doit agir. C'est pourquoi il nomme un enquêteur chargé de faire toute la lumière sur le dossier. Après avoir interrogé les autorités du collège et examiné plusieurs « miraculés », le médecin enquêteur voulut rencontrer l'accusé. Dans la salle d'attente, il cause d'une manière faussement anodine avec les malades qui défilent devant le thaumaturge. Il a une mission à remplir et il s'est juré de ne rien négliger pour arriver à ses fins.

— Frère André, explique-t-il, son tour venu, je viens vous voir au nom du Conseil d'hygiène dont je suis le délégué.

Nous avons reçu une nouvelle plainte contre vous et je suis chargé de l'enquête.

Le médecin, un petit homme myope, parle calmement. Il n'a rien de l'inspecteur austère qui condamne avant de connaître tous les détails de l'affaire qui l'occupe.

— Dites-moi, demande-t-il en se grattant distraitement le menton, comment soignez-vous ces malades?

Le frère André se lève et va jusqu'à son bureau. Il prend une médaille de saint Joseph et une bouteille d'huile et les offre au docteur.

— Voilà ce que je donne, réplique-t-il, très calme. Vous pouvez vous en servir, cela pourra vous être utile.

Le médecin sourit. Il paraît satisfait, convaincu d'avoir fait le tour de la question. Il tend la main au frère André en lui disant:

— Si c'est comme cela, vous n'avez pas à vous inquiéter, du moins en ce qui concerne l'Hôtel de Ville. Je ne vois rien de mal dans ce que vous donnez.

* * *

« L'orage est passé », pense le frère André qui ne comprend toujours pas pourquoi son œuvre prête tant à controverses. Mais il n'est pas au bout de ses peines.

Après le départ de l'inspecteur, le petit frère décide d'aller remercier saint Joseph à l'Oratoire. Il se rend en haut de la montagne en dépit de la grisaille sans fin qui enveloppe le mont Royal en ces premiers jours d'octobre.

— Je vous salue Marie, pleine de grâces…

Le petit homme aux cheveux blancs égrène d'inlassables chapelets. Devant l'entrée du sanctuaire, il secoue son pardessus détrempé. La pluie crépite sur le toit de tôle gaufrée de la chapelle. Par l'entrebâillement de la porte, le frère aperçoit l'homme engagé qui décroche les ex-voto suspendus à la droite de l'autel. Étonné de voir les béquilles et les cannes en tas sur le sol, il interroge l'ouvrier :

— Pour l'amour du bon Dieu, qu'est-ce que vous êtes en train de faire ?

— Moi ? j'exécute les ordres. Le père Provincial m'a commandé de faire disparaître tous les instruments d'infirmités.

Depuis sa nomination au poste de Provincial, le père Dion est sur les charbons ardents. Ces allusions à la sorcellerie le mettent hors de lui. Un lieu de culte doit inspirer le recueillement et la prière, et non exciter chez les témoins un sentiment d'exaltation engendré par ce que certains appellent une hallucination collective.

Pour éviter de prêter inutilement flanc aux accusateurs, le père Dion juge bon de faire retirer les ex-voto de la vue des pèlerins qui pourraient les associer à des fétiches comme ceux que vénéraient les primitifs.

Mais le frère André ne comprend pas le geste du nouveau père Provincial. Pour lui, il n'y a rien de plus beau que d'offrir à saint Joseph un témoignage de reconnaissance aussi éloquent. Il baisse la tête comme un accusé. Que dire, puisque tel est le souhait du père Dion ? Après ses prières, il regagne le collège à pas rapides, sous une pluie qui tombe encore plus dru.

Le petit frère cache mal sa déception. L'abbé Alary, qui le croise dans le corridor du collège, s'enquiert de ce qui ne va pas. Plus chagriné qu'amer, le frère André se vide le cœur.

— Ces objets témoignent de ce que saint Joseph fait pour nous, proteste-t-il après avoir raconté l'incident.

L'abbé Alary est un homme de devoir et un fin psychologue :

— Vous ne voudriez pas faire ce que le bon Dieu ne veut pas, reproche-t-il doucement pour consoler son confrère. Si le bon Dieu veut l'œuvre de l'Oratoire, cette œuvre continuera.

Puis, alliant le bon sens à la sagesse, il suggère :

— Pourquoi n'allez-vous pas en parler au père Provincial ?

À vrai dire, le frère André a pensé solliciter une rencontre avec le père Dion pour s'expliquer. Mais il n'ose pas. Son supérieur l'intimide. Est-ce la profondeur de son regard ? Le sérieux de sa bouche ?

Le père Provincial inspire sans contredit le plus profond respect. Sa feuille de route en impose autant que son apparence physique. D'origine modeste, le père Dion occupa des postes importants au sein de la communauté dès son entrée en religion. Après avoir enseigné la philosophie, il fut nommé supérieur du collège de Farnham dans les Cantons-de-l'Est. Puis, il dirigea le collège de Saint-Laurent, en banlieue de Montréal ; ensuite, il séjourna à Rome où on le désigna procureur de la congrégation de Sainte-Croix.

Son calme, sa prudence dans l'exercice de ses fonctions ont contribué à faire de lui un homme qu'on aime et qu'on respecte. Il a le regard digne et la main ferme.

Comme les autres religieux, le frère André s'est réjoui de la nomination d'un homme de cette envergure au poste de Provincial. Mais il n'arrive pas à se débarrasser de sa gêne envers lui, malgré la personnalité attachante du père Dion. Il ressent une sorte de complexe d'infériorité à l'égard des prêtres en général. Beaucoup de frères se sentent mal à l'aise devant ces religieux plus instruits qu'eux et au service desquels ils sont attachés. Le clergé de l'époque est d'ailleurs fortement hiérarchisé.

Prenant son courage à deux mains, le frère André frappe à la porte du père Provincial. En sa présence, sa timidité s'évanouit. La simplicité de l'homme et sa douceur quand il parle effacent toute trace de malaise. Le frère André se raconte en grande confiance. Le père Dion se laisse convaincre : dès le lendemain, assure-t-il, les ex-voto seront remis en place.

C'est un petit homme tout ragaillardi qui sort du bureau du père Provincial. Il part en courant à la recherche de son ami, l'abbé Alary, pour lui annoncer la bonne nouvelle. Dans l'escalier, il croise deux dames qui l'interpellent :

— Dites-moi, le frère André est-il par là ?

— Oui mesdames, répond-il sans dévoiler son identité ni même s'arrêter. Je viens justement de le voir passer...

* * *

L'automne 1906 s'avance sans que rien ne vienne ralentir l'interminable défilé de malades aux portes du collège et de l'Oratoire.

De son bureau de l'étage, le père Dion observe le flot continu d'indigents tournés vers la montagne. Plus le temps passe, plus il se sent coincé entre l'écorce et l'arbre. Ces hommes et ces femmes souffrants qu'il croise dans les allées du collège ont toute sa sympathie. Et auprès d'eux, le frère André fait un travail remarquable. Mais le Conseil du collège perd patience devant toutes ces accusations et ces insinuations qui associent le petit frère à un aventurier.

Comment peut-on imaginer qu'un homme aussi simple, docile et pieux soit capable d'intrigues ? Il faut bien mal le connaître pour porter un tel jugement. Malgré cette certitude, le père Dion est ennuyé. Trop de problèmes sont nés de l'affluence quasi incontrôlable aux abords du collège. L'acharnement du frère André à vouloir agrandir la chapelle irrite le père Provincial. Lors de leur dernier entretien, il n'a pas caché son agacement :

— Mais enfin, lui a-t-il demandé, impatient, voulez-vous construire une basilique ?

Le frère André avait baissé la tête sans répondre. Et déjà, le père Dion se reproche son humeur maussade. Pourquoi s'en prendre au petit frère dont les intentions sont si généreuses ?

Le Conseil du collège ne l'entend pas ainsi. Les membres réclament une prudence accrue. Le père Dion se sent impuissant. Et voilà qu'une nouvelle tuile lui tombe dessus : des imposteurs font circuler une prière, faussement attribuée au frère André. L'archevêché doit s'en mêler. Dans une lettre adressée à tous les catholiques, il fait savoir que l'archevêque n'a jamais approuvé une telle prière qui, du reste, n'est nullement sortie de l'Oratoire.

Non, le père Dion en a l'assurance, le Conseil n'ira pas jusqu'à interdire les activités du frère André. Ce serait les condamner et tout le monde s'accorde pour reconnaître la bonne foi du frère. Mais sans lui mettre les bâtons dans les roues, le Conseil ne fera rien pour lui faciliter la tâche. En effet, lors de la séance du 13 novembre, il est décidé que le frère André défrayera le coût de tous les travaux concernant l'Oratoire « par ses propres moyens ». Le compte rendu de la rencontre ne laisse place à aucune ambiguïté. Il y est clairement indiqué que le frère André paiera « la pension des hommes... et l'huile qu'il fera brûler pour les patients ».

* * *

Pendant que le père Dion fait les cent pas dans son bureau, songeant à l'obstination du frère André qui fait fi des obstacles sur sa route, là-haut sur le chantier, le thaumaturge et ses ouvriers poursuivent leur conciliabule. C'est samedi et, il faut bien se rendre à l'évidence, il n'est pas du tout certain que les travaux pourront reprendre le lundi suivant. L'argent ne pousse pas dans les arbres et on a atteint le fond du baril.

— Frère André, propose Calixte Richard, si ça peut vous arranger, je suis capable d'attendre encore un peu avant d'être payé.

Le maçon est prêt à tout pour que le chantier ne soit pas paralysé. Il est tellement reconnaissant à saint Joseph et au frère André ! Depuis sa guérison, il a réussi à convaincre plusieurs de ses camarades de se joindre à l'équipe du frère André. Le travail avance à pas de géant. Quel dommage qu'il faille s'arrêter. La solution de Calixte est inacceptable : à ce sujet, le Conseil a été formel : il est strictement interdit de contracter des dettes.

— Merci quand même, répond le frère qui regarde son ami Calixte avec une sympathie toute paternelle.

Puis, il tire de sa poche son chapelet à gros grains et commence à le réciter à mi-voix, en s'engouffrant dans la nuit.

* * *

À l'approche de l'hiver, il semble de plus en plus évident que la chapelle devra fermer ses portes durant la saison froide.

Mais tout n'est pas perdu. On a quand même réussi à élever le terrain en remplissant le ravin du côté sud-est de la chapelle. Et les zélateurs, avec en tête Jules-Aimé Maucotel, savent désormais qu'ils peuvent compter sur l'appui du père Dion. En effet, le Provincial a finalement accepté d'intercéder auprès de l'archevêque de Montréal pour demander la permission d'agrandir la chapelle.

Monseigneur Bruchési a scruté la question de fond en comble avant de faire connaître sa réponse : il désire voir le plan détaillé du sanctuaire public dont on souhaite l'érection. De plus, il tient à être informé du coût approximatif des travaux. Enfin, il exige que la somme requise soit totalement garantie à l'avance. « Et pas de quête dans le diocèse » précise le prélat qui considère que les œuvres nécessiteuses sont suffisamment nombreuses à Montréal.

En plus de reporter le projet à la fonte des neiges, il faut le modifier largement. Plus question d'un vaste sanctuaire pour le moment. On se contentera de construire un abri rudimentaire: des poteaux supporteront une solide charpente recouverte de planches embouvetées. Inutile l'hiver, cette structure protégera les pèlerins des rayons ardents du soleil de juillet.

Pour la saison froide, on installera un poêle à charbon près de la porte d'entrée.

Autre dépense indispensable: l'installation d'un support à double étage le long des parois à côté de l'autel. Il servira au rangement des béquilles, jambières, cannes et corsets qui s'accumulent.

On réussit finalement à exécuter tous ces travaux moyennant la somme de 5000 $. L'année suivante, peut-être pourra-t-on enfin installer l'électricité et le chauffage dans la chapelle.

* * *

Jules-Aimé Maucotel tire le frère André de ses rêveries. Le greffier de Montréal a sa tête des bons jours. Il caresse sa moustache touffue. On dirait un aristocrate qui prépare un coup pendable. Sur un ton confidentiel, il demande:

— Dites-moi, frère André, saint Joseph est-il bien occupé de ce temps-ci?

Le frère André flaire la ruse de son ami. Affichant un air découragé, il répond le plus sérieusement du monde:

— Parlez-m'en pas, il n'a même pas le temps d'aller voir sa belle-mère!

Jules-Aimé Maucotel éclate de rire. Le frère a deviné juste: c'est bien de la belle-mère de saint Joseph qu'il veut parler. La bonne sainte Anne n'a rien à envier à son gendre installé sur le mont Royal. Le sanctuaire de Sainte-Anne-de-Beaupré, non loin de Québec, connaît déjà une renommée mondiale.

— Soyons sérieux, reprend M. Maucotel, surnommé le «démarcheur officiel de l'Oratoire». Avez-vous demandé la permission de venir avec moi et à mes frais au sanctuaire de Sainte-Anne-de-Beaupré ?

— Ce voyage n'est pas du goût du père supérieur.

— Et si j'obtiens la permission, viendrez-vous ?

En bon Français, Aimé Maucotel est tenace. Il se précipite au bureau du père Dion à qui il arrache sans trop de difficulté la permission d'effectuer le voyage. Puis, en route…

À Sainte-Anne-de-Beaupré, les deux hommes se rendent au sanctuaire pour assister à la messe. Ils s'émerveillent devant la somptuosité de la basilique et le nombre étonnant de pèlerins qui la fréquentent.

— Frère André, affirme M. Maucotel, qui escorte son compagnon à la sortie, un jour, nous aurons plus beau que ça à l'Oratoire.

— C'est pas possible, réplique le frère qui n'ose le croire.

Mais Jules-Aimé n'en démord pas. De retour à Montréal, il répète sa prédiction au père Dion.

— Feu de paille, répond simplement le supérieur.

* * *

— Mes biens chers frères…

Le père Dion pèse chaque mot. Son prône, il l'a lu et relu avant de monter en chaire ce dimanche, 1er mars 1908. C'est le mois consacré à saint Joseph. Les fidèles rassemblés pour la messe s'attendent à ce que leur prédicateur souligne la fête prochaine du patron de l'Église canadienne.

Une surprise les attend. Pour la première fois, ce matin-là, le père Provincial parle des miracles qui s'opèrent à l'Oratoire. Il raconte à ses fidèles l'extraordinaire guérison obtenue par madame Courchesne, de Saint-Guillaume d'Upton, «une femme qui est venue se confier aux prières du frère André». Le prédicateur est prudent. Il mentionne l'existence de deux certificats signés, l'un par le médecin, l'autre par le curé. Ces deux personnes dignes de foi témoignent du caractère étonnant, voire inexplicable, de sa guérison.

— Cette faveur, mes biens chers frères, poursuit le père Dion, a été obtenue par l'intervention de saint Joseph.

Dans l'église, pas un toussotement, pas le moindre bruit ne vient troubler le silence. Mais l'évocation de cette guérison frappe davantage les ecclésiastiques que les fidèles. Depuis belle lurette, ceux-ci se racontent sans douter de leur véracité les faveurs obtenues grâce à l'intercession du frère André auprès de saint Joseph. Pour eux, madame Courchesne n'est qu'une malade incurable parmi tant d'autres qui, après une neuvaine, recouvrent la santé.

Plus sceptiques, les religieux évitent depuis un certain temps le terrain glissant que constituent les miracles de leur confrère. Mais le père Dion ne parle jamais à l'aveuglette. Le dossier Courchesne est fort étoffé. Le certificat du docteur Mélançon, le premier du genre à être porté à l'attention du collège Notre-Dame, apporte un certain poids à cette affaire.

Ce dimanche-là, on peut lire quelques notes griffonnées à la hâte, au bas des feuilles que tient le père Dion dans ses mains : *On dit tout court que le frère André, portier à Notre-Dame, a fait un miracle.*

* * *

Inutile de souligner que le sermon du père Dion avait propagé des échos aux quatre coins de la ville. Et madame Claude, qui n'a jamais douté du frère André, a sa petite idée derrière la tête, ce matin-là, quand elle aborde bien gentiment son mari :

— Azarias, tu ne viendrais pas me reconduire à l'Oratoire ? Seulement me reconduire… je ne te demande pas d'entrer… Viens donc.

Madame Claude insiste. La veille, le frère André lui a demandé pourquoi son mari ne venait jamais avec elle. Gênée, elle n'a pas osé répondre. C'est délicat : elle ne peut tout de même pas expliquer au bon frère que son mari le considère comme un charlatan.

Azarias se laisse prier. Il finit par céder, faisant mine de se rendre au caprice de sa femme « pour lui faire plaisir ». Il se garde bien d'avouer que sa curiosité est sérieusement piquée depuis un certain temps. Pour lui, c'est l'occasion rêvée de mettre enfin son nez à l'Oratoire.

La voiture d'Azarias monte sans difficulté la route qui serpente jusqu'à la chapelle. Depuis quelques mois, le frère André a installé ses pénates en haut de la montagne.

Après quarante ans à la porte du collège Notre-Dame, le portier a reçu une nouvelle obédience. Ses supérieurs l'ont nommé gardien de l'Oratoire. Heureux de se nicher là-haut, tout près de saint Joseph, le frère part tout de même un peu nostalgique. Que de souvenirs étroitement enchevêtrés le ramènent inexorablement entre les quatre murs de la modeste porterie.

Mais sa nouvelle obédience tombe pile. Maintenant, la chapelle reste ouverte à longueur d'année et le frère, qui n'est plus très jeune, a du mal à concilier ses nombreuses activités. C'est pourquoi on a installé son bureau dans un kiosque, près du sanctuaire.

Azarias attend sa femme qui s'entretient avec le frère André. Il observe ce qui se passe autour de lui. Rien ne lui échappe.

Le frère André raccompagne madame Claude jusqu'à la porte. En apercevant son mari, il dit :

— Vous reviendrez me voir, monsieur Claude… il n'est pas nécessaire d'être malade pour prier et se mettre sous la protection de saint Joseph.

Monsieur Claude et son épouse quittent l'Oratoire bras dessus bras dessous. Azarias garde le silence, visiblement ému par cette rencontre. Il s'est tout de suite senti attiré par la simplicité du vieil homme à la soutane rapiécée. Quel curieux personnage, si présent dans l'effacement : son corps mince, son large front, les rides fines qui marquent le coin de ses lèvres, et plus encore, ses mains très fortes. Et puis cette façon qu'il a de s'adresser à vous sans vraiment vous regarder. Il est invitant mais… pas nécessairement accueillant.

Azarias Claude n'a décidément plus envie de se moquer du frère André. Il n'avoue pas d'emblée sa conversion à sa femme. Après tout, l'homme a sa fierté. Mais il sait d'ores et déjà qu'il trouvera le moyen de monter une seconde fois en haut de la montagne.

Une semaine plus tard, le voilà de nouveau à la porte du bureau du petit frère. Il se sent nerveux. Le frère André l'interpelle très simplement, comme s'il l'avait vu la veille :

— Vous n'êtes pas pressé ?

— J'ai tout l'après-midi, réplique Azarias.

— Je reviens tout de suite.

Quelques minutes plus tard, le frère André s'avance vers Azarias Claude :

— On va monter un peu plus haut dans la montagne, suggère-t-il, en prenant son visiteur par le bras.

Les deux hommes, l'un minuscule, l'autre colossal, suivent le sentier à peine dessiné. Parfois les branches leur barrent le chemin. Ils s'arrêtent enfin à l'ombre d'un arbre gigantesque et s'assoient sur un banc. Le frère André est en veine de confidences :

— On est bien ici, fait-il, émerveillé. On peut parler à notre aise, seuls avec saint Joseph et le bon Dieu. Comment trouvez-vous ça ?

Le site est magnifique. Quelle vue sur Montréal et la banlieue ! Sans même attendre l'approbation de son nouvel ami, le frère André raconte en long et en large les difficultés auxquelles se heurtèrent les pères de Sainte-Croix avant de devenir propriétaires de ce versant de la montagne.

— En tout cas, je vous félicite, coupe Azarias, admiratif.

— Je n'y suis pour rien, insiste le frère. C'est saint Joseph qui l'a voulu. C'est lui le grand propriétaire. Lui seul et le bon Dieu.

Les hommes passent l'heure à bavarder comme de vieux amis. L'amitié naît entre eux, qui sont encore loin de se douter combien les années à venir les rapprocheront.

Mais le temps, hélas ! file trop vite. Il faut bientôt regagner le bureau : des malades attendent patiemment le moment d'approcher le petit frère. Les deux hommes redescendent en silence. Au loin, dans le verger du frère Ignace, une femme croque des pommes qu'elle arrache, insouciante, aux pommiers. Elle glisse aussi des fruits dans son sac. Puis elle reprend la route de l'Oratoire. Ni vue ni connue.

Au milieu de l'après-midi, le frère André accueille une visiteuse qui, sans prendre le temps de s'asseoir, débite son chapelet de malheurs : problèmes d'estomac, digestion lente, sommeil agité…

Le frère André lève les yeux et reconnaît... la voleuse de pommes. «Tiens, tiens, se dit-il, l'occasion est bonne, il ne faut pas la rater!»

— Faites une neuvaine à saint Joseph, procurez-vous une médaille et de l'huile et frottez-vous. Et puis, mangez des petites pommes vertes!

La cloche sonne avant même que la visiteuse ne soit revenue de sa surprise. «Ma parole, il voit tout, il sait tout, il entend tout, celui-là», pense la jeune femme éberluée en quittant prestement le bureau du thaumaturge.

Chapitre 4

Elle ne mourra pas

Le téléphone sonne. Absorbé par la lecture de son livre de chevet *L'Imitation de Jésus-Christ*, le frère André n'entend pas immédiatement la sonnerie. Au troisième coup, il ferme à regret son recueil.

— Upton 2668? demande la voix au bout du fil.

— Oui, c'est le frère André qui parle.

— Bonjour, frère André… euh! c'est le docteur Charette à l'appareil… Euh, voici ce qui m'amène.

Visiblement mal à l'aise, l'ennemi juré du thaumaturge a du mal à s'exprimer. Les mots ne viennent pas naturellement. Pourtant, d'habitude, il n'a pas la langue dans sa poche. Aujourd'hui, c'est différent. Il paraît plutôt anéanti :

— Voilà! Ma femme est très malade. Elle vient de faire une hémorragie nasale et je n'arrive pas à arrêter l'écoulement du sang. Elle a été examinée par plusieurs de mes collègues sans grand succès. Elle vous réclame, frère André…

Puis-je venir vous chercher pour vous mener à elle?

La démarche coûte au médecin. Le frère André le sent, lui qui se laisse conduire auprès de la malade. En route, il tente de rassurer le docteur Charette :

— Elle ne mourra pas, répète-t-il.

L'hémorragie s'arrête net dès l'entrée du frère dans la chambre de la malade. Le docteur Charette n'en croit pas ses yeux. Ce jour-là, il fait le serment de conduire lui-même le frère André auprès de ses propres patients, confrontés à la médecine impuissante.

L'histoire raconte qu'à partir de ce moment-là, le docteur Charette devint un habitué de l'Oratoire, lui qui avait pourtant fait croisade contre ce qui s'y passait. On l'a remarqué un matin de fête. Il montait lentement les 140 marches du long trottoir de bois qui menait à la chapelle. Il se rendait, comme trois mille pèlerins, au baptême de la cloche. C'était le 6 juin 1909. La cloche, pesant 1056 livres, avait été placée sur une structure temporaire.

* * *

L'année 1910 est particulièrement fertile en rebondissements de toutes sortes. Pendant que Montréal se prépare fébrilement à la tenue du congrès eucharistique réunissant des prélats du monde entier, l'Oratoire accueille de quatre à cinq cents personnes chaque jour. Le frère André ne sait plus où donner de la tête.

L'année précédente, en 1909, il avait reçu 29 500 lettres : mots de remerciement, annonces de guérisons, demandes d'aide matérielle et spirituelle. Comme le petit frère lit difficilement et réussit à peine à former convenablement les lettres de son nom, les autorités religieuses ont nommé le frère Marie-Auguste pour le seconder à titre de secrétaire.

— Frère André, avez-vous un instant à me consacrer ? J'aimerais vous faire lecture d'un article paru dans *La Patrie* du 10 janvier. Il vous concerne.

Le frère Marie-Auguste, un religieux exilé de France en 1903, devient bientôt le bras droit du frère André. Il prend charge de toute la correspondance et suit religieusement l'évolution de l'Oratoire telle qu'elle apparaît dans les journaux.

Le frère André jette rapidement un coup d'œil sur la page du journal que lui tend son secrétaire. Sagement, il écoute :

Le petit oratoire Saint-Joseph qui s'élève sur le flanc de la montagne, à la Côte-des-Neiges, a été hier témoin d'une guérison extraordinaire. Un pauvre infirme, marchant péniblement à l'aide de béquilles, est allé demander au patron du lieu de lui rendre l'usage de ses jambes et il est reparti lestement sans l'aide, non seulement de ses béquilles, mais même d'une canne.

Le médiateur de cette cure merveilleuse a été le R. Frère André, l'humble religieux de la Congrégation de Sainte-Croix à qui les fervents à la dévotion de saint Joseph doivent le sanctuaire où Martin Hannon, de Québec, a été guéri.

Le frère André se souvient de ce pauvre bougre qui s'est présenté à lui la veille. Il avait les jambes horriblement mutilées à la suite d'un accident, survenu à son travail environ quinze mois plus tôt. Il était alors cheminot à la compagnie du Pacifique et surveillait le déchargement de blocs de marbre. Quatre de ces blocs étaient appuyés sur un char et deux hommes les tenaient. Ces deux travailleurs avaient laissé leur charge pour se rendre ailleurs. Martin Hannon, qui avait le dos tourné, n'avait pas vu le danger. Les blocs étaient tombés sur ses jambes, lui broyant les os. Après six mois de traitements à l'hôpital, sous les soins du docteur P. C. Dagneau, chirurgien renommé, il était rentré chez lui où il avait passé encore quatre mois alité. Après une première tentative à Sainte-Anne-de-Beaupré, il avait pris le train Québec-Montréal, convaincu d'avoir plus de succès à l'Oratoire.

Le frère Marie-Auguste poursuit sa lecture à haute voix. Il articule chaque mot pour que rien ne se perde :

Hier matin, il alla à la messe à Notre-Dame-de-Bonsecours puis se rendit à la Côte-des-Neiges. Ses béquilles le soutenaient toujours. Le frère André lui oignit les jambes avec l'huile qui brûle devant la statue de saint Joseph, bénite l'automne dernier à Rome par le Pape lui-même. Après l'avoir fait prier, il lui ordonna de jeter ses béquilles et de marcher sur ses jambes. Il obéit, et marcha sur ses jambes.

* * *

La guérison de Martin Hannon fait couler beaucoup d'encre. Derrière *La Patrie*, les autres journaux emboîtent le pas. Les reporters montent à l'Oratoire; ils y passent de nombreuses heures dans l'espoir d'assister à un miracle. Ils scrutent les lieux, questionnent les pèlerins, colligent les faits et racontent ensuite dans leur journal les résultats de leur enquête:

Un homme souffrant d'asthme depuis seize ans est guéri: il s'est frictionné la poitrine avec de l'eau bénite et a bu de l'huile de saint Joseph plusieurs fois par jour.

S'il a confiance en saint Joseph, il guérira pendant la neuvaine, assura le Frère André.

C'est la course aux miracles. Un journaliste de *La Patrie* pousse plus loin ses recherches. Il téléphone au thaumaturge:

— Pouvez-vous me donner les noms de tous les miraculés de l'Oratoire? demande-t-il naïvement.

— Mais voyons, monsieur, les cas sont beaucoup trop nombreux pour qu'on puisse prendre les noms des favorisés!

Boutade du frère André aux dépens du journaliste curieux? Peut-être. Chose certaine, le thaumaturge déteste aborder la question des faits étonnants qui se produisent autour de lui et dont on lui attribue la paternité. Toute la publicité qui entoure son œuvre l'inquiète. L'annonce du prochain passage de l'évêque de Montréal à l'Oratoire n'a rien de rassurant pour le petit frère qui craint que monseigneur Bruchési ne lui demande des éclaircissements.

Avril. Les préparatifs en vue de la visite de l'archevêque vont bon train. Le frère André est sur les charbons ardents : si seulement monseigneur pouvait se contenter de confirmer les élèves du collège et de repartir aussitôt après la cérémonie ! Hélas ! tout a été prévu pour la réception qui suivra.

L'heure du dîner approche. Le frère André s'affaire dans la cuisine. Il épluche les pommes de terre. À sa façon, il fait d'une pierre deux coups : tout en rendant service… il se cache de monseigneur Bruchési.

— Je suis correct de ne pas être appelé, lance-t-il entre deux Pater.

Tout le monde est à table. Le frère André respire, soulagé. Il l'a échappé belle. Il n'a plus qu'à disparaître.

Erreur. En sortant furtivement de la cuisine, il croise le commissionnaire de l'archevêque.

— Frère André, faites un brin de toilette parce que monseigneur veut vous voir.

Pas moyen de s'échapper. Non seulement monseigneur Bruchési demande-t-il à rencontrer le petit frère, mais encore l'invite-t-il à sa table. Le frère André n'en revient pas :

— Pensez donc, murmure-t-il, un petit vieux comme moi à côté d'un évêque !

* * *

Voilà donc le frère André assis à la table d'honneur et prenant son repas entre monseigneur Bruchési, le père Provincial et d'autres distingués invités. Naturellement, il est question de l'Oratoire. Le petit frère profite de l'occasion qui lui est offerte pour réclamer la présence d'un prêtre en haut de la montagne.

Encouragé par les convives qui l'interrogent sur la piété et la ferveur qui émanent de l'Oratoire, le frère André poursuit :

— Si on pouvait avoir un prêtre, nous ferions beaucoup de conversions.

Puis, se tournant vers son supérieur, le père Dion, il ajoute :

— J'ai besoin d'un prêtre. Les gens viennent. Ils demandent des bénédictions à une vieille affaire comme moi !

La nervosité avec laquelle le frère André prononce ces mots trahit l'importance qu'il accorde à sa demande. Le père Dion reste bouche bée.

Pauvre père Dion ! Il en voit de toutes les couleurs avec le frère André. Cette aventure pleine d'imprévus finira-t-elle un jour ?

Longtemps après ce dîner mémorable, le frère André confiera à ses amis intimes que le père Dion a ralenti son œuvre… Heureusement que le père Provincial n'a pas eu vent de la remarque. Il s'en serait arraché les cheveux.

* * *

Le dernier souhait du frère André ne tombe pas dans l'oreille d'un sourd. Il se passe quelques mois sans qu'il ne soit question de la nomination d'un prêtre à l'Oratoire. Puis, sans crier gare, un beau matin de juillet, le père Adolphe Clément frappe à la porte du frère André, à l'Oratoire :

— C'est un aveugle que l'on vous envoie comme chapelain, confie le père Clément d'une voix dolente.

— Êtes-vous content de venir à l'Oratoire ? demande le frère André qui plonge ses yeux dans le regard embrouillé du prêtre. Il y cherche une lueur d'espoir.

— Oui, je suis content, répond le père Clément. Mais un regret assombrit sa voix. Tout de même, je suis prêtre, je voudrais bien pouvoir dire la messe comme tout le monde, réciter mon bréviaire…

Le père Clément confie son tourment au petit frère. Depuis 1907, sa vue baisse. Le médecin a diagnostiqué une difformité de l'organe visuel. À 33 ans, il est condamné à vivre dans la demi-obscurité. Il en est maintenant réduit à réciter son rosaire au lieu de lire son bréviaire.

Les larmes ruissellent sur son visage. Le frère André emprisonne dans les siennes les mains suppliantes du père Clément. Il cherche à rassurer son nouveau chapelain :

— Reposez-vous. Demain, vous commencerez à lire votre bréviaire.

* * *

Le père Clément en perd son latin. Tôt, le lendemain matin, il essaie de lire ses prières. Il voit. Il décide de dire sa messe. Il s'exécute sans aucun problème.

Mais la confusion devient totale quand il se présente chez l'oculiste. Le jeune prêtre croyait sans l'ombre d'un doute que le spécialiste allait constater sa guérison. Il se soumet à l'examen.

— Mais, mon père, objecte l'oculiste, vous êtes aveugle !

Le père Clément insiste, réclame un nouvel examen.

Même diagnostic : les yeux qui font l'objet d'une minutieuse observation médicale sont exactement dans le même état de cécité progressive que lors de la visite précédente du malade.

— Ces yeux-là, insiste le praticien, ne voient pas.

— Mais je vois, répète le père Clément.

À compter de ce jour, on apercevra le chapelain de l'Oratoire aux côtés du petit frère. Il sait parler aux malades. On le surnomme « l'homme providentiel du frère André ».

Chapitre 5

Interdit de toucher aux malades

Le tout Montréal s'agite à la veille du vingt et unième Congrès eucharistique international. Jamais une manifestation de cette envergure n'a eu lieu dans la métropole. Des évêques et des cardinaux du monde entier feront connaissance avec les églises, le clergé et les catholiques du Québec.

Monseigneur Bruchési ne tient plus en place. Assis derrière sa longue table, il écoute son secrétaire qui énumère les noms des hommes politiques qui ont accepté l'invitation. Après s'être longuement fait prier, le premier ministre du Canada, sir Wilfrid Laurier, vient d'assurer les organisateurs du congrès de sa présence. L'archevêque de Montréal jubile. Qui sait? La réussite de cette importante manifestation religieuse accélérera peut-être sa promotion au rang de cardinal?

Reste à régler la délicate question financière. Le comptable de l'archevêché est catégorique: il faut trouver 100 000 $ pour réaliser ce prestigieux congrès.

Monseigneur Bruchési se tait un instant pour réfléchir. La solution lui apparaît brusquement. Un éclair de génie!

— Ce n'est pas difficile, explique-t-il aux responsables du financement. Vous n'avez qu'à relever le nom de cent personnes riches dans l'annuaire téléphonique et leur demander chacun 1000 $.

Devant la naïveté du prélat, l'éclat de rire est général. Sa suggestion fait le tour de l'archevêché. Pendant que les solliciteurs multiplient leurs efforts pour recueillir les fonds nécessaires, ils se renvoient les uns les autres à la recette magique de l'évêque: «Ce n'est pas difficile, répètent-ils, il suffit...»

Tandis que les dames de la Fédération nationale de Saint-Jean-Baptiste confectionnent le linge d'autel qui servira lors des services religieux, les prélats catholiques étudient le cérémonial des fêtes et préparent le séjour de leurs invités.

Tout est mis en œuvre pour assurer que le congrès reflétera le caractère essentiellement religieux qui doit être le sien. Montréal n'est-elle pas la plus grande ville catholique d'Amérique, comme le souligne monseigneur Bruchési ?

Mais l'archevêque de Montréal a beau préparer savamment son congrès, il s'y glissera néanmoins des imprévus qui troubleront le fil des événements. C'était à prévoir. À l'heure où la question linguistique soulève de nombreuses passions au Québec, le congrès s'est politisé, au grand désespoir des organisateurs.

Mais racontons l'histoire depuis le début.

* * *

Septembre 1910. Le soleil décline. Le ciel est sans nuage. *L'Empress of Ireland* pointe à l'horizon. Il salue Québec, la vieille capitale et continue sa descente le long du Saint-Laurent. Il vient de traverser l'Atlantique avec, à son bord, des évêques d'Angleterre, d'Italie et de France. Dieu merci ! la traversée s'est déroulée sans incident fâcheux. Une mer de fin d'été, comme le commandant les aime. À Neuville, Portneuf, Saint-Antoine-de-Tilly et Bernières, les pèlerins réunis à l'ombre du clocher s'agenouillent et récitent le chapelet. Au passage du transatlantique, les paysans reçoivent de la main de monseigneur Vanutelli, le représentant du pape, la bénédiction tant espérée.

La longue traversée s'achève à Montréal. Une foule dense acclame les prélats. Jamais on n'a vu autant de soutanes et de robes noires. Le 6 septembre, les pèlerins s'entassent dans la cathédrale pour l'ouverture du congrès. Autour de l'église, des milliers de fidèles se pressent, incapables d'approcher, tant la foule s'épaissit.

Jour après jour, les cérémonies religieuses se suivent : messe grandiose au parc Jeanne-Mance, séances d'études à l'université, rassemblement de 25 000 jeunes au stade et, la veille de la clôture, nouvelle rencontre à l'église Notre-Dame.

Les orateurs défilent. Sir Wildrid Laurier, premier ministre du Canada, sir Lomer Gouin, premier ministre du Québec, monseigneur Bruchési et les représentants religieux de divers pays s'adressent aux invités et à la population réunis. Chacun y va de son discours enflammé. Tout y passe : l'exaltation de la foi religieuse, la liberté des cultes, l'attachement au Souverain Pontife, à la mère patrie et à l'Angleterre.

Le succès est complet. Montréal et ses habitants baignent dans l'euphorie. Mais, en cette veille de la clôture du congrès, un éminent orateur va plus loin. Trop loin, aux dires de certains témoins. Pour la première fois depuis le début de la rencontre historique, monseigneur Bruchési craint que ne s'écroule le chef-d'œuvre qu'il a lui-même échafaudé.

Tout commence quand monseigneur Francis Bourne, archevêque de Westminster, prend la parole dans l'enceinte de l'église Notre-Dame.

« Le Canada, dit-il en substance, est appelé à grandir, à se peupler – à se peupler de colons d'origines diverses qui parleront tous l'anglais. Pour conquérir et garder ces nouveaux Canadiens, l'Église catholique ne doit pas leur donner l'impression qu'elle est liée à la langue française. Elle doit, au contraire, utiliser l'influence grandissante de la langue anglaise…[1] »

---

1. Rumilly, Robert, *Histoire de Montréal*, tome 3, Fides, Montréal, 1974, p. 430.

Personne n'est dupe : le prélat britannique prône purement et simplement l'abandon des luttes pour les droits de la langue française. Des rumeurs traversent l'église de bord en bord. « Quel manque de tact ! », entend-on dans la foule. D'autres discours suivent, celui de Thomas Chapais sur l'universalité du christianisme et celui d'un juge américain, l'Honorable O'Sullivan sur… mais à quoi bon, plus personne n'écoute ! On ne se remet tout simplement pas des paroles empoisonnées de monseigneur Bourne.

Dans le brouhaha des échanges, monseigneur Langevin, assis dans le chœur, se rapproche d'Henri Bourassa. Il glisse à l'oreille du directeur du *Devoir* :

— Nous ne pouvons pas laisser passer cela ; il faut que vous répondiez.

Le visage déconfit, Henri Bourassa réfléchit avant de répondre. La rage au cœur, il lance :

— Cela ne restera pas là.

Le directeur du *Devoir* se lève. Son tour est venu de s'adresser à l'auditoire surchauffé. Il sort de sa poche les notes qu'il a préparées, jette un coup d'œil sur les feuilles dépliées et les remet dans son veston. Il n'est pas dans les habitudes du journaliste de se servir de ce genre de tribune pour promouvoir ses idées concernant le rôle de l'Église dans les affaires de l'État. Mais puisque ici même on attaque la langue française, il doit la défendre. Et la vivacité des propos de l'archevêque de Westminster ravive son ardeur combative. Se tournant lentement vers le prélat, Bourassa le regarde dans les yeux. D'une voix passionnée mais contenue, il prononce ses premiers mots.

— Sa Grandeur a parlé de la question de la langue…

Le ton est sûr. La tête haute, l'orateur revendique au nom de ses compatriotes le droit à sa langue :

« Oui, poursuit-il, quand le Christ était attaqué par les Iroquois, quand le Christ était renié par les Anglais, quand le Christ était combattu par tout le monde, nous l'avons confessé et nous l'avons confessé dans notre langue. »

Sur le visage d'Henri Bourassa, on peut lire tout l'effort que demande ce discours. Sa voix, d'un timbre émouvant, résonne dans l'enceinte :

« Mais, dira-t-on, vous n'êtes qu'une poignée, vous êtes fatalement destinés à disparaître ; pourquoi vous obstiner dans la lutte ? Nous ne sommes qu'une poignée, c'est vrai ; mais à l'école du Christ, je n'ai pas appris à compter le droit et les forces morales d'après le nombre et les richesses. Nous ne sommes qu'une poignée ; mais nous comptons pour ce que nous sommes ; et nous avons le droit de vivre… »

Quand prend fin l'improvisation, un silence profond pèse sur l'assemblée. Bourassa reprend sa place. La foule se remet lentement de l'émotion que l'orateur a soulevée. Monseigneur Bruchési est livide. Il observe le légat pontifical, monseigneur Vanutelli, qui se lève et va droit vers Henri Bourassa. L'imposant géant au visage indéchiffrable lui serre chaleureusement la main. Le geste déclenche une salve d'applaudissements. La foule crie, trépigne. De jeunes prêtres fougueux montent sur leur prie-Dieu. Les uns agitent leur mouchoir, les autres leur chapeau. Jusqu'aux évêques, généralement réservés, qui tapent du pied. Dans le feu de l'enthousiasme, un gros curé lance à l'intention de monseigneur Bourne :

— Attrape, mon maudit !

C'est l'euphorie générale. Les félicitations pleuvent. Le délire gagne la foule amassée dehors autour de la cathédrale[2]. On n'a pas fini d'en parler !

* * *

2. D'après Rumilly.

La ville est illuminée. La procession défile le long des principales artères de la métropole. Plus de cent évêques de toutes les nationalités, 10 000 prêtres et religieux et 50 000 hommes suivent en priant et en chantant. Ainsi s'achève le vingt et unième Congrès eucharistique.

Dans son bureau en haut de la montagne, le chapelain de l'Oratoire aligne des chiffres sur une feuille. Puis il additionne : au cours de la première quinzaine de septembre, 20 000 pèlerins se sont hissés jusqu'en haut du mont Royal et ont prié dans la chapelle. Le lendemain de la clôture du congrès, le père Clément note encore dans son calepin : *3000 personnes aujourd'hui. Le frère André se cache pour ne pas être écrasé par la foule.*

Chez le thaumaturge, c'est devenu une habitude. Quand il y a cérémonie, il se retire. On l'aperçoit parfois dans l'église, derrière une colonne, à l'abri des regards. Il cherche désespérément à se faire oublier.

* * *

À peine les invités de monseigneur Bruchési ont-ils quitté le quai d'embarquement du port de Montréal que les problèmes courants recommencent à s'accumuler sur la table de travail de l'évêque.

Il va au plus pressant et réclame de son secrétaire le dossier intitulé : *Oratoire Saint-Joseph.* Sur la pile de documents, il reconnaît l'écriture du père français. La lettre, datée du 15 septembre, vient de la Côte-des-Neiges. Le supérieur général de Sainte-Croix rappelle à l'archevêque de Montréal combien il a été heureux de s'entretenir avec lui aux lendemains du congrès eucharistique et surtout d'aborder la question de l'Oratoire Saint-Joseph et du frère André.

En conclusion, le père français exprime clairement son désir personnel : *voir cette question examinée le plus tôt qui vous paraîtra possible.*

Monseigneur Bruchési ne peut rester insensible à cette demande expresse. Il lui faut un portrait exhaustif de la situation. C'est au père Dion qu'il s'adresse.

Le 28 octobre, le père Provincial soumet son rapport. À l'Oratoire, mentionne-t-il, les fidèles peuvent assister à trois messes chaque jour. On ne suffit plus à la demande. Depuis le 21 novembre 1909, le frère André a reçu plus de 24 745 lettres ; 112 d'entre elles annoncent des guérisons complètes, 4329 parlent d'une amélioration et 3113 énumèrent des faveurs obtenues, dont bon nombre sont des conversions.

— Et la situation financière ? demande encore l'évêque.

— Tous les travaux faits jusqu'à ce jour ont été payés ; et il nous reste en caisse suffisamment d'argent pour faire construire une maison à côté de l'Oratoire pour loger quelques religieux, y compris les prêtres qui seront requis pour le ministère. Car si les choses ne changent pas, il faudra deux chapelains au lieu d'un...

Le bilan est rassurant. Mais l'affaire est délicate et monseigneur Bruchési ne saurait être trop méticuleux.

À tête reposée, il relit les articles de journaux parus au cours des récents mois et faisant état de guérisons.

Quinze août 1910. *La Patrie* livre le témoignage de Joseph Jette, un jeune paralytique de 22 ans qui affirme avoir été guéri à l'Oratoire :

Nous étions assez à l'aise, ma mère et moi. Je travaillais et le bonheur habitait notre foyer. J'obtins il y a deux ans de l'emploi qui me procura un bon salaire.

Un jour pendant que je travaillais sur un échafaudage, un madrier céda et je roulai sous les débris. On me retira de là à demi-mort, et je fus transporté à l'hôpital, où je demeurai pendant quelques jours, sans que ma mère connût l'accident. J'avais été blessé à l'épine dorsale, et les médecins me disaient que je serais infirme toute ma vie. Ma mère apprit la terrible nouvelle et c'est là que commença sa vie de souffrance et de privations. Comme j'étais le seul soutien de la famille, ma mère dut vendre sa petite propriété pour se procurer une maigre pension. Pour moi, je fus placé à l'Hôpital Général et là je languis pendant des mois sur un lit de douleur. Après avoir essayé tout ce qui était possible pour reprendre mes forces, la vie étant devenue très pénible pour ma pauvre mère, je revins à la maison où je passai plusieurs mois. Je me soutenais avec des béquilles. Ayant entendu parler des faveurs que saint Joseph accorde à ceux qui visitent son Oratoire de la Côte-des-Neiges, en se recommandant aux prières du Frère André, je m'y rendis avec ma mère. C'est un cocher qui me transporta dans ses bras pour monter la côte qui conduit à l'Oratoire Saint-Joseph : c'est vous dire que même avec mes béquilles je ne pouvais me tenir sur mes jambes. Après avoir prié pendant quelques minutes, je me rendis auprès du Frère André, et il me suggéra de laisser mes béquilles et d'essayer de marcher. J'obéis et à l'instant je me sentis guéri. Ma mère et les autres personnes qui étaient dans l'Oratoire se mirent à pleurer en voyant ce qui venait de s'opérer. Je ne suis pas encore très fort, mais je marche très bien sans béquilles.

Monseigneur Bruchési ajuste son lorgnon et relit la fin de l'article. Il y est dit en toutes lettres que le secrétaire de l'Oratoire confirme le récit tel que livré par Joseph Jette :

*Lundi, le 15 août 1910, j'ai été témoin de ce fait extraordinaire
raconté ci-dessus par le journal La Patrie. Signé : Fr. M. Auguste.
c.s.c.*

Ce témoignage mérite qu'on s'y arrête. Après tout, pense l'archevêque, le frère Marie-Auguste est un homme d'un certain âge, digne de confiance. Monseigneur Bruchési passe au document suivant. Il fait état de la guérison d'un enfant de neuf ans atteint de tuberculose dans la partie cervicale de la colonne vertébrale.

Le fait s'est déroulé dans les premiers jours d'octobre, sous les yeux, cette fois, du père Clément, le chapelain de l'Oratoire. L'enfant, Charles-Eugène Veilleux, de la Rivière-du-Loup, ne pouvait se tenir la tête en position normale. Il fallait enserrer le corps du garçonnet dans un corset de plâtre. Une tige de fer munie d'une mentonnière maintenait la tête droite.

Le premier samedi d'octobre, Madame Veilleux et son fils assistent à l'office religieux. Convaincue que Charles-Eugène venait d'être guéri, sa mère insiste auprès du frère André pour qu'il enlève l'appareil. Le père Clément s'oppose à la demande de la mère, l'enjoignant plutôt de s'adresser à son médecin, mieux qualifié pour poser ce geste. Mais madame Veilleux ne se laisse pas convaincre. Le lundi suivant, elle implore à nouveau le frère André pour qu'il libère son fils. Le thaumaturge constate alors la guérison de Charles-Eugène en présence du père Clément.

Un dernier cas attire l'attention de l'évêque de Montréal. L'histoire s'est déroulée au couvent de Saint-Joseph de Lévis. Après une neuvaine à saint Joseph recommandée par le frère André, une jeune élève se trouve guérie. *L'Action sociale* de Québec raconte l'événement dans l'édition du 10 février 1910.

*Un miracle s'est opéré mercredi matin au couvent de Saint-Joseph
de Lévis. Mlle Marie-Antoinette Mercier, de Québec, avait l'été*

dernier, en jouant sur le lac avec ses compagnes, reçu par mégarde, un coup de rame sur l'œil droit. Les oculistes chargés du traitement, firent tous leurs efforts pour conjurer la perte de l'œil malade, mais sans résultat. Il y avait paralysie du nerf optique. Elle retourna au pensionnat, mais elle assistait plutôt qu'elle ne prenait part aux leçons.

Or, tout dernièrement, entendant parler des merveilles qui s'opèrent à l'Oratoire de Saint-Joseph, de Montréal, les Religieuses se procurèrent une médaille bénite dans ce sanctuaire et toute la communauté commença une neuvaine fervente à saint Joseph dont le culte est déjà en grand honneur dans la chapelle du couvent. La jeune malade appliquait chaque jour avec confiance la médaille sur son œil malade, mais aucun mieux sensible ne se produisit les huit premiers jours.

Mercredi matin, pendant la messe de communauté et après la communion, la fillette s'aperçut tout à coup qu'elle voyait clairement, de son œil paralysé, la statue de saint Joseph qu'elle n'avait pu apercevoir tout le temps de la neuvaine. Elle eut une exclamation joyeuse: «Je vois», et l'émotion se transmit vite dans tout son entourage le plus proche. Après la messe, on termina la neuvaine, et c'est au sortir de la chapelle que toute la communauté apprit le prodige. Pour bien s'assurer du fait miraculeux, on la fit lire sur l'heure dans un livre au caractère très fin, ce qu'elle fit sans aucune fatigue, ni hésitation.

Les Religieuses et les élèves émues et reconnaissantes entonnèrent aussitôt un cantique d'action de grâces. Inutile de dire la joie de l'heureuse fillette et celle de ses parents. Le docteur Beaupré a constaté mercredi midi que l'œil malade était redevenu «parfaitement sain».

Agrafée à la coupure du journal, une lettre signée Marie-Antoinette Mercier vient confirmer la nouvelle de sa guérison.

L'enfant écrit au frère André : *Maintenant mes yeux sont comme avant l'accident. Je puis vous dire ma joie et celle de papa et maman… Ce miracle a grandement impressionné mes compagnes.*

Monseigneur Bruchési referme le dossier. Le front entre les mains, il réfléchit. Quelle énigme ! On ne peut tout de même pas balayer du revers de la main tous ces témoignages ni mettre en doute leur bonne foi. Mais d'un autre côté, plusieurs opposants farouches font valoir des arguments qui méritent réflexion. L'archevêque de Montréal pense entre autres à ce médecin, considéré comme une sommité dans le monde médical, qui tient pour suspect les allégations des miraculés et celles des témoins oculaires. Peu de temps auparavant, lors d'une conférence, le praticien était allé jusqu'à mettre en garde le clergé qui témoigne une sympathie muette aux présumés miracles de l'Oratoire.

— Vous prêtez votre concours à une entreprise d'exploitation de la crédibilité publique, reproche le docteur. C'est grave. Le clergé laisse croire au miracle là où il n'y en a pas. Si l'Église n'agit pas, je m'engage personnellement à la combattre.

Dans l'assistance, un religieux avait demandé la parole :

— Oui, mais des gens sont véritablement guéris ! L'Oratoire possède de nombreuses attestations de guérisons. Vous ne pouvez le nier.

— Voyons donc, fait le médecin en hochant la tête énergiquement, comment savez-vous que les « miraculés » étaient vraiment malades ? Et si amélioration il y a, qui vous dit qu'elle n'est pas passagère ou tout simplement explicable médicalement ? À Lourdes, où il se produit également des faits troublants, on n'en finit plus de dénombrer les guérisons de maladies imaginaires d'origine psychologique. Non, vous ne me convaincrez pas. Avant de crier au miracle, l'Église doit s'entourer de garanties scientifiques.

Sur ce dernier point, l'archevêque de Montréal est d'accord. C'est pourquoi il décide de suspendre son jugement jusqu'à ce qu'une commission d'enquête fasse toute la lumière sur cette affaire.

Monseigneur Bruchési est tiré de ses pensées par un coup frappé délicatement à sa porte.

— Justement, j'allais vous demander de venir, s'empresse-t-il de dire à son secrétaire. J'ai une lettre à vous dicter. Écrivez.

PAUL BRUCHÉSI
Dei et Apostolicae Sedis Gratia Archiescopus Marianopolitanus...
À M. le Chanoine J.-T. Savaria,
Au R. P. Joseph Lalande, S. J.,
À M. l'Abbé Philippe Pemer.

Depuis quelques années, il se fait un mouvement assez considérable de pèlerins vers l'Oratoire Saint-Joseph à Notre-Dame-des-Neiges. Plusieurs assurent y avoir obtenu des grâces particulières. On nous a rapporté aussi des guérisons extraordinaires.

Comme il nous paraît opportun de procéder à un examen sérieux de ces faits, afin que nous puissions ensuite éclairer la piété de nos fidèles, nous vous chargeons de faire une enquête complète sur tout ce qui se passe à l'Oratoire Saint-Joseph et aussi sur ces faits extraordinaires qui y auraient eu lieu.

Nous vous donnons tous les pouvoirs nécessaires à cette fin, et spécialement celui d'interroger sous serment toute personne que vous jugerez en état de vous renseigner.

Vous devrez ensuite nous faire un rapport sur cette enquête et nous soumettre vos conclusions.

Donné à Montréal le 17 novembre 1910.

* * *

Vingt-huit novembre. Les commissaires chargés de l'enquête se présentent au Collège Notre-Dame où se déroulent les audiences. Après la lecture des trois rapports soumis par le père Dion, les échanges s'amorcent dans un climat de détente. Le père Provincial réitère ses convictions profondes.

— Je suis d'opinion que le frère André semble bien être l'instrument agréé de saint Joseph.

Il a du reste une confiance absolue en son subordonné.

— Le frère André, ajoute-t-il, est un religieux exemplaire, de très grande humilité et simplicité.

La conversation se poursuit. On en vient à aborder l'épineuse question des blâmes adressés au frère André. Les dénonciateurs s'en prennent particulièrement à sa méthode peu orthodoxe. Qu'en pense le père Dion ?

— J'ai souvent mis les fidèles, et même les prêtres, en garde contre une excessive confiance dans le bon frère au détriment de saint Joseph. Et j'ai souvent recommandé au cher frère d'éviter tout ce qui peut faire croire à son action personnelle dans les merveilles opérées.

Les enquêteurs demandent des précisions que le père Dion fournit de bonne grâce

— Je lui ai défendu de toucher les malades, d'intervenir dans les prescriptions médicales ou les régimes alimentaires.

Je l'ai enjoint de même de se mettre en garde dans ses rapports avec les personnes qui s'adressent à lui pour en avoir un conseil ou en obtenir des prières, contre tout ce qui peut sentir l'exploitation et l'intérêt.

Deuxième témoin invité à répondre aux questions des commissaires : le frère André. Le petit homme à la chevelure blanche s'avance, les yeux baissés. Humblement, il raconte les faits qui lui sont apparus merveilleux. Docile, il répond à toutes les questions.

— Pourquoi n'arrêtez-vous pas de soigner ces gens et ne laissez-vous pas Dieu agir tout seul ?

— J'agis selon ma conscience, répond simplement le frère.

— Croyez-vous être l'auteur de ces guérisons ? hasarde l'un des enquêteurs.

La question est incisive. Le frère André fait de la tête un signe d'impuissance. D'une voix enrouée, il dit :

— C'est grâce à saint Joseph dont je ne suis que le petit chien.

De tous les points à l'étude, les faveurs et guérisons obtenues paraissent, dès le début de l'enquête, les plus complexes. Dans les semaines qui suivent la première séance, les commissaires rencontrent des médecins, des prêtres et des malades guéris. Plusieurs témoins oculaires défilent également à la barre. Il faut éliminer certains cas trop embrouillés pour ne retenir que ceux pour lesquels on possède suffisamment de preuves.

Le 14 mars 1911, quatre témoins sont invités à témoigner. Leurs dossiers ont été retenus parmi tant d'autres. Dans les trois premiers cas, celui de mademoiselle Bélec, de monsieur Routhier et du docteur Lesage de l'Hôtel-Dieu de Montréal, la guérison de la jambe est survenue quand le frère André a ordonné : «Levez-vous et marchez» ou «Vous n'êtes pas malade, marchez donc ! »

En dernier lieu, les commissaires tentent de déchiffrer le cas de la fille de monsieur Viau, guérie le 6 mai 1910, soit six mois avant le début de l'enquête.

La jeune fille souffrait d'une tumeur avec complication de péritonite. Il se faisait tard, ce soir-là, quand le père de la malade vint implorer le frère André.

— Revenez demain, conseille le frère.

— Mais demain, ma fille sera morte, fait le père dont le visage s'est rembruni.

— Non, assure le frère André, en ce moment même, elle cesse de souffrir.

De retour chez, lui, monsieur Viau constate que sa fille n'a plus mal. En famille, on commence une neuvaine. Un abcès se forme, ce qui oblige le médecin à reporter l'opération à plus tard. L'abcès se vide et la tumeur disparaît.

* * *

La boucle est bouclée. Les commissaires se réunissent pour analyser les résultats de leur longue enquête. Rien ne transpire des délibérations. Mais le rapport envoyé à l'archevêque de Montréal, le 20 mars, est unanime :

À Sa Grandeur Mgr Paul Bruchési
Archevêque de Montréal
Monseigneur,

Permettez-nous de vous présenter le résultat de notre enquête relativement à ce qui se passe à l'Oratoire Saint-Joseph. Nous sommes heureux de pouvoir déclarer à Votre Grandeur que tout ce que nous avons trouvé là semble bien fait pour édifier la piété des fidèles et développer la confiance en la puissante protection de saint Joseph.

Ce que nous avons entendu du R. P. Dion, Provincial, aussi bien que du bon frère André, nous paraît animé du meilleur esprit.

Les faits les plus extraordinaires que nous avons pu étudier semblent bien aussi accuser une intervention surnaturelle, due à la bonté et à la puissance de saint Joseph.

Sur ces cas toutefois, nous ne pouvons porter un jugement absolument sûr, parce que les données sont insuffisantes.

Seul, croyons-nous, un bureau constitué en permanence, où se concerteraient la science théologique et la science médicale pourrait à l'avenir — nous osons espérer que saint Joseph continuera à manifester les merveilleux effets de sa bonté — en arriver à des conclusions vraiment certaines.

Nous joignons à cette déclaration le rapport de notre enquête, le tout humblement soumis au jugement de Votre Grandeur.

Veuillez agréer, Monseigneur, l'assurance de notre respect et de notre dévouement sincère.

De Votre Grandeur,
Les très humbles serviteurs en J.-C.
(signé) J. T. Savaria, curé de Lachine
Abbé Philippe Perrier
– J. Lalande, S. J.

Deux mois plus tard, le 29 mai, le journal *La Patrie* publie les résultats de l'enquête : *La dévotion du Révérend frère André et des pèlerins qui la partagent est en tout point conforme à la dignité de l'Église, déclarent les ecclésiastiques chargés de l'enquête.*

Et, de conclure l'article, *les fidèles pourront donc continuer à aller prier saint Joseph à son oratoire de la Côte-des-Neiges.*

Monseigneur Bruchési est désormais rassuré. L'œuvre de l'Oratoire peut continuer à se développer. L'archevêché s'en porte garant. Mais le prélat n'a pas encore reconnu officiellement les guérisons qui se produisent là-haut.

Elle se présente enfin le 17 novembre 1912. Le temps est gris. Désespérément gris. «Ça sent l'hiver» murmurent les pèlerins qui gravissent le long escalier de bois menant à l'Oratoire. Quelques flocons de neige épars prennent la relève d'une pluie lasse de tomber. Le temps est maussade depuis plus d'une semaine. Le soleil a pris congé, laissant derrière lui les Montréalais désarmés devant un hiver trop hâtif.

Mais ils ne sont pas faciles à décourager, ces citadins qui ont pris l'habitude de se rendre au petit sanctuaire niché au creux du mont Royal. Ils y sont particulièrement nombreux ce jour-là, parce que monseigneur Bruchési doit adresser la parole aux fidèles.

Il a l'air en forme, l'archevêque de Montréal. Pas étonnant, puisqu'il revient d'un voyage qui l'a conduit jusqu'au Pacifique, ce qu'il ne manque pas de souligner à la foule: «De Vancouver à Portland dans l'Oregon, partout, on m'a parlé de l'Oratoire Saint-Joseph du mont Royal.»

Dans le silence de l'enceinte, le prélat insiste sur la grande piété qui règne à l'Oratoire. Il compare cette ferveur à celle qui prévaut à Lourdes. «J'entrevois, ajoute le prélat, dans un avenir peut-être pas très éloigné, une basilique digne de saint Joseph.»

Monseigneur Bruchési tient son auditoire en haleine. Les pèlerins debout et assis boivent ses paroles. Ils attendent depuis si longtemps un signe, un geste d'approbation de leur évêque: «Puis-je dire que des miracles s'opèrent ici?»

Le prélat s'arrête. Se tournant vers l'autel, il montre d'un geste de la main les béquilles, corsets et supports orthopédiques suspendus et continue: «Si je le niais, ces instruments, témoins de toutes les douleurs, parleraient à ma place. Je n'ai pas besoin d'enquêtes… Il y a certainement des faits extraordinaires qui se passent ici…»

Ce disant, monseigneur Bruchési rompait le silence pour de bon. Mais cette reconnaissance était bien symbolique. Le recteur de l'Oratoire comptabilisait depuis un certain temps les faveurs obtenues. Le 12 juillet précédent, il déclarait avoir reçu l'assurance de 41 guérisons complètes, 48 soulagements notables et 114 faveurs spirituelles et temporelles obtenues.

Chapitre 6

L'exil en Nouvelle-Angleterre

La salle d'attente est pleine à craquer. Azarias Claude fait sentinelle à la porte du bureau du frère André. Depuis qu'il est devenu l'ami intime du thaumaturge, monsieur Claude assure le service d'ordre à l'Oratoire.

À toutes les cinq minutes, il doit répéter l'heure à madame Miville qui se morfond sur sa chaise. Voilà un bon moment qu'elle attend son tour.

— Pourvu que le frère André ait le temps de me recevoir, murmure-t-elle. J'ai fait le voyage de Victoriaville expressément pour lui donner des nouvelles de sa parenté qui vit aux États-Unis.

Jamais elle n'aurait cru voir autant de monde un jour de pluie. Si ça continue, il va falloir prendre rendez-vous ! Il n'y a pas si longtemps, on pouvait rencontrer le frère André sans se marcher sur les pieds. Madame Miville s'en souvient. Elle est venue à l'Oratoire avec son mari pendant le congrès eucharistique, au mois de septembre. Édouard souffrait d'une gastrite aiguë.

— Je ne suis presque plus capable de manger, raconta-t-il alors au frère André. Il n'y a rien qui passe. Ça fait que… je ne réussis plus à gagner assez d'argent pour faire vivre ma famille.

— Bah ! répondit le frère en bougonnant.

Puis, se tournant vers madame Miville, il ajouta :

— Il s'en fait accroire, votre mari. Il n'est pas malade. Il se plaint pour rien.

— Frère, réplique-t-elle pour défendre son époux, s'il n'était pas malade, il ne serait pas aussi maigre !

— Je suis bien maigre, moi, coupe le frère, et je suis en bonne santé.

Le frère André s'était alors approché de monsieur Miville et lui avait demandé :

— Souffrez-vous en ce moment ?

— Non.

— Je vous le disais, que c'était des accroires !

Chaque fois que madame Miville revoit la scène, elle se sent émue.

— Faudrait pas que j'oublie de dire au bon frère qu'Édouard est guéri : grâce à lui, son estomac est aussi bon qu'un neuf.

La visiteuse se racle la gorge. Elle sent un picotement. Elle a dû prendre froid en attendant le tramway. Quel temps ! Des plans pour attraper son coup de mort.

Dans le corridor, tout près du magasin d'objets pieux, un bambin d'une dizaine d'années sautille.

— Ben voyons, pense madame Miville, est-ce que j'ai la berlue ? C'est le petit gars qui souffrait le martyre en arrivant. Il avait le genou enflé. Sa mère a raconté qu'il est tombé sur un tesson de bouteille.

Le garçonnet, qui se sent observé, s'approche.

— Je suis guéri, madame. Je ne sens aucun mal. Le frère André m'a dit : « Tu es bien trop grand pour te faire porter comme ça. Lève-toi et marche. »

Madame Miville sourit. Elle connaît ce genre de réplique si chère au frère. Elle aurait voulu plus de détails sur la guérison de l'enfant mais la clochette se fait entendre. Son tour est venu. D'un bond, elle se lève et se hâte d'entrer pour ne pas le faire attendre. « Un homme aussi occupé ! »

— Tiens, bonjour madame Miville, comment ça va chez vous ?

Madame Miville donne au frère André des nouvelles d'Édouard et des enfants. Puis elle ne peut s'empêcher de raconter sa conversation avec le garçonnet guéri. Sans même relever la tête, le petit frère rétorque :

— C'est drôle comme tout le monde se fait des accroires. Ils disent qu'ils ont mal et ils marchent comme s'ils n'avaient rien.

Le temps passe et madame Miville en oublie presque le but de sa visite :

— Frère André, j'arrive des États. Je suis allée à Natick et j'ai passé une soirée en compagnie de vos deux sœurs. Nous avons parlé de vous et des prodiges que vous opérez. Elles se sont mises à rire en disant : « Ah ! Voilà Alfred qui fait des miracles à présent. » Ne riez pas mesdames, que je leur ai dit. C'est absolument vrai ce que je vous raconte là. J'ai vu un miracle de mes yeux. Les voilà qui rient de plus belle. Et puis Léocadie m'a dit : « Vous êtes bien naïve. Je vais vous proposer un marché. Écoutez-moi, j'ai bien mal aux jambes… Dites-lui que s'il me guérit, je croirai en lui. » Puis votre autre sœur Alphonsine a continué : « Moi, j'ai mal aux reins. » Et sa fille Suzie ajouta à son tour : « Moi, mon fiancé est protestant. Je vous promets que je croirai en mon oncle Alfred s'il prie saint Joseph et que mon ami devient catholique. »

Le frère André rit de bon cœur. Comme ses sœurs sont à la fois loin et près de lui !

— Je suis bien content que vous les ayez vues. Mes sœurs sont vraiment bien gênées avec moi pour ne pas oser me demander quoi que ce soit. Dites-leur donc que je leur fais dire de m'écrire elles-mêmes.

Le petit frère agite alors la clochette sur le bureau. Madame Miville se lève et cède sa place au suivant. Même avec ses amis, les minutes du thaumaturge sont comptées.

$$* \quad * \quad *$$

Pendant ce temps, aux États-Unis, la nièce du thaumaturge, Attaria Lefebvre est intriguée. Les confidences de
madame Miville la laissent perplexe : son oncle Alfred, que
tout le monde appelle le bon frère André, fait des miracles !

Aussi loin qu'elle s'en souvienne, Attaria, fille de Léocadie
Bessette, s'est toujours sentie attirée par son oncle Alfred, ce petit
homme qui adore s'amuser avec les enfants. Mais elle le connaît
peu, la famille Bessette s'étant éparpillée il y a fort longtemps.
Aujourd'hui, à trente ans, elle aimerait bien creuser ce personnage énigmatique qui s'arrêtait jadis à la maison de son enfance,
à Sutton. Au hasard d'un mariage, d'un baptême ou de funérailles, Alfred, devenu frère de Sainte-Croix, quittait la porterie
du collège Notre-Dame et prenait le petit train des Cantons-
de-l'Est qui faisait halte tout près de chez sa sœur Léocadie. Là,
en compagnie des siens, il passait quelques jours.

Ensuite, on n'a plus entendu parler de lui. Une bonne partie de la famille Bessette a émigré aux États-Unis et les frères
et sœurs se sont perdus de vue. Depuis 1905, Attaria accompagne occasionnellement sa mère, Léocadie, à l'Oratoire. Elles
ont pu observer l'admiration que suscite Alfred.

Qu'il encourage et réconforte les malades, soit ! Mais qu'il
guérisse les incurables, c'est tout de même incompréhensible.
Attaria voudrait tout connaître du frère André : quel genre
d'enfance il a vécue, s'il était différent des autres petits garçons, si on savait qu'il jouissait d'un don.

Seule sa mère peut la renseigner puisqu'elle est la sœur
aînée du frère André. Attaria l'interroge, chez elle, dans le
Rhode Island.

Toute délicate et réservée, Léocadie, de dix ans l'aînée
d'Alfred, se berce doucement dans la cuisine. Elle s'abandonne

à ses souvenirs. La tête renversée, un pâle sourire sur les lèvres, la vieille femme remonte au temps où, petite fille, elle habitait la modeste maisonnette de Grand-Bois, entourée de ses parents, Isaac et Clothilde Bessette.

À quelques milles du Mont-Saint-Grégoire, on aperçoit Grand-Bois, une paroisse en «bois debout», comme on dit chez nous. Partout règne la pauvreté. La première moitié du XIXe siècle s'achève. La Rébellion de 1837 a laissé des séquelles. Les habitants de la région ont aidé à cacher les patriotes à Saint-Césaire, Saint-Mathias et Sainte-Marie. Les troupes fouillent les environs de Grand-Bois à la recherche de caches d'armes. Après les troubles, les chefs ont pris la fuite. Depuis, les habitants se sentent bien seuls. Bien démunis aussi.

Un cousin, François Bessette, a démissionné de son poste dans la milice, le 7 novembre 1837. Son histoire a fait le tour de la famille. *Je suis trop ami de mon pays*, a-t-il écrit à ses supérieurs, *pour garder plus longtemps une commission dans une administration honnie de tous.*

Un peu avant la rébellion, Isaac Bessette épouse Clothilde. On est en 1831. Les années coulent dans la petite maison de bois à toit de bardeaux, sise en face du Mont-Saint-Grégoire. Une naissance n'attend pas l'autre. La famille grandissante vit dans une seule pièce. On y mange et on y dort, autour du poêle à bois qui ronfle et répand sa chaleur bienfaisante. Dans un coin, l'escalier rudimentaire mène par une trappe au grenier où les garçons dorment l'été.

Le 9 août 1845, naît le huitième enfant d'Isaac et de Clothilde. Il est tellement chétif que ses parents décident de l'ondoyer à la maison de peur qu'il ne passe pas la nuit. Le lendemain, le curé Sylvestre de Saint-Grégoire le baptise sous condition. Personne ne croit que le petit Alfred survivra.

* * *

Des fragments épars d'une vie lointaine reviennent à la mémoire de Léocadie. Parfois les faits s'emmêlent. Mais sa fille insiste. Alors elle reprend l'histoire du début.

— Oui, nos parents en ont mangé de la misère.

On disait des gens de Saint-Grégoire : « Autant de chicaneux que d'habitants ». Mais la vie n'est pas facile sur des terres épuisées par la culture, trop petites pour nourrir toute la famille. Endetté comme les autres, sans ressources, Isaac Bessette quitte bientôt Saint-Grégoire avec sa femme et ses huit enfants.

Isaac a la passion du défrichement plus que celle de la culture. Il déménage à Farnham « où l'on manque de bras ». Hélas ! son destin l'y attend.

L'accident du père… Alfred n'en a qu'un vague souvenir. Il avait neuf ans. Mais Léocadie n'a rien oublié de cette cruelle journée. C'était, elle s'en souvient, le 20 février 1855.

Isaac se lève à la barre du jour et prend la route avec son fils aîné, Isaïe, âgé de dix-huit ans. Le père et le fils marchent côte à côte, la hache sous le bras sur la terre d'Eusèbe Martel. La neige tombe dru. En pleine forêt, les deux hommes, l'un en face de l'autre, enfoncent en cadence leurs haches dans l'écorce rude.

Soudain, le tronc cède et, dans un long craquement, l'orme s'étend de tout son long. Personne n'a su exactement ce qui avait entraîné l'arbre à dévier dans sa chute. On retrouva Isaac à demi-mort, écrasé sous le poids du géant. On le ramena à la maison où il s'éteignit le soir même. Il avait quarante-cinq ans. Il laissait derrière lui dix enfants dont le dernier-né n'avait pas encore un an.

Léocadie se tait. On n'entend plus que le grincement de sa chaise berçante sur le plancher de bois. Tout cela est bien loin.

Alfred a probablement oublié jusqu'aux traits de son père. Quand on lui en parle, il se contente de dire qu'il a le souvenir d'un homme qui trimait dur.

— Mon père, souligne-t-il, exerçait le même métier que saint Joseph : menuisier.

*　*　*

La suite de l'histoire, Attaria la tient de son oncle Alfred lui-même. Lors d'une de ses visites à l'Oratoire, elle le questionne :

— Comment était votre mère après la mort de son mari ?

— Le choc de l'accident du père a été terrible pour elle. Jamais elle ne s'en est remise. Après, ma mère est restée comme glacée.

Deux ans et demi après le décès tragique d'Isaac, la tuberculose emporte Clothilde, le 22 novembre 1857. Elle avait tenté d'élever seule ses dix enfants. C'était au-dessus de ses forces. Dans le village, on a raconté qu'elle avait sacrifié sa vie pour ses enfants.

Sans le dire clairement, Alfred laisse entendre à sa nièce que sa mère le couvait plus que ses autres enfants. Sa santé fragile l'inquiétait :

— Elle m'embrassait plus souvent qu'à mon tour ; aussi, comme je l'aimais ! En cachette, elle me donnait des friandises.

De sa mère, Alfred parle peu, si ce n'est pour répéter son attachement :

— Comme elle était bonne, se rappelle-t-il. J'ai rarement prié pour ma mère mais je l'ai bien souvent priée.

Attaria demande encore d'autres récits. Mais l'oncle Alfred est avare de ses souvenirs. Il est peu loquace quand il s'agit de raconter son enfance. Fort heureusement, Léocadie se plie de bon gré aux interrogatoires de sa fille Attaria. Mais elle vieillit vite. À quatre-vingts ans, la mémoire a des trous.

* * *

Bonne nouvelle. L'oncle Alfred vient passer ses vacances aux États-Unis, dans sa famille. Il quitte la Côte-des-Neiges où il ne lui est plus possible de se reposer.

De vraies vacances ! Les premières auxquelles il a droit en 42 ans de vie religieuse. De temps à autre, ses supérieurs l'envoient en retraite dans diverses maisons de la communauté. Inévitablement, les malades le retracent ; ils sollicitent une aide que le petit frère ne sait pas refuser.

Léocadie l'attend chez elle à West Warwick dans le Rhode Island. C'est la première fois que son frère cadet lui rend visite aussi loin. À la fin du siècle dernier, elle avait quitté Sutton, en compagnie de son mari, Joseph Lefebvre. Il voulait tenter sa chance dans les filatures de l'Est américain. La famille Lefebvre s'est débrouillée fort bien. Elle est maintenant installée dans un bungalow du quartier «canadien» de la ville. Léocadie a quatre-vingts ans quand son jeune frère de… soixante-dix ans frappe à sa porte. On s'embrasse, les yeux pleins d'eau. Tôt le matin, après la messe, on fait la tournée de la parenté. Cette année-là, le mois d'août est d'une exquise fraîcheur. Les deux vieillards s'en donnent à cœur joie, entourés des petits et des grands. L'estomac a ses caprices mais, Dieu merci ! la jambe est bonne. En allant chez Joséphine à Attick, on s'arrête chez des cousins que l'on connaît plus ou moins. Personne ne veut être en reste. On passe quelques heures chez Claude, l'un des frères Bessette, puis on fait un saut chez un vieil ami de Saint-Césaire, Napoléon Parent. Finalement, le frère André accepte de rester quelques jours chez sa nièce, Attaria, qui habite seule avec son mari à Moosup.

— Enfin, pense Attaria, je vais avoir mon oncle pour moi toute seule.

Elle l'installe confortablement dans la cuisine. Elle lui sert un café bien faible, sans sucre ni lait. Comme il l'aime. Gentiment, pendant des heures, l'oncle et sa nièce parlent de la famille. Des disparus surtout, dont Joseph, l'un des frères Bessette, est le dernier en liste. La nouvelle de sa mort est encore toute récente.

* * *

Joseph Bessette est mort aux États-Unis. Il s'est éteint sans savoir que son frère cadet, Alfred, dont il fut séparé prématurément, est en train de devenir le frère André, un religieux qui fait courir les foules d'un bout à l'autre du continent.

Après une vie d'aventures qui l'a conduit jusqu'à Milwaukee, dans l'Ouest américain, Joseph meurt entouré de sa famille dans sa patrie d'adoption. En apprenant la triste nouvelle, le frère André s'effondre. Plus que tout autre membre de sa famille, Joseph avait marqué la vie de son cadet.

Les deux frères s'étaient revus brièvement deux ans plus tôt. Les retrouvailles avaient été de courte durée, puisque les affaires de Joseph le rappelaient dans le Wisconsin.

Joseph disparu! Le frère André, qui redevient soudain Alfred Bessette, se laisse envahir par le passé. Des souvenirs épars de son enfance refont surface. Plus que sa propre histoire et celle de son frère aîné, c'est la saga des milliers de Canadiens français qu'il revoit. Comme de nombreux jeunes gens, les frères Bessette ont quitté leur patelin natal dans l'espoir de trouver outre-frontière sinon la richesse, du moins une vie décente.

Joseph avait quinze ans quand il partit de Farnham pour une destination inconnue. Sa mère venait de mourir.

Le frère André ferme les yeux. Il cherche les traits de sa mère : « Quelle était bonne, se rappelle-t-il, et comme elle avait un beau sourire. » Il donnerait sa vie pour immobiliser l'image de sa mère. Mais sa pensée court déjà plus loin comme un serpent dans l'herbe.

Au lendemain des funérailles, les orphelins de père et de mère furent séparés. Alfred, alors âgé d'une douzaine d'années, prit la route de Saint-Césaire où l'attendait à bras ouverts la sœur de sa mère, tante Rosalie Nadeau.

Moins chanceux, Joseph fut confié à des voisins qui acceptèrent à contrecœur de faire la charité au jeune orphelin. Peu de temps après, il enroula ses hardes dans son baluchon et prit le bord des États-Unis.

S'il fut le premier de la famille à s'expatrier chez nos voisins du Sud, il ne sera pas le dernier. Au milieu du XIXe siècle, le Québec, une province rurale, végétait. Sur une population d'à peine un million, les trois quarts des habitants parlaient français.

Depuis 1830, rien ne va plus. Le trafic des Grands lacs, qui jusque-là empruntait la voie du Saint-Laurent, circule maintenant dans les ports américains mieux équipés. Le commerce du bois diminue. Ici et là, les tanneries et les fonderies artisanales survivent, mais elles tirent le diable par la queue. Et d'ailleurs, elles n'embauchent qu'un nombre restreint d'hommes.

Montréal se développe plus lentement que les autres grandes métropoles nord-américaines. Elle ne peut faire vivre convenablement tous les hommes qui quittent la terre pour travailler en ville.

On a souvent laissé entendre que les jeunes gens qui partaient à l'aventure rêvaient d'une vie plus facile et confortable au sud. Mais avaient-ils vraiment le choix ? À la campagne, les belles terres cultivées étaient trop petites pour permettre aux fils de s'installer à l'ombre de la demeure paternelle. Sur ses quelques arpents, le père de famille pouvait à peine nourrir sa famille.

Les nouvelles terres manquaient. L'émigration américaine avait inondé les Cantons-de-l'Est. Après la guerre de l'Indépendance, les colons loyalistes s'étaient installés en grand nombre dans l'Est du Québec. Entre 1783 et 1785, il en était venu 50 000. Les jeunes Québécois avaient dès lors reluqué les mines et les manufactures de la Nouvelle-Angleterre.

La famille Bessette grandit dans ce climat d'insécurité. Isaac a dix enfants. De son propre père, il n'a hérité que d'une minuscule parcelle de terre impropre à la culture.

Bûcheron et menuisier de son métier par tradition autant que par nécessité, il quitte la vallée du Richelieu qui l'a vu naître pour tenter sa chance du côté des Cantons-de-l'Est. Pour lui comme pour bien d'autres, c'est une question d'espace vital. En 1831, la terre de cette région agricole ne peut faire vivre plus de 48 personnes au mille carré. Elles sont en moyenne 60.

En 1849, le problème demeure crucial. Les terres s'épuisent et les récoltes diminuent. Autre source de malaise : l'apparition des moulins à battre qui remplacent les travailleurs à l'heure où le chômage fait tant de victimes.

Du haut de la chaire, l'abbé Marquis, vicaire de la paroisse de Saint-Grégoire où s'est installée la famille Bessette, dénonce ce progrès :

« Depuis sept ou huit ans, on promène dans nos campagnes des moulins à battre que l'on transporte de grange en grange et moyennant lesquels on fait en quatre ou cinq jours l'ouvrage de deux ou trois mois; une foule de pauvres qui gagnaient leur pain à cet ouvrage sont maintenant désœuvrés et crèvent de faim. Fatigués de mener une vie misérable sans espérance d'y rencontrer un avenir plus heureux, nos habitants se sont vus forcés d'abandonner le sol qui les a vus naître pour aller chercher ailleurs une existence que celui-là leur refusait. »

Plusieurs jeunes gens de Farnham sont déjà installés aux États-Unis; lorsque «la parenté des États» vient faire son tour, c'est la fête. Tout endimanchés, l'air prospère, les grands frères, oncles et cousins font rêver leurs anciennes connaissances.

Quand il s'embarque à bord d'un petit bateau à vapeur qui sillonne le lac Champlain, Joseph n'a aucune idée de ce qui l'attend. Le cuisinier du bateau s'intéresse au jeune homme à peine sorti de l'enfance et déterminé à faire fortune loin des siens. Il l'encourage à se rendre à New York où il pourra sans difficulté trouver du travail dans les mines.

En 1863, Alfred suit les traces de son frère Joseph, déjà installé en Nouvelle-Angleterre depuis six ans. Il a compris qu'il n'a pas d'avenir au Québec.

Son séjour à Saint-Césaire chez sa tante Rosalie et son oncle Timothée lui a fourni l'occasion de faire de nombreuses expériences. Mais rien dans son apprentissage ne pouvait l'aider à se tailler une place convenable. Tôt, il doit quitter l'école: Timothée Nadeau, un homme exigeant envers lui-même et envers les autres, enseigne à son neveu la nécessité de gagner sa vie.

Laissé à lui-même, le jeune Alfred se frotte à plusieurs métiers: cordonnier, boulanger, garçon de ferme. Mais sa santé chancelante et son manque d'instruction constituent des obstacles qu'il n'arrive pas à surmonter.

Tel un vagabond, il prend la route de la Nouvelle-Angleterre. Il erre durant trois années d'une usine de textile à l'autre, tantôt à

Moosup dans le Connecticut, tantôt à Hartford ou à Plainfield. Dans les industries américaines, les salaires sont bons mais les conditions insalubres. Les travailleurs peinent douze heures chaque jour dans leurs ateliers clos, bruyants et poussiéreux.

D'une saison à l'autre, Alfred alterne de l'usine à la ferme. Devant sa petite taille et son allure fragile, les cultivateurs hésitent. Ils jaugent leur homme. Alfred n'est pas costaud mais vaillant. On le met à l'essai.

Alfred n'a pas fait fortune aux États-Unis. Son frère Joseph s'en est mieux tiré. Après une dizaine d'années passées dans les mines, près de New York, il s'est marié. Le jeune couple est ensuite parti vers l'ouest. C'est dans le Wisconsin que la chance lui a souri.

Entretemps, Alfred a rebroussé chemin. Comme bien d'autres, il revient en 1867, l'année même de la naissance de la Confédération canadienne. C'est un jeune homme sans grand espoir qui descend du train à Saint-Césaire. Il n'est pas bien dans sa peau. Il a l'impression d'être un raté. Rien ne lui réussit. Il broie du noir. Mal équipé pour affronter la vie, il ne voit pas comment il pourra faire face à l'avenir. À vingt-deux ans, il rentre au pays les poches vides et le vague à l'âme, tel un vagabond.

Avec la mort de Joseph, une page est tournée. Le frère André a le cœur gros en pensant qu'il ne serrera plus jamais son aîné dans ses bras.

* * *

Ainsi s'achèvent les premières véritables vacances du frère André. L'idée de l'expédier auprès des siens était bonne : elle alliait repos et retrouvailles.

Pourtant, le répit du petit frère que la parenté appelle Alfred, est de courte durée. La réputation du thaumaturge l'a précédé en terre américaine et la nouvelle de son arrivée s'est propagée comme une traînée de poudre. Ainsi, quand il s'arrête au presbytère Saint-Antoine, à Fall River au Massachusetts, après avoir visité trois de ses neveux dans la région, quelque deux cents personnes l'attendent. Il doit se plier aux exigences de la foule qui désire lui parler, le regarder, le toucher.

Le lendemain, *L'indépendant*, journal francophone de la ville, mentionne le passage du frère André dans les environs :

> *On raconte pour certain, écrit le journaliste, le fait que M. Lebeau…*
> *a laissé ses béquilles… il est rentré chez lui comme s'il n'avait*
> *jamais eu le corps appuyé sur des bâtons. Madame Paradis…*
> *malade depuis quinze ans, et qui dut être transportée en carrosse*
> *fermé… aurait pu ensuite marcher de même sans assistance…*

Décidément, le frère André ne passe pas incognito. Des journalistes s'immiscent dans la foule et questionnent les uns et les autres. Leurs longs reportages paraissent ensuite dans les journaux de New York, Syracuse, Plattsburg et Burlington. *Cancer cured by miracle* titre le *Syracuse Herald*, après le passage du frère.

Le train siffle. Les « amis » du frère André le quittent à regret. Le vieil homme, presque aussi fatigué qu'à son arrivée, s'installe confortablement sur la banquette. Il a le regard vague.

Dehors, le paysage défile vite. Les ombres passent… comme la vie. Il lit dans les montagnes, les vallons, les cours d'eau qui apparaissent puis disparaissent, sa propre histoire déjà empoussiérée. En compagnie de Léocadie, de Joséphine et de Claude, il a ranimé le passé. Maintenant seul dans ce train anonyme, il retourne en arrière pour lui-même.

* * *

Le train entre en gare Bonaventure. Un homme âgé en descend. Il porte un pardessus noir et est coiffé d'un chapeau de feutre. Ainsi vêtu, le frère André ressemble à un vieux notaire. Souriant, il attend son chauffeur. Il n'a plus qu'une envie : arriver enfin en haut de la montagne. C'est là son univers.

Dans le coffre de la voiture, il entasse les béquilles, cannes et autres ex-voto que lui ont remis les personnes guéries au cours de son voyage. Une espèce d'enflure déforme la poche de son manteau. Cette bosse étrange intrigue ceux qui rencontrent le frère à son arrivée à l'Oratoire.

— Qu'est-ce que vous avez là, frère André ?

— Ça ? fait-il en tapotant la bosse, c'est un abcès de sang.

Tout le monde rit de bon cœur. Chaque fois que le frère s'éloigne de l'Oratoire, il revient les poches bourrées de dons recueillis pour son œuvre. La somme est rondelette. Elle dépasse parfois 100 $.

— Bonnes vacances, frère André ? demande le frère Léonce qui aide le vieillard à retirer son pardessus. Vous ne saurez jamais combien vous nous avez manqué pendant votre absence. Les gens vous réclament sans arrêt.

Le frère Léonce raconte ce qui s'est passé à l'Oratoire depuis le départ du frère André.

— Il y a une dame qui s'est montrée fort mécontente. Vous savez ce qu'elle m'a dit ? « On devrait annoncer ses absences dans les journaux afin qu'on ne fasse pas le voyage à Montréal inutilement ! »

Chapitre 7
Enlevez-moi toutes ces béquilles !

Le jour s'achève. Le frère André regagne sa chambrette nichée au-dessus de la petite chapelle. Il vient d'apprendre de la bouche de son secrétaire une bien triste nouvelle : sa sœur Léocadie qu'il a retrouvée quelques mois plus tôt, après des années de silence, vient de s'éteindre.

Le vieillard traverse la sacristie, emprunte l'escalier en spirale qui le mène chez lui au-dessus du tabernacle. Comme il aimerait rester seul ce soir ! C'est impossible ; son malade l'attend.

L'odeur nauséabonde qui se dégage du petit poêle à gaz pénètre dans ses narines. Une longe de porc mijote lentement pendant que sur l'un des deux lits de fer, Joseph Pichette dort. Il s'est assoupi sans prendre la peine de soulever la couverture de laine. Il a le sommeil léger. Le frère André marche sur la pointe des pieds pour ne pas le réveiller.

— Vous devez être fatigué, frère André, articule Joseph Pichette dans un bâillement. Il s'assoit sur le bord du lit avant de continuer : vous m'avez frictionné de onze heures et demie à deux heures et demie du matin et votre réveil a sonné avant cinq heures. Ça vous fait une bien petite nuit.

Le frère André ne se plaint pas. En silence, il prend une assiette blanche sur la tablette de l'armoire en chêne. Il la remplit de viande arrosée de bouillon, ajoute des pommes de terre et la tend à son malade.

Docile comme un enfant, Joseph avale ce copieux repas. Cinq jours plus tôt, il n'aurait même pas pu se rendre à la troisième bouchée. Observant son malade du coin de l'œil, le petit frère entame ses prières.

* * *

Une bien triste histoire, celle de Joseph Pichette, marchand de meubles de Montréal. Il paraît très affaibli quand sa cliente, madame Lucas, lui parle des merveilles du frère André. Voyant le vendeur complètement abattu, elle lui raconte sa propre aventure :

— J'avais un chancre au bras, confie-t-elle. Je suis allée voir le frère. Il m'a dit de le frotter avec une médaille de saint Joseph et de mettre un peu d'huile sainte sur la plaie, puis d'en boire quelques gouttes. Et vous voyez, je suis guérie.

Après le départ de sa cliente, Joseph Pichette réfléchit longuement. Sa dernière visite chez le docteur Georges Aubry l'a démoralisé. C'est la goutte qui a fait déborder le vase. Le médecin lui avait exposé avec force détails la gravité de son cas : le cœur est mal en point. La gorge et l'estomac sont atteints. Et en plus, il crache du sang. Après avoir fait état de l'impuissance de la médecine face à un homme atteint de tous ces maux, le docteur Aubry, l'air grave, lui avait laissé entendre qu'il devrait se préparer... pour le grand voyage.

Depuis, Joseph Pichette connaît la hantise de la mort. Des nuits entières, il frissonne en pensant que ses jours sont comptés. La suggestion de madame Lucas fait l'effet d'un baume sur son tourment. Si c'était vrai ! Joseph s'accroche à cet espoir.

Sa décision est prise. Il retourne chez le docteur Aubry mais ce sera son dernier examen.

— Aucun changement, constate le spécialiste.

— Bon ! fait Joseph, catégorique. Il me reste une chance : je vais aller voir le frère André.

— Que peut-il faire ? proteste le docteur Aubry. J'ai entendu parler de lui. Il est sans instruction. On l'appelle « le vieux fou ».

— J'ai confiance en lui, affirme le malade. Chose certaine, il pourra faire autant que vous.

— Je vous préviens, rétorque sèchement le médecin, faites bien attention. En montant à l'Oratoire, vous pouvez tomber mort d'un moment à l'autre.

Le dimanche suivant, peu après midi, Joseph Pichette commence sa lente montée vers l'Oratoire. À chaque palier, il s'arrête pour reprendre son souffle. Il a bien l'intention d'arriver en haut de la montagne sain et sauf.

La détermination de Joseph Pichette plaît au frère André. Aussi, quand il lui fait part de sa décision, le thaumaturge s'y plie.

— Frère André, conclut Joseph, si vous voulez, je m'installerai ici. J'ai décidé de ne plus prendre de remèdes. Et pis je vais rester tant que je ne serai pas guéri ou mort.

Ça fait déjà huit jours que Joseph Pichette s'est installé dans la chambre du frère André.

— Tenez, mangez ça, ordonne le petit frère en déposant devant le malade une deuxième assiettée de lard bien épicé.

— Mais vous savez bien que ça ne passera pas, proteste Joseph.

— Mangez, ça ira très bien, rassure le frère en ajoutant trois gros morceaux de pain.

Ce soir-là, Joseph Pichette s'est promené, ce qu'il n'avait pas osé faire depuis son arrivée. Il a dormi à poings fermés jusqu'au petit matin. En le réveillant, le frère André lui trouve une mine superbe.

— Puisque ça va bien, vous pouvez vous en aller.

Monsieur Pichette rentre chez lui en tramway. Le mois d'août tire à sa fin, mais la journée a été écrasante. Madame Pichette reste bouche bée en voyant son mari réclamer un bol de soupe aux pois et deux épis de maïs tout en s'épongeant le front. Le frère André compte désormais un ami de plus.

* * *

Des amis, le frère André en a bien besoin en cet automne 1913. Le secrétaire de l'Oratoire, le frère Marie-Auguste, en sait quelque chose. Enfermé dans son bureau au nouveau presbytère achevé de construire le printemps précédent, il réfléchit et consulte à tête reposée divers documents ayant trait à la demande non plus d'agrandissement, mais de construction d'une église sur la montagne.

Le dossier est complet : les raisons invoquées sont fort pertinentes : l'exiguïté de la chapelle, les requêtes répétées du public « tant religieux que civil, faisant écho à la parole de Sa Grandeur monseigneur l'archevêque de Montréal », et les fonds actuellement disponibles. Le frère Marie-Auguste ouvre son grand cahier noir : cette année-là, à la fin du mois de novembre, il y a en caisse 80 000 $. La somme suffit largement pour entreprendre la construction du sous-sol de la basilique qui pourrait contenir 4000 pèlerins debout.

Pourtant, quelle douche froide, cette réponse du supérieur général des pères de Sainte-Croix ! Le secrétaire relit la lettre qui lui fut adressée le 21 novembre. Le père Français se dit *effrayé* devant cette poussée de bâtir *vite et grandement. Ça coûtera un prix fou*, ajoute-t-il, *sommes-nous en train d'oublier d'assurer l'avenir des maisons de formation ?*

Mais la véritable raison de toutes ces hésitations, le frère Marie-Auguste la retrouve noir sur blanc à la fin de la lettre :

Après la mort ou le départ du frère André, écrit le père supérieur général, *le pèlerinage conservera-t-il sa vogue et son succès ? On prie beaucoup et bien à l'Oratoire ; mais d'autre part, on tient beaucoup à voir, à consulter et à écouter le frère André. Ce n'est pas moi qui voudrais décider sur le caractère de tout cela, tellement la chose est délicate…*

Le frère André, né Alfred Bessette, a vu le jour à Mont-Saint-Grégoire, dans la vallée du Richelieu, le 9 août 1845.

Alfred fut baptisé dans cette maison en pierre qui servait d'église et de presbytère à Mont-Saint-Grégoire.

Orphelin de père et de mère, il vit à Saint-Césaire chez ses parents adoptifs. On le voit ici le jour de sa première communion.

De santé fragile et sans instruction, Alfred sera garçon de ferme, cordonnier et forgeron. Il travaillera aussi à la boulangerie de Damase Phaneuf, à Saint-Césaire.

Alfred émigre en Nouvelle-Angleterre à 19 ans. On le retrouve dans les filatures, dont celle de Moosup au Connecticut.

Léocadie, sa sœur aînée, a émigré dans le Rhode Island avec son mari Jos Lefebvre. À 80 ans, elle verra son frère Alfred, âgé de 70 ans, pour la dernière fois.

Né en 1837, son frère Isaïe Bessette est le seul témoin de l'accident mortel de leur père. Il vit à Richford, dans les Cantons-de-l'Est.

Claude Bessette et sa femme Rosalie Lefebvre. De quatre ans l'aîné d'Alfred, il s'installe d'abord à Sutton, avant d'émigrer à Sterling, dans le Connecticut.

Sa troisième sœur, Alphonsine (Mme Boulais), qui habite Natick, dans le Rhode Island, avec son mari et sa fille, Mme Suzie Paine.

Au centre, Léon Bessette, deuxième garçon de la famille, avec les siens, à Springfield, aux États-Unis.

Dès l'arrivée d'Alfred Bessette, les supérieurs du collège Notre-Dame s'inquiètent de son état de santé. Deviendra-t-il un fardeau ?

Le 22 août 1872, Alfred Bessette devient le frère André. Il a 27 ans.

En 1880, l'hôtel Bellevue, qui abrite le collège Notre-Dame, voit le nombre de ses élèves augmenter sans cesse. On trace les plans d'un nouvel établissement.

Presque aussi petit que les collégiens, le frère André aime la compagnie des jeunes à qui il parle de saint Joseph.

Le frère André sera portier durant la moitié de sa vie. «En arrivant, mes supérieurs m'ont mis à la porte, disait-il. Et j'y suis resté 40 ans!»

Le nouveau collège Notre-Dame est terminé en 1883.

Une classe d'élèves photographiée en 1903. Barbier, le frère André reçoit cinq sous pour chaque coupe de cheveux. Il amasse 200 $ pour construire une chapelle.

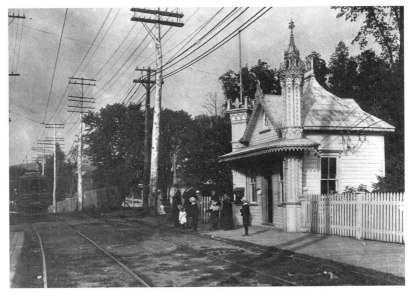

En 1901, les pères de Sainte-Croix font construire une petite gare des tramways en face du collège. C'est dans cette aubette de bois que le frère André reçoit ses malades.

Derrière la gare s'élève le mont Royal. Le frère André rêve au jour où saint Joseph y aura sa chapelle.

Le père provincial Georges Dion s'est longtemps montré réticent devant l'action du thaumaturge. Ensuite, il est devenu son plus fidèle défenseur.

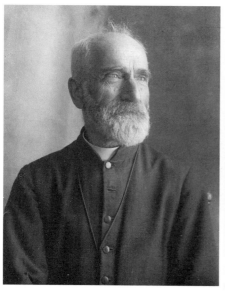

C'est le frère Abondius, surnommé «vieux saint Joseph», qui construit la chapelle et l'autel original.

Nichée au creux de la montagne, la chapelle est érigée en 1904. Pour y accéder, les malades empruntent un sentier tortueux et enjambent les broussailles.

Pendant l'été, on installe deux rangées de bancs à l'extérieur afin de permettre aux visiteurs d'assister à la messe. Deux portes à battants s'ouvrent sur l'autel.

Guéri par le frère André, le frère Aldéric, procureur du collège, l'encourage à utiliser l'huile de saint Joseph pour soulager les malades.

Le 19 octobre 1904, on bénit la chapelle. Bientôt, il faut construire un chemin pour s'y rendre, car les pèlerins sont nombreux les dimanches et les jours de fête.

Hiver 1906. Avant de rencontrer les malades, le frère André vient prier au pied de l'autel sculpté par le frère Abondius.

La petite chapelle a vite conquis les pèlerins. On voit le frère André en compagnie de visiteurs, dont un homme appuyé sur ses béquilles.

À l'intérieur, on a placé des rangées de chaises. Le poêle à charbon dégage une chaleur suffisante pour assurer le confort des pèlerins.

À gauche de la chapelle, le kiosque abrite un magasin d'objets de piété, une salle d'attente et le bureau du frère André.

Le thaumaturge, à l'issue d'une journée éprouvante.

Jules-Aimé Maucotel, greffier de la ville de Montréal, parraine le projet d'agrandissement de la chapelle avec un groupe de laïcs qui appuient le thaumaturge.

Nommé chapelain à l'Oratoire, le père Adolphe Clément est presque aveugle à son arrivée. Le frère André le guérira.

Le frère André, en compagnie du père Adolphe Clément.

En hiver, il faut ouvrir le chemin jusqu'à la chapelle. Malgré les froids sous zéro, les pèlerins s'y rendent.

Au printemps de 1909, on construit un trottoir de bois de 140 marches jusqu'à la chapelle. À l'arrière-plan, le collège Notre-Dame.

Le kiosque est déménagé en face de la résidence. Certains jours, les visiteurs y font la queue. En 1916, on a signalé 435 cas de guérison.

En février 1910, il faut agrandir la nef de la chapelle. On ajoute une annexe semblable à la première. Il y a maintenant trois fenêtres de chaque côté.

Joseph Pichette fait la connaissance du frère André en 1911. Il souffre de troubles d'estomac et crache du sang. Une fois guéri, il deviendra son plus fidèle ami.

Chaque jour, malgré son âge avancé, le thaumaturge passe de longues heures à recevoir les confidences de centaines de malades.

À l'étage, sous le clocher de la chapelle, on a aménagé la chambre du frère André. Il a prévu un second lit pour héberger l'un ou l'autre de ses malades.

Le 17 novembre 1912, Mgr Paul Bruchési, archevêque de Montréal, reconnaît qu'il se passe « des faits extraordinaires » sur la montagne. Bientôt, une basilique pourrait remplacer la chapelle.

Quand le tramway de la *Mountain Belt Line* s'arrête à la station Côte-des-Neiges, le chauffeur crie : « Oratoire Saint-Joseph… frère André ».

En 1914, le frère André a 69 ans. Il fait la navette de son bureau à la chapelle.

Les amis du frère André ne se comptent plus. Chaque jour, l'un d'eux passe le voir.

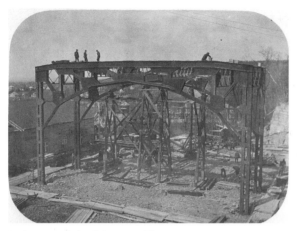

La charpente d'acier de la crypte s'élève.

Jos Malenfant parcourt la province pour recueillir des fonds destinés à l'oratoire du frère André. En 1914, il rapporte 409 $.

Les travaux dureront un an et demi. Les pierres s'accumulent sur les terrasses. Malgré le dynamitage, la vie continue à l'Oratoire.

Sur le toit de la crypte, une terrasse offre aux visiteurs une vue sur la ville. À droite, la résidence des religieux, construite en 1912.

Le frère Marie-Auguste dépose la lettre sur sa table de travail. De sa fenêtre, il aperçoit le clocher de la petite chapelle. C'est pourtant vrai, pense-t-il, que les visiteurs de l'Oratoire viennent d'abord et avant tout pour voir le frère André.

Ils le supplient parce qu'ils le croient investi du don de guérison. Rien ne fâche plus le frère André que d'entendre parler de la sorte, lui qui se considère comme l'instrument de saint Joseph, seul responsable des guérisons.

Depuis quatre ans, le frère Marie-Auguste occupe le poste de secrétaire. Il n'a jamais ménagé les efforts pour empêcher les uns et les autres d'associer le frère André à un faiseur de miracles. D'ailleurs, dans sa correspondance avec le public, il évite dans la mesure du possible de mentionner le nom du thaumaturge.

Que peut-il faire de plus? Après tout, on est bien obligé d'admettre que de nombreuses faveurs sont obtenues de saint Joseph par l'entremise du frère André. On parle beaucoup des miracles, constate le secrétaire, mais on oublie de mentionner que le frère André est le premier à encourager ses malades à prier saint Joseph. Rares sont les visiteurs qui, après avoir vu le frère à son bureau, ne se rendent pas ensuite à la chapelle pour implorer l'aide de saint Joseph ou lui exprimer leur reconnaissance.

Un culte au frère André. Voilà ce que craignent les autorités de la communauté. C'est aussi pourquoi ils multiplient les appels à la prudence.

— Je vais parler de tout cela au père Dion, décide le frère Marie-Auguste.

* * *

Sa calotte ronde sur le derrière de la tête, le père Dion reprend la route du collège. Dans toute cette affaire, le bourreau, c'est lui. Inévitablement, c'est à lui que revient le rôle d'interdire, de ralentir, de tempérer les élans. Cette fois-ci, c'est au frère Gérard, responsable du kiosque de vente, qu'il s'en est pris : défense de vendre tout objet de piété qui n'est pas dédié à saint Joseph, sauf, bien sûr, des chapelets.

— Même pas des Sacré-Cœur ?

— Même pas. Ce n'est pas une affaire de commerce, mais de piété.

Le père Dion revoit la scène : sa visite au kiosque a été de courte durée. Peut-être s'est-il montré un peu sec ? Après tout, le frère Gérard n'y est pour rien. Enfin, le plus malheureux, c'est encore le frère André. Comme il doit se sentir persécuté, pense le père Dion, qui se doute bien que le petit frère le tient responsable de tous les interdits qui l'entourent. Bien sûr, il a reconnu du haut de la chaire que d'étonnantes guérisons se produisent à l'Oratoire. Mais du même souffle, n'a-t-il pas mis le public et les religieux en garde contre une confiance excessive dans le bon frère au détriment de saint Joseph ? Et depuis, chaque nouvel incident le rend plus vigilant et plus circonspect.

Le petit frère souffre, c'est certain. Le supérieur se rappelle la mine déconfite de son subordonné quand il lui exposa ses recommandations : défense de toucher aux malades. Défense d'intervenir dans les prescriptions médicales ou les régimes alimentaires…

Là aussi, le père Dion s'était montré expéditif. Il avait fait passer ses paroles sans colère, mais son regard froncé semblait de pierre. Il l'a senti. Pour humaniser l'entretien, il avait enchaîné sur un ton plus doux :

— Évitez à tout prix tout ce qui peut faire croire à une action personnelle dans les merveilles opérées.

Le frère André était resté muet, comme chaque fois qu'on le semonce. Le père Dion mettrait sa main au feu que le petit frère lui en veut personnellement. Mais en tant que Provincial, il n'a pas le choix. Le religieux est naïf. Il est une proie facile entre les mains des exploitants et des sans-scrupules. Le quotidien *Le Devoir* annonçait le 26 mai un remède merveilleux préparé par un certain père André. En 1912, on avait lancé un autre onguent miraculeux portant son nom. Quelle fourberie! Rien que d'y penser, le père Dion sent monter son exaspération. Ces rumeurs alimentent les allusions aux méthodes thérapeutiques douteuses du thaumaturge.

Il faudrait peut-être rétablir les faits par la voie des journaux. Il a déjà dû le faire en 1912 quand des feuillets de prière frauduleux s'étaient retrouvés sur le marché. Sa mise en garde parut dans les *Annales de Saint-Joseph* qui rejoignent 135 000 foyers:

[...] *Il circule*, écrivait-il, *une prière truquée par des imposteurs et faussement attribuée au frère André. Aucune prière non approuvée par l'archevêché de Montréal n'est sortie de l'Oratoire.*

En atteignant le bas de la montagne, le père Dion décide de répéter l'opération. Cette fois, il mettra les gens en garde contre les remèdes trompeurs. Le père Dion est sur le point de traverser le Chemin de la Reine-Marie quand l'arrivée d'un tramway l'oblige à reculer. Les freins crissent. Le *Mountain Belt* s'arrête devant la gare et le chauffeur crie d'une voix qui porte:

— Frère André! Oratoire Saint-Joseph! Le père Dion soupire. Quel mystérieux petit homme, ce frère André qui draine des foules jusqu'en haut de la montagne!

* * *

Loin de se laisser abattre, le mystérieux petit homme qui oblige le père Dion à s'arracher les cheveux va son chemin en pensant à ses malades et... à saint Joseph. À quoi bon s'apitoyer sur son sort! Saint Joseph l'aura, son sanctuaire, s'il le désire. Mais en attendant, il y a des gens qui souffrent et il faut leur venir en aide. Il décroche le combiné du téléphone et demande à la téléphoniste le numéro de son ami Joseph Pichette:

— Allô, monsieur Pichette, c'est le frère André. Votre cheval n'a pas mal aux pattes ce soir? Alors amenez-le moi.

Le frère André raccroche: son ami sera au rendez-vous à l'heure dite. Depuis qu'il a pris du mieux, Joseph Pichette est devenu un habitué de l'Oratoire. Comme le père Dion permet maintenant au frère André de visiter ses malades à domicile, monsieur Pichette l'accompagne deux ou trois soirs par semaine. Il sort son automobile et conduit le frère André chez ceux qui sont incapables de monter le long escalier qui mène à son bureau.

— Essayez donc d'aller plus vite, insiste le frère. Il faut qu'on se rende chez cinq malades ce soir.

Plus bas, comme pour lui-même, il ajoute:

— Je n'aurai jamais le temps de tout faire.

Après la récitation du chapelet, on bavarde. Inévitablement, Joseph Pichette essaie de faire parler le petit frère. On dit tellement de choses sur son compte.

— Ça fait longtemps que je veux vous demander ça, risque monsieur Pichette, les yeux rivés sur la route devant lui. Est-ce vrai que vous avez guéri monseigneur Bruchési? Il y en a qui disent que lors de votre dernière visite à l'archevêché, il a eu une attaque de paralysie complète. Il paraît que vous l'avez guéri à la condition qu'il vous accorde la permission d'agrandir l'Oratoire.

— Comment voulez-vous que je fasse ça? s'empresse de répondre le frère André en riant. Retenir mon évêque, si ça a du bon sens! D'abord, je n'aurais pas été capable. Et puis enfin, retenir mon évêque!

Monsieur Pichette appuie sur l'accélérateur. Le temps presse. À l'intersection, le policier en faction fait signe au chauffeur de se garer le long du trottoir.

— Écoutez donc, vous, qu'est-ce qui vous presse comme ça? Allez-vous au feu? Il y a des règlements... C'est bien de valeur, mais je vais être obligé de vous donner un ticket de vitesse.

— Mais, explique monsieur Pichette, c'est que... voyez-vous, je conduis le frère André auprès de ses malades.

Le policier se penche vers l'intérieur de la voiture. Il reconnaît le bon vieux frère à la chevelure blanche.

— Bonsoir frère André. C'est bon, dans ce cas-là, allez.

Le frère André continue son chapelet. Les grains glissent entre ses doigts. On croirait que toute la scène lui a échappé. De retour au bercail, il propose à son compagnon:

— Bon, on va aller faire notre chemin de croix.

Joseph Pichette stationne son automobile tout près du petit sanctuaire. Le frère André a l'air satisfait de la randonnée:

— On a tout de même eu une bonne soirée, dit-il. On a guéri une malade.

* * *

Le frère André a-t-il guéri monseigneur Bruchési, comme le laisse entendre Joseph Pichette? Personne ne le saura jamais. Il est des secrets que les seuls témoins emportent en terre.

Cette légende a pourtant la vie dure. Les proches du frère André ont souvent rapporté un incident qui serait survenu lors d'un passage de l'archevêque de Montréal à l'Oratoire ou d'une visite du frère André à l'archevêché. Monseigneur Bruchési, raconte-t-on, aurait ordonné au frère de cesser ses frictions aux malades, surtout en ce qui concerne les femmes. Au cours de l'entretien, l'archevêque se serait senti engourdi, voire paralysé à la jambe. À sa demande expresse, le thaumaturge aurait accepté de le frictionner. Et le bien-être qu'il en ressentit aurait incité l'évêque à se rétracter :

— Continuez de frictionner les malades comme auparavant.

Joseph Pichette a un jugement sûr. Avant de se prononcer, il a voulu en avoir le cœur net. Puisque le frère André affirme qu'il n'en est rien, il ne répétera plus cette histoire tout de même un peu abracadabrante.

* * *

Monseigneur Bruchési n'a pas cru bon de confirmer ou démentir la rumeur. D'autres questions plus cruciales le préoccupent. Entre autres, il doit décider s'il autorisera ou non l'agrandissement de l'Oratoire. Le sanctuaire sur la montagne se développe trop rapidement. Et les sommes d'argent qui s'y engloutissent sont énormes. N'y aurait-il pas lieu d'encourager les âmes généreuses à venir en aide à d'autres causes ? Ce ne sont pas les œuvres nécessiteuses qui manquent dans le diocèse.

L'affaire est délicate. Le mouvement vers la montagne est né des pèlerins eux-mêmes. Il n'a pas été imposé par le clergé. C'est plutôt le contraire.

Il faut regarder la vérité en face : si l'Oratoire est aujourd'hui un lieu de culte très couru, c'est bien à la persévérance des fidèles qu'on le doit. Mus par une volonté inébranlable de voir s'ériger sur le mont Royal un sanctuaire dédié à saint Joseph, les pèlerins et les zélateurs ont uni leurs forces pour surmonter toutes les embûches. Il faut remonter jusqu'aux premiers malades attroupés autour du collège Notre-Dame, puis refoulés de l'autre côté du chemin de la Reine-Marie, pour bien comprendre leur acharnement.

Plusieurs fois, l'évêché et les autorités de la communauté ont ralenti les efforts des pèlerins. Ils ont tantôt refusé les crédits nécessaires à la continuation des travaux, tantôt temporisé avant d'accéder aux demandes d'agrandissement. Les zélateurs ne se sont jamais tenus pour battus. Ils sont revenus à la charge après avoir recueilli les sommes nécessaires. A-t-on le droit de décourager encore une fois de tels efforts ?

La réponse va de soi. Mais, par mesure de précaution, monseigneur Bruchési croit utile d'interroger, une fois de plus, le frère André :

— Croyez-vous avoir eu quelque vision ? demande l'évêque, habitué à aller droit au but. Le bon saint Joseph vous aurait-il fait entendre qu'il voulait un temple sur le mont Royal ?

— Il n'y a rien de tout cela, s'empresse de démentir le frère André. Je n'ai que ma grande dévotion à saint Joseph. C'est elle qui me guide et me donne une entière confiance.

Autant de franchise et de simplicité émeuvent monseigneur Bruchési. Invitant le frère André, et le père Dion qui l'accompagne, à le suivre dans sa chambre, le prélat rédige le document accordant l'autorisation demandée.

Chapitre 8

L'année du tintamarre

L'année 1915 reste gravée dans la mémoire des habitués de l'Oratoire comme celle du tintamarre. Les pèlerins gravissent le long escalier de bois qui conduit au bureau du frère André au son retentissant des travaux de forage qui s'effectuent dans le roc à flanc de montagne. Dans la salle d'attente, certains jours, on ne s'entend pas parler. Camions, niveleuses, béliers mécaniques s'entrecroisent sur le chantier. On creuse à même le roc. On déplace la chapelle primitive. La crypte apparaît.

Quand on soulève la première pelletée de terre pour la construction de la basilique, l'Oratoire a en caisse 107 730 $. Pas mal, en temps de crise.

Jos Malenfant prend son temps. Il monte à l'Oratoire pour la première fois.

— C'est-y assez beau à votre goût ! lance-t-il à tout vent.

Ses yeux ne se lassent pas d'admirer le site qui s'offre à lui. Du haut de la montagne, on aperçoit la grande ville. Jamais son patelin du Témiscouata n'a semblé aussi lointain, aussi minuscule. Il regarde les monstres mécaniques qui arrachent le roc du mont Royal. D'un pas lent, il suit l'un après l'autre les sentiers qui sillonnent la montagne. Sur sa route, il croise, sans le savoir, le frère André. À soixante-neuf ans, le petit frère paraît plus vieux que son âge. Il marche vite, la tête basse. « J'ai l'impression d'avoir vu cet homme-là quelque part », songe Jos Malenfant. Mais où ? La curiosité le cloue sur place. Il cherche dans les plis et les replis de sa vie où il a bien pu rencontrer ce vieil homme. Il aurait voulu l'interroger, mais une espèce de gêne l'en empêche.

Sa promenade terminée, il retourne sur ses pas et descend vers le collège. C'est bien dans ce décor qu'il espère finir ses jours. À la porte, il demande une entrevue avec le supérieur.

Dans le parloir où on l'a prié de prendre place, monsieur Malenfant paraît songeur. Quelle curieuse rencontre, se répète-t-il dans son for intérieur. «Ça y est, ça me revient!» Jos Malenfant se souvient. Ce vieil homme, il l'a aperçu... en rêve. Il bâtissait une grande église. En voyant Jos, il l'avait appelé et lui avait demandé de venir l'aider. Au réveil, le visage du vieillard l'avait hanté. Il en avait été très troublé.

— Qu'est-ce que je peux faire pour vous, monsieur? demande le père Laurin qui remplace le supérieur.

Jos Malenfant revient à la réalité du moment. Il boutonne son chandail de laine pour se donner une contenance.

— Mon père, répond-il, je veux entrer en religion.

L'idée lui trotte dans la tête depuis un an. Quand sa femme est morte, il s'est retrouvé seul à Saint-Hubert, petit village à peine colonisé, situé non loin du lac Témiscouata. Tous ses enfants étaient morts en bas âge sauf un. Mais celui-là a quitté la région faute de pouvoir y vivre décemment.

Après avoir broyé du noir pendant un certain temps, Jos avait réagi énergiquement : non, il ne passerait pas le reste de sa vie à se tourner les sangs ni à pleurer le passé à jamais disparu. À cinquante-huit ans, la vie réserve encore de bons moments.

Le père Laurin écoute attentivement le récit de son visiteur original :

— J'ai bien réfléchi, conclut Jos, et je considère que... c'est d'être bon à rien que d'être utile à personne.

— C'est trop tard, mon ami, regrette sincèrement le père Laurin. Il n'est plus possible d'entreprendre le noviciat à votre âge.

Profondément désolé, Jos Malenfant repart sans trop savoir où il ira ni ce qu'il fera pour se rendre utile. Car c'est bien là son seul souhait. Une chose est certaine : il n'abandonnera pas la partie à la première embûche. En prenant le tramway, il jette un dernier coup d'œil du côté de la montagne :

— Vous n'avez pas fini d'entendre parler de moi, se jure-t-il, au moment où le « petit char » se met en branle dans un crissement qui couvre les détonations venant d'en haut.

* * *

Un tramway part, un autre arrive. Le *Mountain Belt* s'arrête au pied de l'Oratoire toutes les vingt minutes. Il a fallu augmenter le nombre de véhicules tant les voyageurs qui empruntent ce circuit se sont multipliés.

Il en va de même à l'Oratoire où le personnel en place ne suffit plus à la tâche. D'autres prêtres viennent maintenant prêter main-forte au père Clément qui n'arrive pas à confesser tous les « patients » que le frère André achemine vers la chapelle. Ce jour-là, le père Elphège Grou est de faction. Les pénitents défilent jusqu'à la fin du jour.

Cinq heures sonnent. Le père Grou sort du confessionnal. Il pend son vêtement sacerdotal à un crochet et se dirige vers la sortie quand un prêtre d'une stature imposante s'avance vers lui et demande sans détour :

— À l'Oratoire, est-ce qu'on accueille toutes sortes de personnes ?

— Bien sûr, s'empresse de répondre le père Grou. Tout le monde est admis.

— Si vous connaissiez le visiteur que je suis, peut-être hésiteriez-vous à le recevoir.

Sa curiosité est piquée; le père veut connaître l'identité de ce mystérieux visiteur qui se qualifie d'indésirable.

— Qui êtes-vous donc, monsieur l'abbé?

— Le plus grand ennemi des Canadiens français…

— Monseigneur Fallon! s'écrie le père Grou.

Il n'en fallait pas plus pour reconnaître le géant devant lui : c'est bien monseigneur Fallon, évêque de London, en Ontario. Il a raison de se définir comme l'ennemi des francophones du pays. Son seul nom fait frémir tous les Canadiens français. Ses idées, comme sa stature, en imposent. Jeune, il a été champion de football pendant ses études à l'Université d'Ottawa. Puis, il est entré chez les Oblats de Marie-Immaculée où son sang irlandais s'est fait remarquer. Devenu évêque de London, il a tôt fait d'acquérir la réputation de francophobe.

Il faut remonter à l'automne 1913 pour comprendre l'ampleur du problème. Un jour sur deux, les journaux québécois et ontariens font alors état de la querelle scolaire en Ontario. Les droits linguistiques des Canadiens français sont menacés et la croisade bat son plein en faveur de la survivance et de l'expansion du français hors Québec.

D'un côté des barricades, monseigneur Fallon mène la lutte. Il préconise le remplacement des religieuses francophones par des sœurs irlandaises dans les écoles séparées de l'Ontario. Aux enseignants de son diocèse, il conseille de ne pas enseigner le français. Le chef de file de l'autre clan est nul autre qu'Henri Bourassa, directeur du *Devoir*. Il fait campagne en faveur des écoles bilingues en Ontario et s'oppose farouchement à l'évêque de London. Son appui est précieux, car depuis son envolée nationaliste du Congrès eucharistique de 1910, Bourassa fait figure de héros à travers le pays.

Donc, les deux opposants se retrouvent face à face, en cet automne 1913. L'incident qui ternit encore davantage la réputation de monseigneur Fallon se déroule précisément dans son fief, à London. On fête la Saint-André et Bourassa doit prendre la parole. Son discours est sobre et tranche étonnamment avec celui de l'évêque irlandais qui se veut provocant. Au lieu de porter un toast à la santé du Canada, tel que prévu, il s'enflamme et vante les mérites de l'impérialisme britannique et de la race anglo-saxonne qui en est issue.

Bourassa rentre à Montréal où il rédige sa réponse à l'intention de son hôte effronté. L'article paraît dans *Le Devoir*. Désormais, pour les Franco-Ontariens, l'ennemi public numéro un est identifié : c'est monseigneur Michael Francis Fallon.

On imagine facilement le malaise de l'évêque de London qui visite Montréal pendant ces années troubles. Mais les pères de l'Oratoire sont des gentlemen et ils font au prélat ontarien les honneurs des lieux. À la fin de la visite, monseigneur Fallon demande une dernière faveur : rencontrer le frère André.

Le petit frère décline d'abord l'invitation. Mais il se rend finalement à la demande de l'évêque, qui, du haut de sa grandeur, l'interroge, ironique :

— Voyons, frère André, est-ce vrai tout ce qu'on dit de vous ?

— Je ne sais pas tout ce qu'on dit, monseigneur, répond le frère, mais on pourrait dire de moi bien du mal qui serait vrai.

— Est-ce bien vrai que saint Joseph vous accorde tout ce que vous lui demandez tandis que nous autres, nous le prions sans rien obtenir ?

— Oh ! cela, monseigneur, je ne crois pas ; parce que devant saint Joseph, nous sommes tous égaux... Lui, il n'a de préférence pour personne.

Après le départ de monseigneur Fallon, l'un des pères qui a assisté à l'entretien fait remarquer au frère André qu'il n'a pas ménagé l'impétueux évêque irlandais. Le petit frère n'ose pas admettre qu'il a voulu servir une bonne leçon au prélat. Il s'explique néanmoins:

— Il paraît que monseigneur Fallon fait de la misère aux nôtres dans l'Ontario et qu'il ne veut pas les laisser parler le français. C'est pour ça que je lui ai dit que saint Joseph traitait tout le monde de la même manière.

* * *

Ce soir-là, dans la salle de la communauté, les religieux parlent longuement de la visite surprise de monseigneur Fallon. Mais bientôt la conversation dévie sur la grande préoccupation de l'heure: la guerre mondiale.

Ah! les horreurs de la guerre. Au début, on parlait des hostilités qui se déroulaient en Europe comme d'une calamité lointaine. Mais peu à peu, les Canadiens français se sont sentis concernés. Le clergé, les hommes politiques et les simples citoyens essaient sur la place publique et dans les salons de démêler l'écheveau de ce conflit mondial.

Sur la montagne, on doit se résoudre à ralentir les travaux de construction en cours. D'autres causes semblent plus pressantes. La Croix-Rouge réclame des fonds que l'Oratoire ne peut lui refuser. Elle puise à même sa caisse l'argent nécessaire aux secours de guerre.

Les informations provenant d'outre-mer sont rares. On reçoit bien sûr les dépêches officielles, mais les témoignages les plus précieux arrivent par le courrier. Comme cette lettre de sœur Marie-de-Sainte-Anne Shortemer, supérieure du Bon Pasteur de Lisbonne, qui écrit à l'Oratoire pour raconter les événements tragiques qui déchirent depuis quatre ans le Portugal où la révolution maçonnique fait rage. Quelle désolation! À Porto et à Lisbonne, 220 femmes et enfants ont été jetés à la rue. Il n'y a plus de sacrement dans les hôpitaux. Les malades meurent comme des bêtes : *La contagion gagne et fait des progrès rapides dans ce pays où l'impiété règne. Vous ne sauriez croire les crimes et les horreurs qui se commettent et tous les outrages contre le Bon Dieu… Il faut prier…*

On se passe de main à main ces précieuses lettres, témoins fidèles des jours d'angoisse qui s'écoulent si loin et si près de soi. Certaines missives sont adressées au frère André. Assis dans la salle de repos de la communauté, le petit frère écoute religieusement, avec ses confrères, les dernières nouvelles qui parviennent cette fois de France. Le 4 novembre, le curé de Flirey, une paroisse située près de Nancy, écrit au petit frère pour lui dire l'immense reconnaissance qu'il voue à saint Joseph. Toute la région a été envahie par les Allemands, mais sa paroisse, qui se trouvait au cœur des bombardements, fut miraculeusement épargnée.

Aux dernières nouvelles, les Allemands sont aux portes de Paris. La Ville lumière semble à la merci de l'envahisseur. Pendant que les prêtres et les frères de la communauté se perdent en conjonctures sur le dénouement de la bataille, le frère André garde le silence. Il pense aux malheureux conscrits qui défilent devant lui à longueur de journée, réclamant son aide pour échapper aux autorités qui les pourchassent à travers la ville. Ces pauvres bougres ne veulent pas être expédiés au front.

À quoi bon le nier? Cette affreuse guerre se rapproche de Montréal.

* * *

Bernadette s'est levée de bon matin et répète en s'habillant son petit boniment :

— Frère André, je viens vous voir à propos de mon mari…

Une fois rangée la vaisselle du déjeuner, elle enfile son manteau d'hiver démodé. Puis, elle noue sur sa tête son foulard de laine. À l'heure des travailleurs, elle se faufile dans le tram bondé. Debout, au milieu du «petit char», elle essaie désespérément de repérer une courroie de cuir. Ça y est. Elle empoigne l'anneau libre, résolue à ne pas le lâcher avant l'arrêt de la Côte-des-Neiges.

Huit heures n'ont pas encore sonné quand la visiteuse franchit la porte du kiosque. Elle passe devant le magasin d'objets de piété pour aller rejoindre les malades qui attendent déjà. Même si le frère André n'est pas encore arrivé, la salle d'attente est bondée. Azarias Claude, qui prend au sérieux son rôle de portier, est au poste. Il aide les handicapés à prendre place et rassure les inquiets :

— Oui, oui, oui. Le frère André est arrivé. Je l'ai vu. Il prie dans la chapelle comme il le fait chaque matin. D'habitude, ça ne dure pas plus de cinq ou six minutes.

Monsieur Claude renifle. Il a attrapé un méchant rhume de cerveau. Ce n'est pas étonnant avec ce froid qui vous traverse de part en part. Et la porte qui reste toujours à moitié ouverte. Sa femme lui a conseillé de garder le lit.

— Pas question, lui a-t-il répondu. Le frère ne peut pas se débrouiller tout seul.

Azarias n'est pas homme à laisser tomber son ami. Surtout pas après l'incident de la veille. Il sait trop combien le frère André a eu du chagrin.

Les deux hommes, le grand et le petit, marchaient côte à côte dans les rues du bas de la ville. Chemin faisant, ils croisèrent un couple d'âge mûr. La femme reconnut le frère André.

— As-tu vu ? C'est le frère André, murmura-t-elle à son compagnon.

— Bah ! c'est un ignorant, répondit celui-ci, dédaigneux. Il se mêle de soigner et il n'est même pas médecin.

Azarias observa alors son ami. Une tristesse inaccoutumée semblait l'envahir. D'un air éploré, il glissa :

— On a bien raison, je suis un ignorant. C'est pour cela que le bon Dieu se sert de moi. S'il y avait plus ignorant que moi, le bon Dieu l'aurait choisi à ma place.

Monsieur Claude se demande maintenant si le frère pense encore à la scène d'hier. En tout cas, il est bien content d'être venu à l'Oratoire ce matin. Rien qu'à voir le nombre de malades qui attendent déjà, on sent que la journée sera remplie.

Et dire qu'il y en a qui se lamentent parce que le frère André n'est pas encore à son bureau. Mais il n'est même pas huit heures… Il ne peut tout de même pas travailler jour et nuit !

Cette dernière réflexion, il l'a faite tout haut. Bernadette, qui l'observe, lui donne raison :

— C'est vrai, se dit-elle, il y en a qui exagèrent… en tout cas, moi, je ne suis pas pressée. J'attendrai toute la journée s'il le faut, mais je le verrai.

Bernadette sait bien que l'entrevue durera à peine deux minutes mais qu'importe, ça suffira.

« Le voilà ! » chuchote une voix dans la salle. Le petit frère, les épaules voûtées, traverse la pièce comme une flèche. Les yeux baissés, il se faufile sans dire un mot. Un homme dont le bras est en écharpe court au-devant du religieux et réussit à toucher sa soutane. Le frère n'en fait aucun cas. L'homme a l'air comblé.

Voilà enfin le frère André derrière son comptoir. Il agite sa clochette. Monsieur Claude fait signe au premier visiteur d'entrer. Par la porte vitrée, les autres suivent la scène. On n'entend pas les paroles de l'infortuné, mais sur son visage, on devine tout l'espoir qui anime sa démarche.

Plus le temps passe, plus le groupe s'épaissit. Dans la salle, on se parle comme si on se connaissait depuis toujours. Il est d'abord question de la maladie qui accable les uns et les autres. Et quand le sujet est épuisé, on parle de la guerre. Personne n'en revient. Comment l'assassinat de François Ferdinand, prince héritier d'Autriche, a-t-il pu provoquer une guerre mondiale? Pire que tout, en quoi un conflit aussi lointain nous concerne-t-il? Car c'est bien de cela qu'il s'agit actuellement.

Depuis la déclaration de la guerre, le 4 août 1914, le gouvernement fédéral tente de recruter des soldats pour aller se battre en Europe sous le drapeau britannique.

— Avez-vous lu *Le Devoir*? demande un homme d'un certain âge à son voisin. Henri Bourassa écrit en toutes lettres que le premier ministre Borden va finir par décréter la conscription. J'peux pas croire.

Le directeur du *Devoir* s'oppose farouchement à la conscription des citoyens canadiens. Il rejette la participation des hommes qui ne désirent pas se battre. Dans la salle d'attente, un jeune homme se lève; il rappelle à ceux qui approuvent Bourassa que les évêques ont lancé un appel à la fidélité due à l'Angleterre:

— Monseigneur Bruchési a été clair, affirme le jeune homme qui cite textuellement les paroles de l'évêque. Il a dit: «L'Angleterre est engagée dans une guerre terrible qu'elle s'est efforcée d'éviter à tout prix. Sujets loyaux, reconnaissant en elle la protectrice de nos droits, de notre paix, de notre liberté, nous lui devons notre plus généreux concours.»

Le jeune homme se rassoit. Mais son intervention enflamme le débat.

— En tout cas, réplique un homme debout, appuyé sur sa canne, notre curé penche plutôt du côté de Bourassa. Il ne le crie pas en chaire. Mais dans l'intimité, quand il fait sa visite de paroisse, il ne mâchouille pas ses mots pour dénoncer cette guerre qui ne nous concerne pas.

Bernadette ne perd pas un mot de la conversation. Elle baisse la tête. Cette guerre, c'est son drame.

Tout a commencé le soir de la fameuse assemblée du parc Somher. Elle s'y était rendue en compagnie de son mari pour entendre le discours de sir Wilfrid Laurier, ce vieux monsieur de soixante-treize ans d'allure noble. Sir Lomer Gouin, un homme fort respecté avait, lui aussi, pris la parole. Les politiciens avaient exhorté les Canadiens français à revêtir l'uniforme.

Cette soirée, jamais Bernadette ne l'oubliera. Sur le chemin du retour, son mari était demeuré silencieux, lointain. Une fois rentré à la maison, il avait déclaré de but en blanc :

— Ma femme, je m'enrôle.

Stupéfaite, Bernadette cherchait les mots pour répondre. Elle s'était ressaisie, avait invoqué toutes sortes d'arguments, supplié et promis mer et monde. Peine perdue. La décision de son mari s'avérait aussi irrévocable que subite.

Un chômeur comme lui n'a pas le choix. Il doit gagner sa vie et celle de sa famille. Sa femme avait insisté :

— Attends, les industries de guerre auront bientôt besoin de bons hommes comme toi.

Encore des promesses en l'air. Non, il n'a plus une once d'illusions. Depuis sa mise à pied, il a frappé en vain à toutes les portes, quémandé du travail à gauche et à droite. Pour lui, l'impasse est totale. Personne ne pourra désormais le convaincre qu'un emploi lui tombera du ciel.

— Tu rêves, avait-il rétorqué sèchement. Il y a plus de chômage que jamais.

Bernadette sait bien que son mari n'a pas pris cette décision de gaîté de cœur. Il n'a vraiment pas envie d'aller mourir dans les vieux pays, loin des siens. Il comprend fort bien les hommes qui refusent de s'enrégimenter pour aller défendre un pays étranger. Mais… il faut gagner sa vie pour avoir le droit de protester.

— Tâche de comprendre, avait-il supplié enfin pour clore la discussion.

Bernadette s'était tue : on ne s'obstine pas avec un homme désespéré. C'est vrai qu'ils ont de la difficulté à rejoindre les deux bouts. La vie coûte tellement cher. Le beurre vient d'augmenter à 40 cents la livre. Et les œufs, qu'on paie maintenant près de 50 cents la douzaine !

Elle comprend ce qui incite son mari à s'enrôler. Mais elle a peur. S'il fallait qu'il lui arrive un malheur ! Tous les jours, les journaux rapportent les noms des blessés graves et des morts au champ de bataille : des Canadiens français, membres du 22e régiment.

Voilà ce qu'elle veut raconter au frère André. Mais elle se sent mal à l'aise. Elle jette un regard inquiet sur son entourage. Au fond de la salle, un homme étendu sur une civière grimace : ses souffrances paraissent intolérables. À côté de lui, une jeune femme porte dans ses bras un petit enfant au regard fiévreux. Plus près, un vieux monsieur blanc comme un drap ; sa lèvre inférieure tremble comme s'il allait pleurer. Devant tant de souffrances, la requête de Bernadette semble insignifiante. S'il fallait que le frère André se fâche et la renvoie durement ! Son tour est venu d'entrer dans le bureau :

— Frère André, dit-elle timidement… c'est mon mari… Les mots sortent difficilement. Mais le petit frère n'a pas son visage sévère des mauvais jours. Il est même plutôt enjoué. Elle reprend courage.

— Il s'en va à la guerre… je crains…

— Priez saint Joseph et ne vous inquiétez donc pas. Il reviendra, votre homme, ajoute le frère d'un ton paternel, en faisant tinter sa clochette.

Bernadette sort, cédant sa place à un jeune couple. Le frère André accueille les jeunes gens avec un large sourire. Il a reconnu Hélène, la sœur de Joseph Pichette, qui est accompagnée de son fiancé, Dominique Cormier.

Dominique s'en va au front. Avant de partir, il a tenu à se mettre sous la protection de saint Joseph. Le frère André lui fait ses recommandations :

— Faites votre devoir de soldat en bon chrétien, dit-il en lui remettant une médaille de saint Joseph.

Puis se tournant vers Hélène, il la rassure :

— Votre fiancé vous reviendra sain et sauf.

* * *

Quand le chauffeur du tramway crie : «Frère André, Oratoire Saint-Joseph», tout le monde descend. On se croirait au terminus.

Jos Malenfant ne bouge pas. Pourquoi se faire bousculer ? Aussi bien attendre que le tram se vide. Il descend le dernier, appuyé sur sa valise qu'il a déposée sur le marchepied.

Comme les autres visiteurs, il entreprend l'ascension du mont Royal. De temps à autre, le vieil homme met la main dans sa poche de veston et tâte le petit paquet ficelé : 409 $. «Ils vont être contents», pense-t-il.

Jos Malenfant n'avait pas chômé depuis son dernier passage à l'Oratoire. Après avoir obtenu l'autorisation verbale des évêques de Chicoutimi, Trois-Rivières et Joliette, il avait sillonné ces régions l'une après l'autre. Des passants l'ont remarqué sur toutes les routes, circulant à pied. Son baluchon sur l'épaule, il tenait un bâton à la main, pour se protéger des chiens. Plus d'une fois, des gens ont cru que Jos était un voleur de grand chemin en apercevant son magot rondelet. Jamais il ne s'est laissé décourager. Une fois le village ratissé au grand complet, il passait à la banque, déposait l'argent et signait un chèque au nom du frère André.

Le lendemain, il quittait ses hôtes d'une nuit presque à l'aube. Il se rendait à l'église de la paroisse où il assistait à la messe. Puis, il se faufilait jusqu'à la statue de saint Joseph et tâchait de lui toucher le pied. Content, il prenait le large, son petit sac à oboles sous le bras.

Jos Malenfant a même réussi à se tailler une clientèle. Une espèce de réseau de donneurs. Surtout chez les cultivateurs, des gens qui ont la foi... et qui n'ont pas honte de le montrer ! Chez eux, l'accueil est chaleureux. C'est la tradition. Quand il frappe à une porte et trouve la famille attablée autour d'un ragoût fumant, le père lui montre du doigt une chaise et lui fait signe de s'approcher.

— Quand il y en a pour sept, il y en a pour huit.

On l'aime bien, le vieux Malenfant. Il colporte les dernières nouvelles d'un village à l'autre : la crue des eaux a causé des ravages à dix milles de là ; il y a une corvée à Sainte-Mélanie : on rebâtit la grange du maire qui est passée au feu. Jos n'oublie rien. C'est, chez lui, une espèce de deuxième nature : ce qu'il a appris, il faut qu'il le raconte.

— Savez-vous la dernière ? Le pape est mort. C'est arrivé le 20 août à une heure du matin.

Plusieurs personnes avaient pleuré en apprenant le décès de Pie X. Le Souverain Pontife était renommé pour sa douceur. L'année précédente, le 26 février, il avait envoyé sa bénédiction aux *Annales de Saint-Joseph*. Comme Jos Malenfant profite de ses tournées pour vendre des abonnements à la revue, il répète les paroles de monseigneur Merry del Val : dans sa lettre, le secrétaire de Pie X avait écrit : *L'Auguste Pontife vous félicite de travailler à accroître dans les âmes la dévotion à saint Joseph.*

Jos Malenfant prend un peu pour lui les félicitations du Saint-Père. Comme les religieux de l'Oratoire, il essaie de propager la dévotion. Sa plus grande joie, il la ressent lorsqu'il remet aux autorités du sanctuaire son trésor. Non, il ne veut pas qu'on le remercie : il fait ce qu'il a à faire, répétant comme un leitmotiv :

— C'est d'être bon à rien que d'être utile à personne. Sans rien ajouter, le vieux quêteux reprend la route.

Chapitre 9

La chasse aux déserteurs

Quand le téléphone sonne au magasin de chaussures de la rue Saint-Hubert, Joseph Pichette se doute qu'il entendra la voix de son vieil ami au bout du fil.

— Êtes-vous libre, ce soir, monsieur Pichette? demande le frère André. J'ai un malade à visiter à Saint-Lambert.

— Euh…

— Votre cheval, il me semble que ça fait longtemps qu'il est dans le parc. Et puis demain, je ne pourrai pas sortir. C'est vendredi. Il y a l'heure sainte.

Le vendredi, c'est sacré, le frère André ne sort pas. Il prie. Joseph Pichette a donc prévu qu'il accompagnerait son ami ce soir-là. Il s'est fait prier pour la forme. Après avoir averti sa femme qu'il ramènerait le frère pour souper à la maison, la visite aux malades terminée, il monte dans son automobile et file vers l'Oratoire.

Le frère André est déjà prêt. Sans perdre une minute, il se glisse dans la voiture de son ami qui démarre aussitôt.

— Frère André, on va faire un détour pour se rendre au Pont Victoria. Il y a des émeutes ces jours-ci dans le bas de la ville. Hier, je vous dis qu'il y a eu du grabuge au square Philips.

— Comment ça, donc? interroge le frère André.

Joseph Pichette raconte tout ce qu'il sait des incidents violents qui se produisent un peu partout depuis trois mois.

— Ça remonte au 18 mai, explique-t-il, tout a commencé quand le gouvernement a voté la fameuse loi de la conscription. Si ma mémoire est bonne, la première manifestation a eu lieu au parc La Fontaine. Je me trouvais dans les parages. Je vous dis que ma femme n'en menait pas large. Les manifestants criaient : « On veut envoyer les Canadiens français se faire casser la g... à la place des Anglais ». Ils ont brisé les vitres de *La Patrie*. Vous avez dû en entendre parler.

Tous les quotidiens du pays avaient raconté la colère des Canadiens français. C'est le journal d'Ottawa qui avait allumé la mèche en déclarant qu'il fallait imposer la conscription à la province de Québec *par la force des baïonnettes.*

— Mais hier, reprend Joseph Pichette, j'ai entendu dire que c'était épouvantable. Ça fait un bout de temps qu'on sent que ça va éclater. Il y a de la poudre dans l'air depuis que le gouvernement a installé des postes de recrutement à la Place d'Armes. On peut dire que ça n'a pas aidé.

Du coin de l'œil, Joseph observe le frère André qui secoue la tête, l'air consterné. Il interrompt son récit pendant quelques minutes, car la circulation s'épaissit. L'heure de pointe tire à sa fin. Des chauffeurs maussades klaxonnent tandis que les piétons traversent les rues à tort et à travers. Les mains rivées au volant, Joseph Pichette se faufile. Il a l'habitude.

— Toujours est-il, continue Joseph, que la bagarre a éclaté au Champ-de-Mars. Les vitrines de magasins, les vitres de tramways revolaient en éclats. Il y a des gens qui tiraient des balles à blanc. D'autres criaient : « À bas Borden » et « Vive la révolution ».

Joseph Pichette n'invente rien. Il y avait eu des blessés parmi les manifestants et aussi parmi les policiers. Des malfaiteurs avaient lancé de gros cailloux sur les lampadaires qui s'étaient aussitôt éteints. Il faisait noir comme chez le loup. Ce matin, le journal rapportait qu'il y avait eu des vols à la Commission des liqueurs. Pis encore, la police avait découvert des bâtons de dynamite.

— Vous n'êtes pas sérieux ? réplique le frère, sidéré.

— Bourassa l'avait pourtant dit, que ça finirait mal !

Monsieur Pichette s'arrête. Assez de mauvaises nouvelles pour aujourd'hui. Le frère André a passé la journée à écouter les malheurs de tout un chacun. Il doit en avoir ras le bol.

On est presque arrivé. La voiture emprunte le Pont Victoria. On sera à Saint-Lambert d'une minute à l'autre. Le frère André tape sur l'épaule de son ami et dit :

— Imaginez-vous donc que j'ai payé le gardien du pont, mais il a oublié de me remettre la monnaie !

— Vous êtes bien puni, frère André. Ça vous apprendra à refuser mon argent. La prochaine fois, vous me laisserez payer.

— Je ne sais même pas combien il me doit, ajoute le frère qui fait mine de compter.

— Ce n'est pas difficile à calculer. Combien lui avez-vous donné ?

— Je lui ai donné une médaille de saint Joseph.

Les deux compères rient de bon cœur.

* * *

— Ah ! vous voilà.

Madame Pichette commençait à s'inquiéter. D'habitude, quand son mari visite les malades avec le frère André, il revient plus tôt.

— Saint-Lambert n'est pas à la porte, répond Joseph en accrochant son chapeau.

Madame Pichette tend au frère André une boîte contenant une belle paire de souliers neufs.

— Tenez, frère André, voilà vos vieux souliers… Mon mari les a fait réparer.

Lors de la dernière visite du frère chez les Pichette, le couple lui avait fait remarquer que ses souliers étaient éculés.

Avec la permission de son supérieur, il les avait remis à son ami qui devait se charger de faire réparer la semelle. Le frère André prend la belle paire de chaussures neuves et l'examine de tous côtés. Puis, se tournant vers monsieur Pichette, il lui lance, pince-sans-rire :

— Il raccommode drôlement bien les souliers, votre cordonnier !

Après le souper, madame Pichette interroge le frère André sur la mort récente du docteur Albini Charette.

— Un accident, dit-il simplement.

Le frère André ressent du chagrin. Son ancien ennemi est devenu un habitué de l'Oratoire. Il a certes fait du mal au frère mais depuis, il s'est amendé. Le 18 septembre, un ouvrier de la compagnie du tunnel de Montréal qui effectuait des travaux d'excavation sous le mont Royal fut blessé. On appela le docteur Charette à son chevet. Mais sortant de sa voiture, celui-ci fut happé par un véhicule qui roulait en sens inverse. Sa mort fut instantanée.

Depuis son décès, les gens répètent :

— Le docteur Charette a eu un accident. Il est mort... Il a trop parlé contre le frère André.

Dans la cuisine des Pichette, l'horloge indique neuf heures. Le frère André se lève pour partir.

— Vous ne partez pas déjà ? demande Joseph. Je voulais vous parler de la femme d'un de mes employés au magasin. Elle est bien malade. Vous ne pourriez pas penser à elle dans vos prières ?

— C'est inutile, elle est déjà morte.

— Mais...

— Je vous répète qu'elle est morte.

Joseph Pichette n'insiste pas. Il se lève de table et va dans sa chambre chercher sa veste de laine. La soirée est fraîche. En attendant son chauffeur, le frère André continue sa conversation avec madame Pichette.

— Un qui va mourir bientôt, c'est le docteur Pichette. Le frère de votre mari ne durera pas longtemps.

Joseph revient à la cuisine. Il a bien entendu qu'on parlait d'un mort mais il n'a pas compris de qui il s'agissait. Après avoir reconduit le frère à l'Oratoire, il interroge sa femme pour en avoir le cœur net.

— Dis-moi donc, je vous ai entendu parler de quelqu'un qui va mourir. De qui était-il question? De ma sœur Auréa qui a un cancer au sein droit?

— Non, répond madame Pichette, hésitante.

— De moi? J'aime mieux qu'on me le dise si c'est moi.

— Non, rassure son épouse. Le frère André parlait de ton frère.

— Mon frère?

Joseph n'en revient pas. Son frère a à peine soixante-cinq ans. Il pratique toujours la médecine à Chambly. Aux dernières nouvelles, il était bien portant.

Le lendemain matin, Joseph Pichette, qui a oublié les incidents de la veille, rentre au magasin. Son commis l'attend tout endimanché, une cravate noire nouée autour du cou.

— Que se passe-t-il, monsieur Brosseau?

— Ma femme est morte hier soir.

Monsieur Brosseau était au chevet de sa femme, la veille, à l'hôpital. Au début de la soirée, elle semblait dormir paisiblement. Tout à coup, ses joues parurent plus creuses; son teint devint cireux. Inquiet, il appela la sœur de garde à l'étage qui constata que la malade ne respirait plus.

— Quelle heure était-il? s'enquiert Joseph Pichette, intrigué.

— Pas loin de neuf heures.

Incroyable! Monsieur Pichette en a le souffle coupé. Le frère André fait de la télépathie. Il pense tout à coup à la mort prochaine de son propre frère. Si c'était vrai[1]!

* * *

Le 19 avril 1918, le gouvernement canadien amende la loi du service militaire. L'enrôlement devient obligatoire pour un nombre imposant de citoyens. Désormais, les demandes d'exemption seront rejetées. Des mères éplorées viennent supplier le frère André de cacher leurs fils en âge d'aller au combat.

Cette guerre cruelle ne finira donc jamais? Un an plus tôt, à pareille date, Paris était bombardé durant la semaine sainte. Le vendredi saint, l'église de Saint-Eustache avait été éventrée par un obus allemand. De retour au pays, plusieurs des nôtres avaient raconté les jours d'horreur qu'ils avaient vécus dans la capitale française.

Ici, le harcèlement continue. La police militaire s'acharne contre les insoumis. Dans l'ouest du Canada, on réclame leur emprisonnement. Les jeunes gens se sentent traqués: on les pourchasse jusque dans les collèges classiques. Certains se cachent dans le grenier de la maison familiale. On en a vu se terrant dans les bosquets du mont Royal. D'autres enfin passent illégalement aux États-Unis.

Partout, le scénario est le même. On frappe: «Nous venons pour Henri Lalonde», disent les agents en uniforme militaire. La petite Gabrielle qui n'a que six ans a peur; elle se cache derrière les jupes de sa mère.

---

1. Deux mois plus tard, le docteur Pichette mourait. Sa femme l'a trouvé gisant à terre, au milieu d'une mare de sang. Mais sa sœur Auréa guérira, tel que promis par le Frère André.

— Il n'a pas l'âge, répond sèchement le père Lalonde.

Après vérification, les soldats repartent… Mais ils reviendront quelques semaines plus tard. Dans les familles harcelées, la rancœur s'installe. À Montréal, des rafles ont lieu au marché Bonsecours.

On espérait un assouplissement des mesures. Le durcissement des positions frappe plus fort. Le décret gouvernemental fait mal.

— Ça doit être à cause des incidents qui se sont déroulés à Québec pendant la semaine sainte, suggère Ludger Boisvert qui discute dans la salle d'attente du frère André en attendant son tour.

Il a peut-être raison. Les journaux ont rapporté que certains quartiers de la vieille capitale ont été mis à feu et à sang. Cette fois, les autorités ont voulu donner une bonne leçon aux fauteurs de troubles : coups de feu dans les rues, arrestations arbitraires, chasse aux conscrits aux quatre coins de la ville.

Ludger Boisvert peut en parler à son aise. Il n'ira pas à la guerre. Personne ne l'y forcera puisque ses médecins l'ont condamné.

Il y a des jours où il préférerait aller se battre dans les vieux pays plutôt que de rester cloué au lit, impuissant, inutile.

— Une corde pour me pendre ! voilà ce qu'il me reste à trouver.

Et ses onze enfants ? Qui prendra soin d'eux ? L'impasse est totale.

Tout a été essayé pour guérir ses lésions à la vessie. Il a même eu recours aux pilules qu'on annonce dans les journaux.

— Ça vaut rien… C'est bon pour faire tourner les sangs d'une personne ! a-t-il conclu après essai.

Aucun médecin n'a réussi à soulager son mal. Il a des frissons rien qu'à penser à sa dernière visite à l'Hôtel-Dieu de Montréal. Allongé sur l'odieuse table d'examen, il se laissait palper encore une fois. La dernière, se jura-t-il.

— Levez-vous, ordonna le médecin au visage de marbre. Il va falloir opérer.

— Mais, fit Ludger Boisvert qui cherchait à expliquer son problème. Je ne peux pas entrer à l'hôpital, je...

— Écoutez, trancha le docteur, votre choix est mince... si on peut appeler ça un choix. Ou bien vous acceptez l'intervention chirurgicale, et vous avez de bonnes chances de vivre normalement encore deux ou trois ans. Ou bien vous refusez, et je ne vous donne pas trois semaines.

Assommé, Ludger Boisvert ne se donna même pas la peine de répondre. Il prit son manteau accroché à la patère et sortit. Dans la rue, il ne sentit même pas l'humidité qui le traversait de part en part. C'est à peine s'il souffrait de son mal. Il ne pensait qu'à la mort qui le guettait et au peu de temps qu'il lui restait à vivre.

Bientôt, son désarroi fit place à la révolte.

— Au diable les médecins, ronchonna-t-il. J'en ai soupé de ces tristes individus qui volent le monde. Dès demain, je retourne voir le frère André. Lui au moins, il va faire quelque chose pour moi.

* * *

Ludger Boisvert observe discrètement une pauvre femme en larmes qui sort du bureau du frère André.

— Il n'a pas l'air dans son assiette, murmure-t-il à l'oreille de la pauvre femme éconduite.

Entre deux sanglots, la malheureuse lui raconte comment le petit frère l'a mise à la porte.

— Tout ce que je voulais, ajoute-t-elle en séchant ses larmes, c'est lui raconter la mort de maman. Il n'a même pas voulu m'écouter.

Monsieur Boisvert n'en mène pas large quand, à son tour, il pénètre dans le bureau.

— Que venez-vous faire ici ? demande le frère, mordant.

— Je viens vous parler.

— Je n'ai pas le temps. Faites ce que je vous ai dit de faire la dernière fois. Frictionnez-vous avec de l'huile de saint Joseph. Sortez, sortez.

La mort dans l'âme, Ludger Boisvert sort. Mais au lieu de rentrer chez lui, il retourne dans l'antichambre et se place à la queue, au milieu des derniers visiteurs qui commencent à être maussades. Certains grommellent, poussent des soupirs, se découragent. Devant lui, une femme d'allure négligée gesticule. Elle a la chevelure grasse et des pellicules tombent sur ses épaules. Il a un haut-le-cœur et ferme les yeux.

Comme le frère est expéditif, ce jour-là, Ludger Boisvert se retrouve bientôt en tête de file :

— Encore vous ! maugrée le thaumaturge. Est-ce que je vais être obligé de faire venir la police pour vous sortir ?

Au risque d'irriter le frère André, Ludger Boisvert se redresse sur sa chaise et répond sans embarras :

— Je vais sortir… mais je vais revenir à mon tour aussi longtemps que vous ne m'aurez pas écouté.

Le frère André frotte ses yeux fatigués. Des rides profondes lui creusent le front. Il regarde ensuite l'homme déterminé qui l'affronte et ajoute :

— Vous avez la tête bien dure. Assoyez-vous sur le banc, dehors, à côté du bureau et attendez que je vous fasse signe d'entrer. Quand je serai prêt à vous recevoir, je vous le dirai.

Le reste de l'après-midi s'égrena lentement. La mauvaise humeur du frère semblait contagieuse. De toute évidence, son estomac le faisait souffrir au point de le rendre irascible.

— Souffrez-vous beaucoup ? lui demande une habituée qui sait lire sur le visage tourmenté du frère.

— C'est bien dur de mal digérer, soupire-t-il. Mais il faut offrir ses malaises au bon Dieu. Quand on sera rendu dans l'autre vie, on en sera heureux. On n'aura plus la peine de digérer.

Le voilà maintenant qui rabroue une dame. Décidément, l'irritation du frère semble grandissante. Dans la salle, les autres femmes se regardent. Elles sont sur le qui-vive. La pauvre dame voudrait fuir. Le petit frère élève la voix. Sur un ton brutal et sarcastique, il persifle :

— Vous dites que vous avez mal à la gorge ? Eh bien, couvrez-la et vous n'aurez plus mal.

Embarrassée, la dame tâche de remonter son décolleté. Puis, pour réparer sa bévue, elle ouvre son porte-monnaie et en sort un billet de cinq dollars qu'elle offre timidement au frère. Sans la regarder, celui-ci lui répond avec lassitude :

— Gardez vos cinq dollars pour vous acheter des vêtements et vous couvrir le cou.

La salle d'attente s'est vidée. Le frère André ouvre la porte de son bureau :

— Venez me conter votre histoire, dit-il, en esquissant un sourire.

Toute trace d'agressivité a disparu. Il prend son visiteur tenace par les épaules et l'invite à entrer.

Ludger Boisvert s'ouvre le cœur. Tout y passe : ses lésions à la vessie, l'impuissance des médecins, ses onze bouches à nourrir et son désespoir.

— Bah ! interrompt le frère, vous avez peur de mourir.

— Je n'ai pas peur de mourir. Mais si je peux être encore utile à ma famille, je voudrais vivre. Sinon, je préfère mourir au plus tôt... Il y a longtemps que je pâtis !

— C'est bon, fait le frère, serein, je vais demander à la communauté de faire une neuvaine en l'honneur de saint Joseph. Vous commencerez avec nous et vous ne sentirez plus votre mal.

Confiant, Ludger Boisvert repart. En entrant à la maison, il suspend son paletot au portemanteau. Sa femme se détourne à demi de son fourneau en l'apercevant dans l'encadrement de la porte. La cuisine est encombrée de vaisselle, de chaudrons et de jouets.

— Et puis ? demande-t-elle, inquiète.

Ludger va jusqu'au lavabo. Il se savonne soigneusement les mains, s'humecte le front et s'assoit à table.

— Je vais guérir, lance-t-il avec assurance. Il avale son repas d'un trait. Ce soir-là, il est en appétit.

* * *

À la même heure, le frère André, seul dans sa cellule, se fait du mauvais sang :

— Je vais prier pour tous ces gens à qui j'ai répondu un peu sec aujourd'hui. Prier aussi pour que je ne m'impatiente plus.

* * *

Seize décembre 1917. Un dimanche froid et sec. Mais la journée est splendide. Sur le mont Royal, tout est prêt pour la bénédiction de la crypte. Les espoirs des uns et des autres sont comblés. Désormais, rien ne peut arrêter le cours des choses. La basilique verra le jour. Son socle est en place : il saura la supporter.

Jeunes et vieux, les pèlerins amorcent l'ascension du long escalier qui mène à la crypte. De loin, l'œil aperçoit l'imposante entrée principale de l'église souterraine, encadrée de larges fenêtres. À l'intérieur, la voûte, à elle seule, émerveille. On s'extasie devant tant de marbres et on admire les boiseries et leurs fines dentelures.

Un profond silence envahit l'enceinte. Seuls quelques toussotements retenus se font entendre quand s'avance l'archevêque de Montréal. Monseigneur Bruchési ajuste son lorgnon, selon son habitude. En ce jour de fête, la tristesse se lit pourtant sur son visage. Toutes les pensées du prélat vont d'abord vers les souffrances qui frappent l'humanité entière. Il laisse parler son cœur : « [...] au cours de la guerre qui depuis trois ans sème en Europe tant de deuils et tant de ruines, des millions d'hommes sont morts, des villes entières ont été dévastées et saccagées. Le sang a coulé à flots. Et dans cet horrible carnage, combien d'églises sont tombées en Belgique et en France, au champ d'honneur. L'ennemi cruel les a visées, il a lancé sur elles ses bombes meurtrières et sacrilèges. Il y en a de blessées, il y en a de mortes... »

Cruel paradoxe, pendant que tombent les églises d'Europe, ici, au Québec, une basilique commence à vivre. Tout le monde sait combien ce sanctuaire dont monseigneur Bruchési parraine la réalisation depuis ses débuts lui tient à cœur. Plein de tendresse, le prélat raconte ensuite l'histoire du petit oratoire. Niché au faîte du mont Royal, il est tantôt balayé par les vents sibériens de l'hiver, tantôt réchauffé par le soleil ardent de juillet.

Monseigneur Bruchési termine en mentionnant « les guérisons morales qui s'ajoutent aux guérisons physiques ». À travers ses paroles, l'inquiétude de l'archevêque transparaît : « Mes frères, l'avenir est sombre. Quand la guerre d'Europe sera finie, il y aura peut-être chez nous – je ne suis pas le seul à le craindre, – une autre guerre qui nous apportera bien des tristesses et des souffrances. »

Seul trait heureux : cette basilique est la première érigée à la gloire de saint Joseph dans le monde entier.

Après la cérémonie, la foule s'avance vers le chœur. Tout le monde a entendu parler de la sculpture réalisée par l'artiste italien A. Giacomini. On veut maintenant admirer de près cette œuvre taillée à même un seul bloc de marbre de Carrare. Il s'en est fallu de peu pour que la statue de saint Joseph, portant l'enfant Jésus dans ses bras, n'atteigne pas le sanctuaire du mont Royal à temps. Certains considèrent même que sa présence aujourd'hui tient du miracle.

Giacomini avait exécuté l'œuvre à Rome. Son travail terminé, il fallut prendre des mesures pour assurer le transport de la sculpture de près de trois mètres de haut jusqu'à Montréal. Or, en ces temps de guerre, les sous-marins allemands torpillent à qui mieux mieux les navires de la marine marchande et les cargos étrangers qui voyagent dans les mers européennes. L'année précédente, le 5 mai, le *Lusitania*, un bateau neutre, avait coulé précisément sous les torpilles allemandes. Inutile de dire qu'en Italie, comme à Montréal, on craignait un naufrage semblable. On joua le tout pour le tout. Par chance, le cargo qui transportait la statue arriva à New York sans encombre. Mais il n'était pas question de crier victoire pour autant… le précieux colis pesant environ 2500 kg devait ensuite être expédié à Montréal. Pas commode. Plus périlleuse encore fut la montée de la sculpture jusqu'au sommet de la montagne. L'énorme caisse de bois fut traînée là-haut par quatre chevaux costauds.

Il ne restait plus qu'à hisser la statue sur le socle qui lui était réservé dans le chœur, derrière le maître-autel de marbre blanc. Ce travail terminé, quel soulagement! On était à dix jours de la bénédiction de la crypte.

* * *

Janvier 1918: on déménage la petite chapelle un peu plus haut sur la colline. Février: l'heure est venue de hisser le lustre au plafond de la voûte. Mars: enfin, on installe l'orgue. Décidément, ça bouge là-haut. Pas de répit. On se dépêche, car la fête de saint Joseph approche.

Cette année-là, le 19 mars, la foule assiège la crypte-église. Elle peut accueillir un peu plus de mille personnes. Il en est venu davantage.

Mais où donc est le frère André en ce jour de fête? Il se cache, selon sa bonne habitude. Chaque fois qu'une célébration attire la foule endimanchée jusqu'à l'Oratoire, le petit frère demeure introuvable. Pourtant, son nom est sur toutes les lèvres. On croit l'apercevoir derrière une colonne... il a déjà disparu.

Chapitre 10
La grippe espagnole

La grippe espagnole. Comme si on avait besoin d'un tel fléau! *Montréal a enregistré 50 décès hier,* lit-on en gros titres dans les journaux. C'est comme ça tous les jours. Aucun foyer n'est épargné; quand un membre de la famille s'alite, il y a de bonnes chances pour que toute la maisonnée y passe.

Les médecins abattent un travail surhumain. Hélas! ils ne fournissent pas à la tâche. Certains tombent malades et meurent. Le Conseil supérieur d'hygiène sonne l'alarme. Il exige la fermeture des lieux publics et interdit les rassemblements. Monseigneur Bruchési suspend à son tour la célébration de la messe. Aucun office religieux n'est autorisé dans les églises de la métropole tant que l'épidémie sèmera la mort.

L'Oratoire, comme les autres temples, reste fermé le dimanche matin. On supprime aussi les prières avec les fidèles en après-midi. Les catholiques de toutes les paroisses du diocèse n'en croient pas leurs oreilles. Ils téléphonent à leur curé pour vérifier si l'interdit est réel.

La confusion règne de plus belle quand une nouvelle épreuve frappe les religieux de la Côte-des-Neiges. Le père Dion est foudroyé par une syncope à l'infirmerie provinciale. Il a soixante-six ans. Seuls les membres du clergé et des communautés religieuses peuvent assister à ses funérailles qu'officie monseigneur Bruchési.

L'automne est maussade. Malgré l'interdiction de se rassembler, les visiteurs du frère André continuent d'affluer sur la montagne; la peur de voir leur famille emportée par la maladie contagieuse les encourage à braver le danger.

— Mais où donc est le frère André ? se demande-t-on devant la porte verrouillée de son bureau.

Les plus inquiets s'arrêtent au collège Notre-Dame. C'est le frère Osée qui les reçoit.

— Il n'a pas contracté la grippe espagnole, au moins ?

— Non, rassure le frère Osée, le vieux compagnon du thaumaturge.

En réalité, le frère André lutte lui-même contre cette vilaine grippe. Mais il endure son mal sans se plaindre. On a tellement besoin de lui dans ces moments-là.

— Il a dû se rendre à Saint-Césaire, explique le frère Osée. On l'a fait demander parce que l'épidémie fait rage au collège. Pensez donc : 45 élèves sur le dos.

Le frère Osée explique ensuite aux visiteurs déçus qu'il est du devoir de son confrère de se rendre là où ses supérieurs le réclament. À la fin du siècle dernier, l'intervention du frère André a enrayé complètement l'épidémie de petite vérole qui s'était abattue sur le collège Saint-Laurent. Depuis, on sollicite son aide chaque fois qu'un fléau sévit.

C'était en 1872. Le frère Osée aidait au soin des malades. Le médecin du collège Saint-Laurent s'inquiétait devant la contagion possible. Ayant repéré plusieurs cas de picote, il exigea qu'on renvoie dans leurs familles les étudiants atteints. Mais il était trop tard. Plusieurs postulants et novices durent prendre le lit. Devant la propagation du mal, le frère André, venu aider à l'infirmerie, eut l'idée de porter en procession la statue de saint Joseph dans les salles du collège.

— Au bout de deux jours, raconte le frère Osée, l'épidémie avait disparu.

Même scénario à Saint-Césaire, en cette année où la grippe espagnole sème la terreur. De retour à Montréal, le compagnon du frère André, le frère Robert, relate par le menu leur bref séjour. Tous les bien portants du collège ont participé à une procession dédiée à saint Joseph. On a circulé à travers l'établissement. Seule l'infirmerie n'a pas été visitée pour que les enfants malades ne soient pas dérangés ni inquiétés.

— Je vous garantis que c'était lugubre, commente le frère Robert. Mais après ça, pas un seul malade.

* * *

Pendant que le frère André vole au secours des jeunes étudiants du collège de Saint-Césaire, le mal se propage à Montréal. Il faut bientôt fermer les écoles. Les religieux et les religieuses d'une trentaine de congrégations se vouent au service des malades. Ils se dépensent jour et nuit. À force de côtoyer la maladie, 305 en sont atteints et 15 d'entre eux succombent.

Monseigneur Bruchési tient à souligner personnellement les efforts de tous les religieux. Dans une lettre adressée aux communautés religieuses de son diocèse, il peint un bien sombre tableau :

Au moment où les plus consolantes nouvelles nous arrivent du champ de bataille… un fléau terrible, l'épidémie d'influenza, s'abat sur le pays et sur notre ville en particulier. Pendant deux mois et plus, ce fut une véritable hécatombe. À Montréal seulement, du 1er octobre au 7 décembre, on signala 18 704 cas et l'on compta 3 409 décès. Le mal n'épargna presque aucun foyer. Comme un poids lourd, le deuil planait partout…

Heureusement, rappelle le prélat, les religieux et les religieuses se sont dévoués auprès des malades dans les hôpitaux temporaires et permanents de la ville de Montréal.

* * *

Plus qu'un service commandé, le séjour qu'effectue le frère André à Saint-Césaire est un retour dans le passé. Toute l'histoire de son adolescence est inscrite le long de la rue principale, au presbytère, sur les murs lézardés de la maison de son oncle Nadeau, au pied de la rivière Yamaska.

Quand Alfred Bessette revient des États-Unis, à vingt-deux ans, tout le village de Saint-Césaire travaille à la construction du collège commercial destiné aux garçons de la région. Tous les «bras» disponibles participent à la corvée générale… comme si les villageois avaient quelque chose à se faire pardonner. La légende raconte, honteuse, que dans le passé, les gens de la place ont «levé le coude» plus souvent qu'à leur tour.

S'ils en ont fait de la misère à leur curé, ces villageois délinquants! À l'époque, messire André Provençal mène une lutte sans merci à l'intempérance qui frappe sa paroisse. Il va jusqu'à interdire la vente de boissons alcooliques dans les établissements des environs.

Pour se venger, les désobéissants multiplient les coups pendables. Longtemps après ces incidents, quand le village se sera assagi, l'on parlera encore à voix basse du temps où les étudiants en médecine, qu'on appelait les «clercs-médecins», se faufilaient dans le cimetière paroissial, la nuit venue, pour y voler… les cadavres.

Le curé Provençal a la main ferme. Mais il est tellement bon. Il passe l'éponge sur les fredaines de ses ouailles, comme on le fait des erreurs de jeunesse, et reprend les rennes qu'il tiendra solidement jusqu'à sa mort.

Alfred a presque vingt-trois ans quand il revoit la route qui serpente le long des méandres de la Yamaska. Son périple en terre américaine n'a rien eu de glorieux. La tête basse, il rentre au bercail, peu fier de lui, après deux ans d'absence. Il avait espéré gagner sa vie honorablement outre-frontière. Mais comme plusieurs de ses compatriotes, il revient bredouille.

Le voilà à nouveau devant rien. Pas question de retourner à la cordonnerie ou à la boulangerie. Jeune, il s'est frotté à ces métiers sans grand succès. Après un stage dans les manufactures insalubres de la Nouvelle-Angleterre, il doit se contenter d'un emploi de garçon de ferme. Triste bilan. Que peut-il attendre de l'avenir? Y a-t-il une place pour lui quelque part en ce bas monde?

François Ouimet, qui a embauché le jeune homme sur sa ferme, se fait du souci pour son protégé. «Il n'en mène pas large» pense-t-il en l'observant.

— Alfrrred, es-tu malade? demande le cultivateur qui roule ses «r».

— Non, rassure le jeune homme.

— T'as l'airrr malade, rétorque monsieur Ouimet de sa voix rude et franche.

Après le souper pris en famille, Alfred a l'habitude de sortir pour soigner les chevaux. Pendant ce temps, le père Ouimet s'affale dans sa chaise berçante qui grince à côté du poêle à bois. Malgré ses cinquante ans, il a gardé sa forme athlétique. Seule sa peau ridée et ses fortes moustaches grises trahissent son âge. Il allume sa pipe avec un tison et reste là pendant des heures, l'air songeur. Parfois, après des journées de dur labeur, ses paupières deviennent lourdes. Sa tête retombe sur sa poitrine. Il s'assoupit.

Ce soir-là, François Ouimet sursaute quand l'horloge de la cuisine sonne neuf heures. Rien ne bouge autour de lui. La vaisselle est lavée, essuyée, rangée. Les chaudrons sont récurés et sèchent sur le réchaud. La cuisine est balayée. Il n'y a pas âme qui vive dans la pièce.

— Alfrrred?

Pas de réponse.

— Où diable peut-il bien être ? Je te gage qu'il trrraîne à l'étable… on sait quand il parrrt mais on sait jamais quand il rrrevient, celui-là.

Obstiné, François Ouimet lace ses bottines, enfile sa veste de laine et sort d'un pas décidé, son fanal à la main. Il va en avoir le cœur net. Dans la demi-obscurité, le cultivateur discerne la silhouette d'Alfred au fond de la grange. Il est à genoux et prie. Au mur de la batterie, le jeune homme a placé un crucifix.

— Faut que j'en parle à monsieur le Currré, pense le père Ouimet en revenant sur ses pas sans faire de bruit.

* * *

Le curé Provençal, un homme « bon comme du bon pain », dit-on dans tout le canton. Alfred Bessette le connaît de longue date. Après la mort de sa mère, c'est lui qui enseigna à l'enfant les rudiments du catéchisme.

Peu après son retour dans le village, alors qu'il travaille à la ferme Ouimet, le jeune homme prend l'habitude de rendre visite à son curé. Certains jours, les deux hommes marchent côte à côte devant l'église et le presbytère, sur la rue principale de Saint-Césaire.

Son église ! Messire Provençal en est tellement fier ! Alfred n'oubliera jamais la vision qui lui sauta aux yeux en descendant du train qui le ramenait dans son village d'adoption : le beau clocher argent brillant sous un soleil de plomb.

Comme le temps passe. De leurs longues conversations, le frère André a gardé un profond souvenir. Le vieux curé a su ranimer en lui le rêve qu'il désespérait de réaliser : entrer en religion. La prêtrise avait toujours attiré Alfred. Mais cette porte, il le savait trop bien, lui était résolument fermée : sa santé chancelante et son instruction déficiente étaient autant d'obstacles insurmontables.

C'est messire Provençal qui, le premier, encourage Alfred Bessette à entrer chez les frères de Sainte-Croix. Il connaît bien leur règle de vie puisque c'est à leurs services qu'il a fait appel pour diriger son collège commercial de garçons. Lentement, il amène le jeune homme à songer à entrer en communauté, là où il pourrait enfin se rendre utile.

Quand Alfred Bessette se présente à la porte du collège Saint-Laurent, en banlieue de Montréal, on l'attend. Le curé de Saint-Césaire avait cru bon d'écrire un mot au supérieur de la communauté : *Je vous envoie un saint.*

Peu après son arrivée, Alfred est nommé portier, infirmier, lampiste. De plus, il doit balayer la chapelle, les corridors, les chambres, les escaliers, etc. Il monte, ou fait monter par un petit garçon, le bois dans les chambres.

Pourtant, le novice n'est pas au bout de ses peines. Et l'espoir qu'il caresse risque de fondre comme glace au soleil : le 8 janvier 1872, le Conseil provincial prend une décision à son sujet :

Le frère André n'est pas admis aux vœux temporaires parce que l'état de sa santé ne fait pas espérer qu'il puisse être admis à la profession.

La déception est cruelle. Mais le jeune Alfred redouble d'ardeur au travail comme si de rien n'était. Il finira par être admis aux vœux après avoir imploré personnellement le secours de monseigneur Ignace Bourget, évêque de Montréal, de passage au collège Saint-Laurent. Le 22 août, Alfred Bessette devient le frère André, pour la vie.

Le curé André Provençal est peut-être l'homme qui a le plus marqué sa vie. C'est en signe de reconnaissance que le jeune religieux demande à porter le prénom du prêtre à qui il doit sa grande dévotion à saint Joseph.

Son vieil ami est mort en 1889, à l'âge de soixante et onze ans. Le frère André cherche dans ses souvenirs les traits de l'homme qui a donné un sens à sa vie. Dans l'automobile qui le ramène à l'Oratoire après ces quelques jours passés au pays de sa jeunesse, le frère André garde le silence, perdu dans ses pensées lointaines.

* * *

La guerre est finie ! La guerre est finie ! Les Alliés ont gagné. Tout Montréal est en fête. On en oublie même les dangers de contagion. Pourtant, la grippe espagnole est loin d'être maîtrisée. Qu'importe ! Finies les mauvaises nouvelles du front. Au diable la conscription ! La vie recommence.

Ce 11 novembre, c'est jour de congé pour tout le monde… sauf pour le petit frère qui est à son poste comme de coutume. L'euphorie qui enveloppe la métropole grimpe jusqu'au sommet de la montagne. Même les malades savourent l'existence.

* * *

— Je m'en vais à mon bourreau.

Ce jeu de mots, le frère André l'a usé jusqu'à la corde ; chaque fois qu'il parle de son bureau, il trouve le moyen de glisser le paronyme. Mais aux yeux du petit frère, l'ajout d'une voyelle est peut-être moins amusant qu'il n'en a l'air. Surtout le dimanche, journée exténuante s'il en est une.

— Frère André, n'oubliez pas d'aller dîner, rappelle Azarias Claude, toujours fidèle à son poste de huissier bénévole.

— Je n'ai pas le temps, répond le frère.

Au moins 200 personnes font la queue à l'entrée du kiosque. La salle d'attente est pleine à craquer. «Ma vie n'est pas gagnée», songe le thaumaturge en jetant un coup d'œil de l'autre côté de la vitrine sur les visiteurs qui paraissent légion. En viendra-t-il jamais à bout?

L'homme devant lui n'a pas bonne mine. Pourtant, le frère André ne peut rien faire pour lui. Un obstacle les sépare. Il sent intuitivement que le pauvre bougre ne s'est pas confessé depuis belle lurette.

— Allez à l'Oratoire, mettez votre âme en règle avec le bon Dieu; vous reviendrez mieux disposé.

Sa voix est éraillée. Il a l'impression de crier et pourtant, c'est à peine si les visiteurs entendent ce qu'il dit.

Au suivant. Un jeune étudiant s'avance. Il achève sa rhétorique au Séminaire de Sainte-Thérèse. Il nourrit l'espoir d'une vie religieuse, mais sa santé l'oblige à interrompre ses études. Son nom: Paul-Émile Léger. Le frère André lui recommande de se signer le front avec l'huile de saint Joseph. Paul-Émile repart, rassuré[1].

La clochette se fait entendre de nouveau. Branle-bas à l'entrée du bureau. Aidé de monsieur Claude, un Américain

---

1. Dans une homélie qu'il prononce le 9 août 1955, jour de l'anniversaire du thaumaturge, le Cardinal Léger exprime sa reconnaissance en rappelant **cet** incident: *Si le frère André était vivant, le Représentant du Pape serait heureux de s'approcher de lui, bien humblement, pour lui donner le baiser de la paix et recevoir l'assurance de sa prière. Nous nous inclinons donc sur sa tombe en y posant notre tête comme autrefois il nous conseillait de signer notre front avec l'huile de saint Joseph pour retrouver la santé. Aussi nous remettons notre prière d'action de grâces en ses mains, convaincus qu'elle ne peut être portée auprès de Dieu et de saint Joseph par des mains plus dignes que les siennes.*

pénètre dans la pièce en compagnie de son épouse. Il est paralysé et ne peut marcher seul. De plus, il s'exprime plutôt difficilement.

Le couple arrive de Providence, Rhode Island. Pierre England hésitait à entreprendre un tel périple, mais sa femme l'encourageait. Elle sentait que tous les efforts qu'il en coûterait à son mari seraient récompensés.

— Comment ça va? demande le frère André, toujours content d'accueillir des gens des «États».

Monsieur England commence à raconter son malheur. Son débit est lent. Les mots sortent péniblement de sa bouche à moitié paralysée. La sueur coule sur sa tempe. Il est conscient du temps qui s'envole mais puisqu'il est lancé, il veut aller jusqu'au bout.

Impatiente, sa femme lui coupe la parole et reprend le récit là où son mari s'est arrêté. Elle craint que les deux ou trois minutes qui sont allouées à chaque visiteur ne s'écoulent avant qu'ils aient réussi à expliquer la raison de leur visite.

Ça tombe plutôt mal. Le frère André est justement allergique aux femmes bavardes. Pour tout dire, il les a en «sainte» horreur. Aussi ne se gêne-t-il pas pour couper court à ses jérémiades.

— Mais madame, j'aime mieux entendre votre mari.

En sortant du bureau, appuyé sur monsieur Claude, Pierre England est souriant. Il ne marche pas, mais on a l'impression qu'il se sent apaisé. Une fois installé dans l'automobile, il regarde le gardien du frère André et dit:

— Le... plus... grand... miracle qu'ait fait le frère, c'est d'avoir fait taire ma femme... Je n'ai pas pu y réussir... moi-même... pendant cinquante ans.

Le frère André n'entend pas la boutade. Il est déjà au cœur d'un nouveau drame. Une mère porte dans ses bras son enfant de quatre ans. Il souffre d'une faiblesse au dos. Le frère passe ses mains sur les reins et les jambes du petit. Puis, il donne une médaille de saint Joseph à la mère, madame Joseph Champagne de Berthierville, en la rassurant:

— Votre enfant marchera[2].

---

2. En 1944, madame Joseph Champagne raconta aux Archives de l'Oratoire que son enfant marcha deux mois après sa visite au frère André.

DEUXIÈME PARTIE

Chapitre 11

Haro sur le charlatan !

Assis sur une chaise droite à la porte du bureau du frère André, Azarias Claude fait le guet. Il feuillette distraitement *Le Nationaliste*, tout en répondant aux questions des visiteurs.

Ce 23 novembre 1920, la tribune libre de l'hebdomadaire d'Olivar Asselin frappe dur: l'auteur dénonce avec virulence le docteur Léo Parizeau qui a injurié publiquement le frère André.

Azarias Claude est sidéré. Il relit pour la troisième fois les propos tenus par le médecin et rapportés textuellement par un dénommé Paul Laënnec. Il y a de quoi bondir de rage:

> *Venez, frère André, être frustre et ignare; venez, tous les thauma-turges au front auréolé d'ascétisme et aux ongles bordés de noir. Nous avons d'humbles aveux à vous faire: la suggestion hypnoti-que, comme agent guérisseur, a fait faillite. La Salpêtrière n'a pas de meilleures statistiques que l'Oratoire Saint-Joseph et nous ne comptons pas plus d'hystériques chez vos pseudo-malades que vous pourriez trouver de malades véritables chez ceux que nous appe-lons nos hystériques…*

Monsieur Claude tend le journal au frère Robert qui s'est approché. Celui-ci jette un coup d'œil rapide sur l'article:

— Pauvre frère André! le voilà au cœur d'une nouvelle polémique.

— Pensez-vous qu'il a vu le journal? demande Azarias, inquiet.

— Non, rassure le frère Robert, il ne lit jamais les journaux. Sauf la rubrique des décès… ça lui permet de prier pour les morts.

— Tant mieux, soupire Azarias. Il en a assez sur le dos comme ça.

À travers la vitrine, il regarde le frère André. Pauvre vieux ! Il se tient la tête à deux mains.

— Est-ce qu'il y a quelque chose qui ne va pas ? demande Azarias.

— On vient me raconter des choses bien insignifiantes, déplore le petit frère, en regardant s'éloigner une femme affublée d'un nez aquilin. Elle m'a imploré de faire disparaître la bosse qui l'enlaidit.

« Dieu soit loué, pense Azarias. Le frère André n'est pas au courant de la sortie venimeuse du docteur Parizeau. » Un malade entre dans la salle d'attente. Il a les deux jambes coupées. Le frère André suggère à son portier de faire entrer le nouveau venu pour lui éviter toute attente. Il ajoute, mi-découragé, mi-badin :

— J'espère que celui-là ne vient pas nous demander de lui donner une paire de jambes !

Le moral est bon. Azarias Claude referme la porte et retourne à son poste. Le long défilé des indigents continue jusqu'à cinq heures. Près de 300 personnes ont vu le thaumaturge aujourd'hui. Ceux qui n'ont pas réussi à l'approcher reviendront demain, éternellement patients.

Quand il sort enfin de son bureau, le frère n'est que l'ombre de lui-même. Pourtant, c'est lui qui conseille à son ami de prendre un peu de répit :

— Allez vous reposer, monsieur Claude. Ce soir, j'ai demandé à Joseph Pichette de venir visiter les malades avec moi.

Tout en parlant, le frère André ramasse dans la salle d'attente les journaux et les revues qui traînent, épars, sur les sièges déserts.

— Pourvu qu'il ne lui prenne pas la fantaisie de feuilleter *Le Nationaliste*, pense Azarias intérieurement.

Mais non, le petit frère n'a qu'une idée en tête : jeter à la fournaise toutes ces revues qui ne sont pas des lectures édifiantes.

* * *

Ce même jour, dans le hall d'entrée de l'Hôtel-Dieu, un groupe de médecins partagés entre la stupeur et la colère épluchent l'article signé Paul Laënnec. La copie froissée du *Nationaliste* circule de main en main. Les opinions du docteur Léo Parizeau, tirées d'une causerie prononcée à la société médicale, étaient destinées à un auditoire essentiellement composé de médecins. Dans le journal, elles sont livrées en pâture à des lecteurs non avertis. Pis, elles sont ponctuées de commentaires plus ou moins pertinents.

Silencieux, un jeune médecin, nouvellement attaché au plus ancien hôpital de Montréal, écoute ses aînés. Le docteur Lionel Lamy ne connaît pas le frère André personnellement, mais l'affaire le passionne.

Les opinions émises par le docteur Parizeau, lors de sa conférence, ne font pas l'unanimité. L'éminent médecin a peut-être poussé un peu loin ses sarcasmes. Mais tout de même, ces guérisons miraculeuses ont le don d'exaspérer les hommes de science.

— J'ai assisté à la causerie du docteur Parizeau, affirme calmement un chirurgien vêtu de la blouse blanche. Nous étions une trentaine de médecins venus l'entendre. Personne n'a crié au scandale. Si j'osais, j'ajouterais aux propos de mon confrère ceux d'un éminent spécialiste français, le docteur Pierre Janet, qui fut jadis directeur du laboratoire de psychologie de la Salpêtrière.

— Et que dit votre maître à penser ?

— À peu près ceci : « Les faits imprévisibles, quand ils nous sont complètement indifférents, sont appelés des phénomènes de hasard ; quand ils nous sont nuisibles, ils deviennent la fatalité ; et quand ils nous sont favorables, ils prennent le nom de miracles. »

— Messieurs, il faut faire une distinction, réplique son voisin. Qu'on s'en prenne aux guérisseurs de bas étage, soit ! Les prestidigitateurs habiles qui simulent des cures extraordinaires en s'aidant de techniques fantaisistes doivent être vertement dénoncés. Mais le frère André, c'est autre chose. L'œuvre de l'Oratoire en témoigne. Avez-vous perdu la foi pour ignorer que Dieu a des desseins qu'il peut réaliser à l'aide d'intermédiaires, s'il le désire ?

— Je ne mets pas en cause la bonne foi du frère André, corrige le chirurgien. Hélas ! souvent, la bonne foi est aussi dangereuse que la mauvaise foi. Bien des hommes profondément religieux ont tenté de convaincre leurs semblables de la grandeur de Dieu par des moyens qu'ils savaient entachés de faiblesses.

— Mais, mon cher confrère, vous ne pouvez nier les miracles qui s'opèrent sur le mont Royal. Vous seriez le seul. L'archevêque de Montréal les a lui-même publiquement reconnus.

— Vous, vous expliquez les guérisons par l'action de Dieu. Moi, je ne prétends pas les expliquer. Et j'attends que la science me fournisse les éléments qui me permettront de comprendre.

— Il a raison, renchérit son confrère qui s'était jusque-là tenu à l'écart. Vous vous rendez coupable d'un accroc à l'esprit scientifique. Devant un fait médicalement inexplicable, vous concluez à l'intervention de saint Joseph. Et vous ne cherchez plus. C'est là escamoter la difficulté. Que serait-il advenu de l'avancement de la science si votre attitude avait prévalu au cours des siècles ?

— Vous m'accusez à tort. Devant un malade qui se déclare guéri, j'interroge d'abord mes connaissances médicales. Je mets tout en œuvre pour écarter la supercherie et pour contrôler la valeur des données et des témoignages. J'élimine toutes les observations insuffisamment étayées de preuves. Mais, vient un moment où, vous en conviendrez, il faut se rendre à l'évidence et se dire : sans une intervention surnaturelle, l'homme devant moi n'a pas pu guérir. C'est médicalement impossible.

— Vous ne me convaincrez jamais qu'un fait inexplicable aujourd'hui le restera toujours. D'ailleurs, votre dernière affirmation outrepasse les prérogatives de la profession. Le médecin a le devoir de faire de la médecine. Il ne lui appartient pas de décréter qu'une guérison est miraculeuse. Laissons cela, voulez-vous, aux théologiens. Contentons-nous de juger si, médicalement, il y a guérison.

Le débat s'anime. De nouveaux intervenants veulent prendre la parole :

— Entièrement d'accord, docteur. Personnellement, je me suis toujours méfié des conclusions qui accréditent certaines conceptions physiopathologiques que l'expérience clinique n'a pas encore reconnues. Et il me paraît inadmissible de crier au miracle devant le premier cas venu, ce que vous semblez faire.

— Avec le résultat, enchaîne un jeune médecin, que vos miraculés sont souvent des hommes et des femmes dont la guérison spontanée s'explique médicalement. Ignorez-vous que la pneumonie, les oreillons, la thyphoïde, la variole, le choléra peuvent guérir spontanément ? Que la polyomyélite, l'ulcère d'estomac, l'hémorragie cérébrale peuvent aussi disparaître naturellement mais en laissant parfois des séquelles ? Oubliez-vous que la tuberculose, le paludisme, la dysenterie amibienne présentent aussi des cessations spontanées qui s'apparentent à l'état de guérison ? Ces soulagements subits surviennent, par exemple, à la suite de vomissements ou de diarrhées qui expulsent de l'organisme le microbe et font avorter l'infection. Il n'y a pas de miracles.

— Mais vous avez sans doute entendu parler de ce Montréalais dont on devait amputer la jambe et qui, le matin de l'opération, fut guéri après avoir prié saint Joseph. Il s'est trouvé des témoins pour constater la disparition subite du mal.

— À moins que le patient en question n'ait souffert d'un trouble nerveux. Dans ce cas, son médecin a pu compter sur l'anxiété pré-opératoire pour assurer la guérison.

— Vous poussez loin l'hypothèse.

— Pas si loin que cela. Qui vous dit que dans certaines conditions spéciales, l'organisme ne possède pas des ressources de guérison insoupçonnées et foudroyantes ? Il ne faut pas nier le facteur psychologique. À l'Oratoire Saint-Joseph, c'est la foi qui guérit. Rares sont les cas où l'agent névropathique ne joue pas. Je n'ai pas à vous décrire l'influence des névroses collectives sur les sujets vulnérables.

— C'est connu, ricane le chirurgien, il y a des gens qui courent les miracles comme on va au cirque.

— Je voudrais bien vous voir alité, condamné à mourir dans les prochains mois. Peut-être réagiriez-vous comme ces pauvres désespérés qui montent à l'Oratoire.

— Messieurs, messieurs, vous vous égarez. Comme le soulignait mon confrère, nous devons admettre que certaines guérisons sont effectivement provoquées par une ferveur collective. Le désespéré baigne dans une atmosphère religieuse. Il est entouré de gens souffrants qui, comme lui, sont mus par un ultime espoir de guérison. Son attente dure parfois des heures. Il est psychologiquement préparé à sentir sinon une amélioration, du moins un réconfort. Qu'y a-t-il de mal à cela, dites-le-moi?

— Rien, si ce n'est qu'on attribue la paternité de cette amélioration à une force surnaturelle, alors que la maladie avait peut-être déjà commencé à évoluer vers sa guérison sous l'influence d'un traitement médical. Et pour en revenir au facteur psychologique qui peut jouer un rôle déterminant, j'encourage volontiers mes patients profondément croyants à monter les marches de l'Oratoire à genoux s'ils le désirent. Leur foi peut très bien être bénéfique.

La discussion paraît sans fin. Chacun y va de ses arguments. Un médecin plus âgé que ses confrères revient justement de Lourdes où la multiplication des guérisons extraordinaires suscite le même débat. Après avoir raconté ce qu'il a vu en France, il conclut:

— Il y a au moins un point sur lequel nous pourrions nous entendre: il faudrait constituer à l'Oratoire Saint-Joseph une commission médicale objective, chargée de vérifier l'authenticité des guérisons attribuées à l'intervention du frère André.

— Vous pensez sans doute à un bureau comme il en existe à Lourdes?

— Exactement. On présente à une équipe médicale un sujet qui se dit guéri. Les spécialistes se demandent d'abord si cette personne était réellement atteinte de la dite maladie. Pour répondre à cette question, ils ont recours à des certificats médicaux. Puis, ils vérifient si cette guérison est explicable médicalement. Y a-t-il ingérence du système nerveux ? À ce stade-là, les médecins sont en mesure de déterminer si le cas doit être retenu pour examen médical approfondi.

— Savez-vous s'il est question qu'on mette sur pied un tel bureau à l'Oratoire ?

Le docteur Lionel Lamy n'a pas entendu la réponse de son confrère. On l'a appelé par interphone. Il s'éloigne en se promettant de se renseigner auprès des autorités de l'Oratoire.

Personne n'a jamais su si le frère André a suivi la polémique dont il fut l'objet dans *Le Nationaliste*. Car l'affaire connut des rebondissements. Le docteur Léo Parizeau posa à la victime : il accusa l'auteur de l'article d'avoir dénaturé ses propos. À son tour, Paul Laënnec revint à la charge. Et petit à petit l'histoire tomba dans l'oubli.

Par délicatesse, les curieux évitèrent d'aborder la question avec le frère André. Ils interrogèrent plutôt Azarias Claude qui s'est toujours porté résolument à la défense de son ami.

— Le frère André est-il contre les médecins ? lui a-t-on demandé à plusieurs reprises.

— Non, répond catégoriquement monsieur Claude. Il ne conseille jamais aux gens de ne pas voir les médecins, de ne pas se faire soigner par eux. C'est plutôt le contraire. Combien de fois l'ai-je entendu répéter : « Voyez un médecin, on ne sait jamais ce qui peut arriver. »

De passage à l'Oratoire, Attaria, la nièce du frère André, s'est étonnée de tant d'acharnement contre son oncle. Elle prit sa défense.

— Il dit aux gens d'aller voir le médecin, mais ce qui arrive, c'est que le malade est guéri avant d'avoir vu le docteur.

Tout de même, le frère André se doute de quelque chose. Depuis quelque temps, il évite de contrarier les médecins en visitant ses malades à l'hôpital. Mais le soir, quand il ne risque plus de croiser l'un d'entre eux dans les corridors, il se glisse discrètement au chevet d'un mourant qui le réclame.

— Il faut que je le prépare à aller retrouver le bon Dieu, explique-t-il à Joseph Pichette qui l'accompagne.

En sortant de l'hôpital, monsieur Pichette se montre parfois pessimiste :

— Celui-là, j'ai l'impression qu'il ne passera pas la nuit.

Dans la voiture qui les conduit ailleurs, ni l'un ni l'autre n'arrive à chasser de son esprit le spectre du malade à la peau jaunie et séchée qui les regardait tout à l'heure sur son lit de mourant. Souvent une personne jeune qui n'a pas encore donné sa pleine mesure.

— Je ne vous ai jamais raconté ça, monsieur Pichette, mais au début du siècle, j'ensevelissais les morts.

Joseph Pichette est tout oreilles. Il sait déjà que le petit frère a été portier, barbier, linger, jardinier au collège Notre-Dame. Mais il ignore qu'il a, auprès de lui, un ancien croque-mort.

Le frère André se raconte. En 1903, ses supérieurs lui réservèrent cette triste besogne. Au moment du décès d'un habitant de la Côte-des-Neiges, les parents accoururent au collège, réclamant un jeune frère pour l'ensevelissement du défunt. Soucieux d'obéir, le frère André s'exécuta.

— Chaque fois que j'ensevelissais un mort, confie le frère, je ne dormais pas de la nuit.

Ah ! ces nuits blanches, comment les oublier ? C'était comme si l'âme du disparu flottait dans l'air. Chaque bruit, chaque craquement le faisait frissonner.

— En rentrant au collège, poursuit-il, je faisais ma ronde pour voir si tout était calme et à l'ordre. Et puis, j'allais me coucher. J'entendais alors un vacarme du tonnerre dans la pièce voisine. J'avais l'impression que quelqu'un remuait des bouteilles.

D'un bond, le frère sortait du lit, allumait la lumière et ouvrait la porte de sa cellule.

— Là, j'apercevais un chat noir perché sur le buffet. En me voyant, il déguerpissait sans même déranger un seul des verres qui étaient rangés sur le meuble.

— C'était peut-être un vrai chat, objecte Joseph Pichette. Mais… c'est quand même étrange, ce chat qui se trouvait toujours là après l'ensevelissement d'un mort.

La question passionne Joseph Pichette. Il voudrait la creuser davantage. Mais sa voiture s'arrête maintenant devant le poste de police. Et le frère pense à ce malheureux qu'il vient tenter de sauver.

* * *

Branle-bas au quartier général de la police. Il est sept heures quand le frère André s'y présente en compagnie de son chauffeur. Ils ont longuement hésité avant d'entreprendre cette démarche. Mais, comme dit le frère, il faut absolument faire l'impossible pour sauver le pauvre jeune garçon accusé injustement de vol.

La veille, sa mère en larmes supplia le frère :

— Mon fils a dix-huit ans. Il n'est pas coupable… la nuit dernière à l'heure du crime, il était à la maison… La police l'accuse parce que nous sommes pauvres. On dirait qu'elle s'acharne contre nous. Mon doux, qu'est-ce que nous allons devenir ?

Cette mère n'a pas menti : son fils est innocent. Le frère André s'approche du guichet. Le détective chargé de l'enquête s'avance lentement en se traînant les pieds.

— Qu'est-ce que je peux faire pour vous ? demande-t-il d'une voix monocorde.

— Mon petit bonhomme qui a été arrêté hier, qu'est-ce qui va lui arriver ?

— Il n'y a rien à faire, frère André, répond le détective, il faut qu'il passe en justice.

— Ils font une erreur, assure le frère, ce n'est pas lui qui a volé.

Le policier hoche la tête, imperturbable :

— Il n'y a pas à se tromper, il a été arrêté par deux agents.

Ce n'est pas lui, répète le frère André. Il ne sera pas condamné[1].

Les deux hommes ne peuvent rien faire de plus. Ils tournent les talons et reprennent la route. Une dernière visite et ensuite, ils pourront se reposer.

— Si vous voulez, demande le frère André à son ami, on va aller chez un ancien du collège. Quand je l'ai connu, il était petit gars. Sa mère m'a téléphoné. Elle m'a dit qu'il est très gravement malade, mais qu'il refuse de voir un prêtre.

— Vous pensez qu'il va vous recevoir ?

— J'ai dit à sa mère : parlez-lui du petit portier du collège Notre-Dame. Et s'il veut me voir, j'irai. Il a accepté.

Joseph Pichette attend dehors. Il en profite pour passer un chamois sur son automobile neuve. Il achève de polir les phares quand le frère redescend l'escalier.

— Ça s'est bien passé, frère André ?

— Très bien. Il accepte de voir un père qui lui a déjà enseigné au collège. Je n'en demandais pas plus.

La voiture démarre. Le frère André commence à réciter le chapelet. Et monsieur Pichette répond à haute voix : « …priez pour nous pécheurs, maintenant et à l'heure de notre mort. Ainsi-soit-il. »

---

1. Effectivement, le jeune homme a été lavé de l'accusation portée contre lui.

* * *

Le colonel George Ham, un militaire à fière allure, déambule d'un pas martial dans les corridors de l'Oratoire. Il mène son enquête rondement. La polémique engagée dans *Le Nationaliste* au sujet du frère André pique sa curiosité. Il est d'autant plus intrigué que chez lui, à Toronto, la réputation du thaumaturge se répand largement. N'étant ni catholique, ni médecin, il lui revient, du moins le croit-il, de lever le voile sur ce mystérieux personnage. Ses observations seront honnêtes puisqu'elles échapperont aux passions qui animent les hommes de science et les théologiens.

Le frère André se prête de bonne grâce à l'entrevue que sollicite le colonel. Puis le militaire retourne à Toronto où il occupe le poste de directeur de la publicité pour la compagnie des chemins de fer Canadien Pacifique. On l'avait presque oublié quand, un an plus tard, son reportage paraît dans le magazine torontois *MacLean*.

À l'Oratoire, le père supérieur lit minutieusement ce long article du colonel Ham consacré en grande partie au frère André et à son œuvre :

Le temps des miracles n'est pas révolu… Il fut un temps, surtout ces dernières années, où nombre de non-catholiques croyaient sincèrement que ces prétendus miracles n'existaient que dans les esprits incultes et superstitieux des adeptes de l'Église catholique romaine. Mais… aujourd'hui, des milliers de personnes instruites, de nationalités et de croyances différentes, sont convaincues que le pouvoir dont le guérisseur dispose au bénéfice de l'humanité souffrante est un don surnaturel, presque divin…

Le père supérieur se frotte le menton, satisfait : l'auteur a fait un travail honnête. Il poursuit la lecture de l'article intitulé *The Miracle Man*. Il y est maintenant question du frère André:

> *Cet homme remarquable, sans prétention, ne se croit rien de plus que l'instrument d'un pouvoir supérieur, en vertu duquel il rend service à ses semblables… Modeste amant de la solitude… ses longues années de jeûne et de prières et le contact incessant des maux les plus désolants et des douleurs morales de toutes sortes ne lui ont pas rendu l'humeur chagrine. Il contemple les choses de ce monde avec un œil limpide. Gai, jovial même à ses heures, il goûte immensément un bon mot…*

Il s'agit d'un document qui doit être diffusé largement, pense le supérieur:

— On devrait peut-être traduire l'article et le reproduire en français dans les *Annales de Saint-Joseph*.

* * *

Le 1er février 1921, quand madame Ralph Tail, une autre Ontarienne, reçoit son exemplaire du *MacLean*, elle court rejoindre son mari:

— Écoute, prévient-elle, ce que je vais te lire a été écrit par un protestant, comme toi. Si tu penses que les miracles de l'Oratoire Saint-Joseph sont une invention des catholiques, eh bien, détrompe-toi. Il y a des protestants qui ont compris les faits extraordinaires qui se passent là-bas.

Une fois sa lecture terminée, madame Tail ferme le magazine, tire une chaise et s'assoit en face de son mari.

— Il faut faire quelque chose… j'ai peur.

Son mari baisse la tête. Il ne dort plus depuis que des malfaiteurs ont menacé de mettre le feu à sa maison.

— Un règlement de compte que je n'ai pas mérité, mar-monne-t-il.

Pendant la nuit, il se lève plusieurs fois pour inspecter les lieux. La maison et le magasin adjacent sont situés au cœur d'un bois de bouleaux. À l'arrière de la boutique, les barils d'huile sont alignés. Il suffirait d'une étincelle pour que tout saute.

— J'ai décidé d'écrire au frère André, tranche madame Tail. On n'a plus rien à perdre.

Sur un bout de papier, elle griffonne son histoire et les menaces dont la famille fait l'objet. La réponse du frère André à sa correspondante de Mattawa, en Ontario, ne se fait pas attendre : *Dormez tranquilles*, écrit-il. Dans l'enveloppe, le frère a glissé quelques médailles de saint Joseph, qu'il suggère d'enterrer autour de la propriété pour former une ceinture de protection[2].

* * *

Depuis la parution de l'article du *Maclean*, une meute de journalistes suit le fil des événements. La rumeur veut que de plus en plus de miracles se produisent sur la montagne. Les témoins oculaires n'hésitent pas à révéler les faits. Chaque mois, plus de 3000 lettres atterrissent sur le bureau du secré-taire de l'Oratoire. Elles sont adressées à celui qu'on appelle désormais « le thaumaturge du mont Royal ».

Bien que physiquement épuisé, le frère André est à son poste tous les jours de la semaine, y compris le dimanche. Son temps est réglé comme la marche des saisons : bureau de huit heures à cinq heures, visite des malades le soir.

---

2. En mars 1940, les Tail écrivirent aux *Annales*: leur maison n'avait pas brûlé même si les malfaiteurs avaient lancé des bouts de papier enflammés autour de leur demeure.

Quand il arrive le matin, à peine remis de sa dure journée de la veille, le petit frère jette un coup d'œil dans la salle d'attente. Ils paraissent légion, ces patients au regard suppliant. «En viendrai-je jamais à bout?» se demande-t-il quand le découragement s'empare de lui.

En avril, le supérieur doit se rendre à l'évidence: le frère André est surmené. On l'expédie à Québec pour se reposer.

Les autorités religieuses refusent de dévoiler la retraite du frère. Le 13, *La Presse* révèle le peu d'indices qu'elle possède: *Le frère André est au repos à Québec dans une institution religieuse dont, à sa demande, le nom n'a pas été livré à la publicité.* Aux grands maux, les grands remèdes: chaque fois que le thaumaturge s'éloigne de l'Oratoire, il est poursuivi par une cohorte de malades. Dans ces conditions, comment peut-il récupérer ses forces chancelantes?

Même s'il s'esquive, les plus entêtés cherchent tout de même à le déjouer. On joue au plus fin. C'est arrivé au scolasticat où il se reposait.

— Frère André, on vous demande au parloir, glisse timidement le préposé au service d'ordre.

Le malheureux portier de l'institution a avoué au visiteur indésirable que le frère André est ici même, au scolasticat. Que faire? Le frère André monte quatre à quatre les marches de l'escalier. Non, il ne recevra pas cet obstiné.

— Vous direz que je suis chez le supérieur général, lance-t-il en pointant le ciel de son index.

* * *

Une pluie diluvienne s'abat sur Montréal. Le frère André ne se laisse pas atteindre par le temps maussade. Il reprend le collier dès son retour de Québec.

Le vieillard referme son parapluie. Azarias Claude a garé sa voiture juste devant le presbytère. Il n'a que quelques pas à faire sous la pluie.

— Bon bien, frère André, vous ne pensez pas qu'il est temps de vous acheter un paletot neuf?

La question vestimentaire agace le frère André. Quand son ami l'aborde, il met des gants blancs… sans grand succès.

— Vous n'allez pas revenir sur ce sujet-là, reproche le frère, impatient.

— Mais vous aviez promis…

— Je vous ai dit que j'acceptais votre offre si mon supérieur y consentait.

— Eh bien, triomphe monsieur Claude, j'ai vu le père supérieur. Permission accordée. Alors, on y va?

— Il n'y a pas de presse. J'ai bien d'autres choses à faire aujourd'hui.

— Je vous préviens, frère André. Si vous n'acceptez pas le pardessus neuf que je vous offre, je ne sors plus avec vous. Un point, c'est tout.

Coincé, le petit frère se résigne. Il peut difficilement faire autrement, lui qui répète sans cesse à son ami:

— Les gens qui ont de l'argent ont une bonne occasion de pratiquer la charité en aidant les pauvres.

— Vous êtes pauvre, non? réplique Azarias Claude.

* * *

Il y a chez Azarias Claude un petit côté aventurier. Quand il a du foin dans ses bottes, comme on dit, il peut tout donner. «Il a le cœur sur la main», confie sa femme pour l'excuser. Mais aux années de vaches grasses, succèdent les années de vaches maigres. Azarias n'est pas un homme prévoyant. Son insouciance ne le mortifie pas… sauf quand on lui demande une aide qu'il ne peut fournir.

Même s'il est financièrement serré, ces temps-ci, Azarias Claude achète un manteau neuf au frère.

— Ce qui est promis est promis, répète-t-il.

C'est donc tout endimanché que le frère fait ses visites, ce jour-là. Le soir venu, il prend son repas chez les Claude. Le dîner s'étire plus qu'à l'accoutumée. Azarias a le cafard :

— J'ai rencontré un homme qui est pris à la gorge avec des problèmes d'argent. Et dire que je n'ai même pas les moyens de lui donner une cenne.

Le frère André écoute l'histoire de ce brave père de famille qui a perdu son emploi. Les temps sont durs. L'ouvrage se fait rare. Sept bouches à nourrir. L'homme est désespéré : de peine et de misère, il a réussi à amasser suffisamment d'argent pour faire le paiement initial d'une modeste maison. Après trois mois de chômage, le voilà criblé de dettes, incapable d'effectuer ses versements hypothécaires. D'un jour à l'autre, il risque de perdre sa maison.

Azarias fait les cent pas en se frappant dans les mains. Son impuissance l'enrage. Soudain, on sonne. Madame Claude ouvre la porte. L'inconnu s'adresse au frère André :

— Tenez, c'est pour le monsieur qui a de gros ennuis financiers.

— Attendez ! s'écrie le frère.

Peine perdue. L'inconnu est déjà reparti. Il a disparu dans la neige poudreuse qui enveloppe Montréal. Étonné, le frère André défait le mystérieux colis. Il contient le montant exact de la dette du père de famille dont parlait justement Azarias Claude.

* * *

Il se fait tard. Le frère André songe à rentrer à l'Oratoire. Azarias l'aide à enfiler son pardessus neuf. Il a retrouvé sa bonne humeur.

— Vous devez être fatigué de parler, demande-t-il au frère.

— Non. Une heure est vite passée. Il y a tant de choses à dire et cela fait tant de bien que l'on ne peut plus s'arrêter. Ça me repose quand je parle à quelqu'un qui me comprend… Mais, peut-être que vous, je vous fatigue?

— Oh! non! s'empresse de répondre Azarias.

Madame Claude profite du moment du départ pour mettre à exécution son plan quasiment diabolique. Tout bonnement, elle propose au frère André:

— Vous allez me laisser votre vieux paletot maintenant que vous en avez un neuf?

Elle a une idée derrière la tête. Chaque fois que son mari a offert un pardessus au frère André, ce dernier a insisté pour considérer le cadeau comme un prêt. Rien de plus.

— Puisqu'on lui a prêté, se dit madame Claude, il est normal qu'il nous le rende ensuite.

Avec ses amis, le petit frère n'est pas méfiant. Son vieux manteau n'a plus aucune utilité. Il est en lambeaux. Il accepte la suggestion de madame Claude, convaincu que la bonne dame ne cherche qu'à le débarrasser.

Mais pendant qu'Azarias Claude reconduit le frère à l'Oratoire, sa femme prend ses ciseaux de couture et découpe en petits morceaux le vieux patelot. Rusée, elle a trouvé ce moyen pour fabriquer des reliques du frère André.

Si le frère savait ça! Comme il serait déçu. Mais l'idée ne l'effleure pas. De vrais amis ne font pas ce genre de chose.

* * *

Quelque temps après, madame Claude a justement besoin de son fidèle ami. Curieusement, le frère André fait la sourde oreille. C'est à n'y rien comprendre…

Madame Claude raccroche le combiné, songeuse. Depuis trois jours, elle téléphone au frère André pour lui dire que son mari est malade. Chaque fois, il promet de passer à la maison. Mais il ne vient pas.

— J'ai peur qu'il crève comme un chien, s'inquiète madame Claude. Nous sommes mercredi et il n'a pas encore repris conscience.

Le dimanche précédent, après la messe, Azarias a commencé à se plaindre de crampes d'estomac.

— Ce n'est rien, ça va passer, répétait-il, pour se rassurer.

Puis, il eut un étourdissement. Il chancela et s'abattit de tout son long sur le prélart de la cuisine. Le médecin accourut.

— Angine de poitrine, diagnostiqua-t-il.

Madame Claude se meurt d'inquiétude. Enfin, le frère André se décide à se rendre au chevet de son ami malade.

— Je vous dis que mon mari ne se sent pas bien du tout, lance madame Claude, sitôt le frère entré dans le portique.

— Ah ! fait simplement le frère André, qui ne semble pas du tout intéressé par l'état de santé d'Azarias.

Décontenancée, madame Claude invite le frère André à passer à table. Il parle de tout et de rien. Pour ne pas l'indisposer, elle se plie à la conversation. Mais le cœur n'y est pas.

— Je vois que vous tricotez.

— Ce sont des mitaines.

— Madame Claude, il faut faire des mitaines pour les pauvres.

— C'est promis, répond la pauvre femme qui ne tient plus en place. Euh… au sujet de mon mari…

Madame Claude hésite. On dirait que le frère André a complètement oublié qu'Azarias repose entre la vie et la mort dans sa chambre.

— Bon, je vais monter le voir, décide enfin le frère. Laissez-moi seul avec lui.

Azarias sent la main chaude de son ami dans la sienne. Il ouvre les yeux. Il a l'impression d'arriver d'un long voyage.

— C'est une belle fête aujourd'hui ; c'est l'Immaculée-Conception.

Le frère André est souriant. Sa voix se fait douce, presque chantante. Lentement, le malade tourne la tête. Son ami, le frère André, est à genoux à côté du lit.

— Comment ça va ? demande le religieux.

— Ça va bien, frère André, murmure faiblement Azarias.

Le petit frère lui raconte son évanouissement et les trois jours d'inconscience qui ont suivi. Azarias reprend lentement ses forces. Quand madame Claude entrebâille la porte, elle aperçoit son homme assis dans son lit.

— Je veux mes culottes, ordonne-t-il comme un enfant.

— Il est trop tôt, objecte le frère André.

* * *

Deux jours plus tard, Azarias est à son poste au bureau de l'Oratoire. Sa femme l'accompagne.

— Je vous dis qu'il nous a fait de la misère hier, raconte-t-elle. Toute la journée, il a voulu sortir l'auto pour monter à l'Oratoire.

— Il aurait pu venir, assure le frère André. Il n'est plus malade.

Azarias l'avoue : la veille, il a fait le diable toute la journée. Mais il a ses raisons : la reconnaissance qu'il voue au frère André est sans borne. Il n'a qu'une envie, la manifester.

— Le frère a complètement changé ma vie, pense-t-il au fond de lui-même. Il m'a appris à pratiquer le renoncement, la pénitence et je suis devenu un fervent de la dévotion à saint Joseph. Un communiant quotidien. Il m'a converti.

Avant j'avais des préoccupations de commerçant.

Madame Claude sourit; elle se doute bien de ce qui trotte dans la tête de son mari. Qui aurait cru cela? Dire qu'il n'y a pas si longtemps, Azarias traitait le frère de charlatan.

Il a suffi de quelques promenades sur la montagne et le frère André a gagné Azarias à sa cause. C'était en 1912. Monsieur Claude avait alors décidé d'offrir ses services au frère:

— Je pourrais vous être utile. Je maintiendrais l'ordre dans la salle d'attente en faisant passer les gens chacun leur tour.

La proposition n'était pas tombée dans l'oreille d'un sourd. Et depuis ce jour, le frère André est très content de voir son gardien au poste chaque matin. Il rassure les uns et console les autres. Parfois il encourage à revenir le lendemain ceux qui repartent bredouilles.

Monsieur Claude a le cœur généreux quand il s'agit d'exprimer sa gratitude. Certaines grâces obtenues ne s'oublient pas facilement. Azarias sait que l'une des plus grandes joies de sa vie, il la doit à son vieil ami…

C'était l'hiver. Dehors, le temps polaire avait refroidi les élans des pèlerins frileux, peu nombreux au bureau ce matin-là.

— Vous avez l'air songeur, monsieur Claude, avait remarqué le frère André, accoudé au comptoir du magasin.

— J'ai de la peine. Ma femme va bientôt mettre au monde son seizième enfant. Et il va mourir.

Les mots sortaient de la bouche de l'homme avec la paisible assurance de celui qui ne se trompe pas. Chez lui, il n'y avait pas l'ombre d'un doute. Son épouse avait déjà perdu quinze enfants à la naissance. Le dernier mourrait comme les autres.

— Non, avait corrigé le frère André, celui-là ne mourra pas.

Peu après, une petite fille en parfaite santé voyait le jour; on l'appela Marguerite.

Son angine de poitrine aussi, le petit frère l'avait prédite, douze ans plus tôt. Les deux hommes se promenaient sur la montagne. Curieux tandem! Le colosse et le lilliputien marchaient côte à côte dans les sentiers broussailleux du mont Royal.

— Qu'est-ce que vous avez au bras gauche? interrogea le frère.

— Ma main est paralysée depuis un bon bout de temps. Elle est restée coincée dans la porte d'un ascenseur un jour où j'essayais de libérer les gens restés prisonniers à l'intérieur de la cage.

Son bras bougeait normalement jusqu'au poignet. Mais il paraissait légèrement plus court que l'autre, parce que le médecin avait dû sectionner les nerfs.

— Aimeriez-vous que votre main fonctionne comme l'autre? demanda encore le frère.

— Frère André, si le bon Dieu a des faveurs à m'accorder, il y aurait beaucoup d'autres choses plus importantes que cela pour le salut de mon âme. Mon bras ne me fait pas mal, et je peux travailler. C'est comme ça depuis quinze ans et je commence à être habitué.

Le frère André regarda son ami dans les yeux. Puis il insista:

— Y avez-vous pensé sérieusement? Comprenez-vous bien ce que vous dites?

— Non, je n'y ai jamais pensé parce que je n'ai jamais eu l'occasion d'y penser.

— Dans ce cas-là, conclut le frère, vous allez garder votre bras comme il est. Plus tard, vous aurez peut-être à souffrir; il ne faudra jamais oublier que la souffrance est nécessaire.

* * *

Le 19 mars, l'Oratoire est en fête. La foule rend hommage à saint Joseph.

Matinée radieuse, comme en un jour de Pâques, lira-t-on dans les Annales... De six heures à huit heures et demie, les prêtres chargés de distribuer la sainte communion n'ont pas un instant de répit, et à neuf heures et demie, la plupart des confesseurs sont encore à la grille de leur confessionnal quand Sa Grandeur Monseigneur l'archevêque arrive pour célébrer la messe solennelle.

Quelle splendide journée! Une fois de plus, l'archevêque parle des choses merveilleuses qui se déroulent à l'Oratoire:

Une œuvre est commencée, se poursuit, se perfectionne, s'agrandit par aucun des moyens ordinaires auxquels on a recours pour faire ce qu'on a rêvé... Saint Joseph opère ici des prodiges. Il en opère tous les jours... Les faveurs temporelles sont bonnes. Les faveurs spirituelles sont meilleures encore.

Toute la journée, le flot humain envahit la montagne, attiré non seulement par la crypte de pierre aux portes de chêne, mais aussi par l'insignifiante construction de bois où le petit vieillard à la modeste robe noire, à la figure creusée de rides profondes et toute plissée, mais au regard illuminé d'un ineffable sourire, attend ceux qui vont lui adresser leurs demandes[3].

Un journaliste anglophone du quotidien *The Star* couvre l'événement. Dans son carnet, Steve Morgan-Powell note ses impressions sur les visiteurs:

---

3. D'après la description faite par S. Morgan-Powell dans *The Star*, le 21 mars 1921.

[Un] vieillard lourdement appuyé au bras d'un robuste jeune homme, chétive jeune fille qui s'avance en clochant sur une béquille, enfant malingre, mi-traîné, mi-porté par sa mère, dont les traits reflètent la fatigue…

Il observe ces pauvres gens qui attendent à la porte de la loge du frère. Il les reconnaît à leur sortie du bureau après l'entrevue. Au bas de la page de son carnet, il griffonne: *Leurs visages respirent un apaisement étonnant.*

Monsieur Morgan-Powell a largement recueilli toute la matière dont il a besoin pour écrire son article. Pourtant, il prolonge son séjour sur la montagne. Pendant la cérémonie religieuse qui s'est déroulée au cours de l'après-midi, au son de l'orgue, le journaliste s'est laissé distraire. Il cherche du coin de l'œil le petit vieux au visage ridé. Il le trouve, blotti dans un coin retiré de l'étroit passage circulaire qui sépare le sanctuaire de la sacristie. Il est là, la tête inclinée, les mains jointes.

«Il faut que je lui parle», pense intérieurement monsieur Morgan-Powell. Pas facile. Le journaliste a l'impression de jouer à cache-cache. Le frère André se dérobe. En fin de journée, il réussit tout de même à l'aborder au sortir de la chapelle aux murs lambrissés de tôle.

— Vous devez être fatigué, frère, demande le journaliste.

— Est-on jamais fatigué au service du Maître? répond simplement le vieillard.

Les deux hommes se séparent en se serrant la main. Dans son calepin, le journaliste note encore ces quelques lignes:

En partant, on emporte, ineffaçable, l'image de son visage usé et ravagé… de son sourire semblable à celui d'une mère pour un enfant souffrant, l'image de l'éclair de ses yeux, qui brillent comme on en voit rarement.

Chapitre 12
Sous le ciel de la Californie

Automne 1921. John Doran s'est mis dans la tête que le frère André, son sauveur, l'accompagnera, cette année, sur les plages chaudes de la Californie. Il n'est pas question de tenir tête à ce gros bonnet de l'Ontario. Il brasse des affaires importantes d'une province à l'autre. Tout lui réussit. D'ailleurs, il n'accepte jamais la défaite.

En décembre 1912, John Doran s'était pourtant heurté à l'inéluctable : son fils se mourait. Une pneumonie avec complication laisse peu d'espoir. Cette fois, l'homme tout-puissant était démuni. Il avait consulté en vain les plus grands spécialistes.

En dernier ressort, il avait confié son malheur au frère André qu'il connaissait de réputation. Le thaumaturge, qui voyageait fréquemment, comptait de nombreux amis à Sudbury où habitait la famille Doran. Dès son premier passage à l'Oratoire, monsieur Doran avait repris courage.

— Ne craignez rien, votre fils ira mieux, avait rassuré le frère André.

À l'hôpital où le garçonnet avait été conduit, le petit frère lui rendait visite régulièrement. Il appliquait de l'huile de saint Joseph sur la poitrine chétive de l'enfant, sous les yeux émus de l'infirmière protestante.

— C'est étrange, avait confié la jeune femme à John Doran. Chaque fois que le petit prêtre vient voir mon malade, je constate une baisse considérable de la température.

L'enfant s'était rétabli. En quittant l'hôpital, en compagnie de son fils guéri, le richissime homme d'affaires savait qu'il avait désormais une dette envers le frère André.

Les années ont passé, mais John Doran n'a pas oublié. L'hiver s'annonce rigoureux; il prépare son départ pour Pasadena. Et cette année, il propose au frère André de l'accompagner.

Le religieux se fait tirer l'oreille. Non, il ne peut pas abandonner ses malades…

— Mais votre santé, frère André, ça compte?

Non, vraiment, non, c'est impossible. Le frère André ne peut pas accepter pareille invitation. Il fait partie d'une communauté religieuse. Il n'a pas le droit de réclamer des privilèges refusés aux autres. Et puis, il a des devoirs religieux à remplir. Comment faire en voyage?

— Le père supérieur, j'en fais mon affaire, affirme monsieur Doran. Quant à vos prières, il n'y a pas de problèmes. Pendant le trajet en auto, vous aurez tout le loisir de faire vos dévotions.

Le supérieur accorde sans difficulté la permission demandée.

— Allez, et puis, file! ordonne-t-il amicalement au frère qui, dès lors, n'offre plus aucune résistance.

Huit jours plus tard, le 20 novembre, le frère André arrive à Pasadena en Californie. Jamais auparavant il ne s'est rendu aussi loin.

Pourtant, il connaît bien l'Ouest américain pour en avoir entendu parler maintes fois jadis. Le seul nom des États qui bordent le Pacifique éveille en lui un monde de souvenirs…

En ces premiers jours de repos, le religieux se laisse bercer par les ombres de son enfance lointaine. À soixante-seize ans, sa mémoire demeure fidèle. Il se revoit clairement dans la chaude maison en bardeaux de bois, sise sur les rives de la rivière Yamaska, à Saint-Césaire. Il écoute religieusement son oncle Timothée qui rêve tout haut. Depuis un certain temps, son père adoptif passe de longues soirées autour du poêle à parler de l'or qui coule à flot aux États-Unis.

— Un jour, répétait-il, j'irai tenter ma chance dans l'Ouest.

L'oncle Timothée a toujours été un grand rêveur. Une année, il devient aubergiste; la suivante, il fonde une compagnie de transports. Habile et vaillant, il tire bien ses marrons du feu. La famille Nadeau vit convenablement. «Grassement même», juge le voisinage.

La scène que le frère André essaie de revivre se précise. Sur le linoléum usé de la cuisine, ses deux plus jeunes cousins, David et Artémise, se chamaillent. Tante Rosalie les gronde. Elle n'est pas d'humeur à rire. Car cette fois, c'est sérieux. Son mari part à l'aventure, sûr de revenir les poches bourrées d'argent. Rosalie s'imagine déjà seule dans sa grande maison de Saint-Césaire avec six enfants en bas âge, le petit Alfred qui n'a que la peau sur les os et un bébé naissant, Philippe.

Dans son journal intime, Rosalie Nadeau écrit: *Mon mari est parti le 5 avril pour la Californie. Pauvre de moi!*

Son chagrin fait peine à voir. Le frère André n'oubliera jamais les beaux yeux tristes de sa tante Rosalie. Il conserve aussi le souvenir des mois difficiles qui suivent le départ de son oncle. Il est alors ballotté d'une famille à l'autre jusqu'à ce que le maire de la paroisse, François Ouimet, le recueille par pitié.

Une fois terminée son aventure californienne, Timothée Nadeau revint dans son patelin. Il n'était pas plus riche qu'avant mais, Dieu merci! il était de retour.

* * *

À Pasadena, le frère André n'a guère le temps de s'attendrir sur ses souvenirs passés. Quatre jours après son arrivée en

Californie, le *Los Angeles Examiner* et le *Pasadena Star News* relatent les faits et gestes du thaumaturge.

Dans son emballement pour l'œuvre du frère André, John Doran se laisse aller aux confidences. Il répond à toutes les questions du reporter américain venu l'interroger. Mis à part quelques erreurs de fait, le journaliste s'acquitte bien de sa tâche.

> *Il y a cinq ans, le frère André a fondé à Montréal l'Oratoire Saint-Joseph, sur les pentes du Mont-Royal. C'est déjà l'un des plus grands sanctuaires de l'Église catholique en Amérique. Il s'y produit des cures merveilleuses; deux pièces sont remplies de béquilles laissées là par ceux qu'il a guéris... Le dernier mois d'avril, 25 000 Chevaliers de Colomb, venus de toutes les parties du Canada et des États-Unis, sont allés en pèlerinage... Le frère André guérit uniquement par la prière.*

* * *

Le frère André ne retourna jamais en Californie. Mais ses voyages à l'étranger devinrent plus fréquents. Ils le conduisirent surtout en Ontario et en Nouvelle-Angleterre... au grand désespoir des visiteurs de l'Oratoire. Certains pèlerins, ignorant les allées et venues du petit frère, se frappaient souvent le nez sur la porte du bureau.

Moïse Dauphin n'a pas pris de risque. Il a attendu d'être certain que le frère André était bel et bien revenu de voyage avant d'entreprendre son pèlerinage à l'Oratoire. «Dans mon état, il n'y a pas de risque à prendre!» Hier, *La Presse* a souligné le retour du thaumaturge: «J'y vais» a-t-il lancé plein d'espoir.

Monsieur Dauphin se sent tout drôle dans le tramway qui l'emmène. Il n'a pas l'habitude de voyager sans son uniforme de garde-moteur. Il prend la place d'un simple passager alors qu'il devrait être à son poste sur la plate-forme arrière et assurer la surveillance mécanique. Seulement voilà! Il y a eu ce stupide accident qui a bouleversé sa vie.

Quand le tram s'arrête au pied du Mont-Royal, en face de la crypte, Moïse Dauphin s'est découvert comme il l'a fait cent fois depuis qu'il travaille sur «les p'tits chars». S'il en a vu du monde descendre de son souffre-douleur à quatre roues quand le chauffeur crie d'une voix traînante: «OOOra-toire Saint-Joooseph, frère Andrééé»!

Cette fois-ci, Moïse Dauphin descend comme les autres. Il monte péniblement les marches de l'escalier qui conduit à la chapelle. Il se confesse, communie et assiste à deux messes, avant de s'asseoir dans la salle d'attente attenante au bureau du frère André. Une quinzaine de personnes ont déjà pris place. Le thaumaturge fait son entrée. En apercevant Moïse Dauphin, appuyé sur ses béquilles, il l'interpelle:

— Que venez-vous faire ici? Qu'avez-vous? Vous n'avez pas de mal?

— Oh! oui, j'en ai du mal et je voudrais être guéri complètement.

Moïse Dauphin raconte le terrible accident dont il a été victime. C'était le 31 octobre 1921. Par un épais brouillard, deux tramways du circuit Saint-Denis/Ahuntsic étaient entrés en collision. Moïse était resté emprisonné sous les débris du véhicule pendant plus d'une heure et demie, incapable de dégager son pied écrasé. On le conduisit à l'Hôpital Victoria où il fut soigné pendant dix-huit jours. Malgré le traitement du pied mutilé à l'eau boriquée, on ne constata aucune amélioration à la radiographie. Le tibia se dilatait et les médecins en arrivèrent à la conclusion que l'infirmité était permanente.

— Vous n'avez pas de mal. Laissez vos béquilles et marchez, ordonne le frère André qui semble peu impressionné par le récit de l'infirme.

— Eh bien, puisque vous le dites, je vais essayer, et si je tombe, je tomberai.

Mais l'ancien garde-moteur ne tombe pas. Il rentre chez lui, laissant ses béquilles au frère André.

* * *

Sœur Leblanc égrène son chapelet dans la salle d'attente et trouve le temps long pendant que sa compagne relit tout bas la liste des faveurs qu'elle demandera au frère André.

Sœur Leblanc se tait. Elle ne veut pas blesser sœur Antonin. Mais, mon doux Seigneur! qu'elle la trouve insignifiante avec sa petite feuille préparée d'avance. Personnellement, elle n'a rien contre le frère André. Elle a même entendu dire que le bon religieux console et guérit parfois les malades. Mais tout de même, il lui semble que les religieuses sont capables de s'adresser directement à Dieu. Elles n'ont pas besoin d'un intermédiaire.

Cela ne l'empêche pas de sympathiser avec le frère André qui, comme elle, s'efforce d'aider les malheureux. Sœur Leblanc connaît la maladie et la souffrance mieux que tout autre puisqu'elle se dévoue corps et âme à l'Hôpital des Incurables de Notre-Dame-de-Grâce. Des cas pathétiques, elle en côtoie tous les jours. C'est précisément dans le but de venir en aide aux indigents qu'elle a pris le voile chez les Sœurs de la Charité, servantes des pauvres, mieux connues sous le nom de Sœurs de la Providence. Le travail ne manque pas et elle a mieux à faire que d'aller poireauter pendant des heures dans l'antichambre du frère André.

Mais sœur Antonin ne veut pas entendre raison. Elle la harcèle :

— Ma sœur, voulez-vous m'accompagner chez le frère André aujourd'hui ? J'ai obtenu la permission de mère supérieure.

De guerre lasse, sœur Leblanc se rend. Dans la salle d'attente, elle récite ses prières pendant que sa compagne énumère son chapelet de demandes au frère André qui paraît excédé. Entre chaque Ave, elle murmure :

— Mon Dieu, si c'est votre volonté, je vous demande de m'accorder la grâce que j'ai souvent sollicitée de vous.

Et elle reprend : « Je vous salue, Marie... »

Au milieu de son rosaire, la voix stridente de sœur Antonin perce le mur du bureau du frère André et parvient jusqu'à son oreille. Elle en ressent un certain malaise.

— C'est tout ? demande le frère André pour la troisième fois.

— Je n'ai pas fini, répond sœur Antonin qui cherche sur sa liste le souhait suivant.

N'y tenant plus, le thaumaturge reconduit la bonne sœur à la porte. Aucun geste d'impatience, mais la main se montre ferme. De toute façon, la religieuse paraît « aux anges » après cette courte entrevue.

Dans l'embrasure de la porte, le frère André aperçoit sœur Leblanc à l'autre extrémité de la pièce. Il s'adresse à elle.

— Vous qui êtes là-bas, venez donc et puis demandez ce que vous voulez demander.

Paralysée par la gêne, sœur Leblanc fait mine de ne pas entendre. Apercevant les yeux du frère braqués sur elle, elle détourne la tête.

— Vous, vous là-bas, insiste-t-il pour la troisième fois.

Toute l'assistance suit la scène. Sœur Leblanc voudrait rentrer sous terre. Elle balbutie :

— Je ne m'appelle pas « Vous-Vous ».

Elle se lève néanmoins et suit le frère dans son bureau. La timidité se lit sur son visage. Dans le bureau, elle se contente de dire :

— Voulez-vous prier le bon Dieu pour moi ?

Mais le frère André n'est pas dupe. Il regarde la religieuse dans les yeux et dit :

— Pourquoi ne demandez-vous pas la grâce que vous voulez demander ?

La sœur baisse la tête, honteuse d'être découverte. Les mots ne sortent pas. Le frère l'intimide. Elle préfère se taire en pensant au garde du corps et à l'assistance qui épient ses confidences, de l'autre côté du mince mur.

Sur le chemin du retour, sœur Leblanc a honte de son mensonge. Le frère André a vu clair en elle. Cette histoire reste gravée dans sa mémoire à tel point qu'elle s'en ouvre à son confesseur.

Le prêtre lui donne l'absolution... à la condition qu'elle avoue sa faute au frère André. La voilà donc de retour à l'Oratoire. La deuxième rencontre s'avère agréable. Détendue, la sœur raconte au thaumaturge combien sa gêne l'avait paralysée la première fois. Il sourit, chaleureux :

— Vous ne serez plus jamais gênée avec moi.

* * *

Beau temps, mauvais temps, sœur Leblanc part de bon matin. Elle visite les pauvres et les malades. C'est le rôle qui lui a été assigné par la communauté et, ma foi, il convient à merveille à sa personnalité généreuse.

Sa rencontre avec le frère André a transformé sa vie. Attirée de plus en plus vers la montagne, elle encourage ses propres patients à l'accompagner. Ses malades s'ajoutent bientôt aux visiteurs du frère André. Dans la salle d'attente ou jadis elle mourait de honte, la sœur infirmière soigne les uns et les autres sans distinction. Les pèlerins s'habituent à la trouver là, auprès du frère André. Et monsieur Claude ne pourrait plus se passer de son aide.

D'autres bénévoles viennent donner un coup de main en ces années d'affluence. Depuis que les *Annales de Saint-Joseph* font dans leurs pages le récit de diverses guérisons, la popularité du sanctuaire et de son initiateur s'accroît.

De 1921 à 1924, quelque cent trente guérisons retiennent l'attention. Elles ont trait à des maux de jambes, d'estomac, d'yeux ; d'autres se rapportent à la tuberculose ou aux maladies de cœur. En moins grand nombre, on relève des cas de guérison de cancer et de paralysie.

De plus en plus souvent, les médecins produisent des certificats médicaux dans lesquels ils décrivent l'état du malade avant et après son passage à l'Oratoire. Le curé de la paroisse où habite le malade fournit lui aussi son attestation.

Les mères écrivent pour raconter la guérison de leur enfant. Des jeunes gens affirment avoir été sauvés de la noyade ou préservés du feu. Des pères de famille sont tirés de l'impasse financière. Des épouses remercient le frère André d'avoir converti leur mari. À l'Oratoire, on n'en finit plus de classer ces précieux documents.

Certaines guérisons rapportées intriguent. Un journaliste anglophone, John Gardiner, attaché à l'hebdomadaire *The Standard*, pose directement la question : *Quelle théorie faut-il accepter ! L'autosuggestion ? La coïncidence psychologique, l'hypnotisme du subconscient ? Ou le christianisme et la foi en un pouvoir divin ?*

* * *

Où donc est sœur Leblanc? Dans l'antichambre, on la réclame à cor et à cri. Monsieur Claude ne fournit pas à la demande. Il se creuse la tête pour savoir ce qui peut bien retenir sa précieuse collaboratrice loin des malades.

On ne l'aperçoit plus dans les quartiers défavorisés, frappant à la porte des logis sordides, dans les rues sombres et grouillantes de vermine. Ceux qui ont pris l'habitude de l'accompagner à l'Oratoire s'inquiètent.

Un bon matin, après plusieurs jours d'absence, la petite sœur trottine jusqu'en haut de la montagne.

— Sœur Leblanc, interpelle monsieur Claude, où donc étiez-vous passée?

Sans prendre le temps de s'arrêter, la religieuse explique d'une voix haletante:

— Il y a une épidémie de fièvre typhoïde à l'hôpital du Sacré-Cœur de Cartierville. La supérieure m'a demandé de soigner les malades.

La fatigue des derniers jours pèse sur les yeux de sœur Leblanc. Son inquiétude paraît bien grande. À la clinique, des patients meurent et les religieuses qui les soignent tombent à leur tour. Plus d'une fois, sœur Leblanc s'est rendue au chevet d'une victime dont les traits impassibles venaient de se fixer pour toujours.

— Frère André, implore la sœur…

— Le bon Dieu vous a accordé une grande protection, parce qu'aucun des autres malades n'a été atteint de cette épidémie.

Sœur Leblanc ne doute pas de l'affirmation du frère qui met dans ses paroles toute l'assurance dont il est capable. Elle écoute scrupuleusement les conseils qu'il lui prodigue:

— Au centre de l'hôpital, préparez un autel et placez-y la statue de Notre-Dame-des-Sept-Douleurs.

— Ma préférée, songe la religieuse.

— Décorez l'autel de fleurs. Qu'il y ait une procession mercredi dans tout l'hôpital, suivie par les sœurs et le personnel qui pourront le faire en récitant le chapelet avec grande ferveur.

Le frère se montre exigeant envers les religieuses :

— Qu'elles fassent un chemin de croix. Pas un petit bout de chemin de croix. Un chemin assez long et pieux. Avec cela, les sœurs déjà malades vont guérir et pas une autre sœur ne sera atteinte.

Sœur Leblanc repart, la tête bourrée de recommandations qu'elle mettra à exécution aussitôt de retour à l'hôpital. Quand l'ouragan de la thyphoïde n'est plus qu'un mauvais souvenir, elle n'a qu'une hâte : retrouver ses malades de l'Oratoire et surtout, dire au frère André combien ses précieuses mesures préventives ont réussi à venir à bout du terrible fléau.

* * *

Après l'épidémie de typhoïde, sœur Leblanc reprend son service sans un seul jour de repos. Elle a une santé de fer, ce qui n'est pas le cas du frère André.

L'hiver 1923 s'avère particulièrement coriace. Gels et dégels se succèdent, provoquant des refroidissements subits et inattendus. Les courants d'air, l'humidité, les froids polaires… Toujours est-il que le petit frère attrape une vilaine grippe dont il a peine à se défaire. À soixante-dix-huit ans, un homme épuisé par le travail a moins de résistance.

« Pauvre frère André, s'inquiète sœur Leblanc en voyant le vieillard affaibli qui se traîne jusqu'à son bureau. Je ne devrais pas le fatiguer avec mes soucis. »

Pourtant, elle a promis à sa sœur de soumettre son problème à l'attention et surtout aux prières du thaumaturge.

— Frère André, se risque-t-elle. Vous savez, ma sœur qui est venue vous voir l'autre jour à propos d'une hernie et de syncopes…

— Oui, oui, répond sèchement le frère.

Son rhume de cerveau lui met les nerfs à fleur de peau. Pour un rien, il s'impatiente. Après un soupir, il ajoute :

— Je lui ai dit qu'elle ne perdrait plus connaissance. Qu'est-ce qu'elle veut de plus ?

— Non, de ce côté-là, ça va très bien. Cette fois, c'est son dentier qui la fait souffrir. Le dentiste lui a brisé la mâchoire et elle n'arrive plus à supporter ses fausses dents.

— Qu'elle porte son dentier, réplique le frère d'un ton bourru. Je ne peux quand même pas le porter à sa place. Dites-le lui !

Chapitre 13
Moi, les miracles, j'y crois pas

Les Trifluviens n'oublieront jamais l'émouvant pèlerinage qui les conduisit à l'Oratoire Saint-Joseph. Quel périple !

Accosté au quai de Trois-Rivières, le bateau nolisé attend ses passagers, tous paroissiens de Notre-Dame-des-Sept-Allégresses. Puis il quitte le port à la brunante, ce 14 juillet 1923. La nuit s'annonce douce. Pendant que le bateau prend son rythme de croisière, les pèlerins entonnent l'Ave Maria. Après le sermon du curé franciscain, on récite le chapelet jusqu'à l'heure du réveillon de nuit.

Au petit matin, le bateau s'ancre au port de Montréal. Les pèlerins montent à bord des véhicules spéciaux qui roulent à la file indienne jusqu'à la montagne. La journée est splendide. On déjeune en plein air avant la cérémonie religieuse qui se déroule dans la crypte. À midi, on reprend la route vers le port. Le bateau repart. Les pèlerins, accoudés au bastingage, s'éloignent de la métropole sous un soleil de plomb. L'île Sainte-Hélène, Boucherville, Verchères défilent. Les clochers historiques des villages scintillent sous les rayons du soleil de fin d'après-midi. Le bateau s'avance lentement sur le Richelieu. Il ne s'arrête qu'à Sorel où le défilé bat son plein dans les rues de la ville. Le pèlerinage s'achève le soir, au quai de Trois-Rivières.

* * *

Dans la mesure du possible, les autorités de l'Oratoire s'arrangent pour que le frère André soit à son bureau lors des pèlerinages qui s'annoncent de Trois-Rivières, du Mont-Saint-Grégoire, de Rigaud ou d'ailleurs. Il en vient maintenant des quatre coins de l'Amérique. Tout le monde veut voir, toucher le thaumaturge, lui parler.

Évidemment, ce n'est pas toujours possible. Le frère André se rend maintenant dans les Cantons-de-l'Est, en Ontario et en Nouvelle-Angleterre chaque année. La raison invoquée pour ces séjours à l'extérieur de Montréal est toujours la même : repos bien mérité.

Mais c'est un secret de polichinelle que le petit frère revient de convalescence plus fatigué qu'au départ. Tout le monde sait qu'il travaille aussi fort à Ottawa ou à Granby qu'à l'Oratoire. Comme disent ses amis intimes, « ça change le mal de place ».

Le jour de son retour, le frère André s'arrête d'abord chez son confesseur. D'habitude, il a les yeux cernés et un large sourire aux lèvres.

— Vous avez fait un bon voyage en Ontario ? demande le père Laurin.

Tout s'est passé comme d'habitude. Aussitôt installé chez un ami ontarien, la maison s'est remplie de handicapés et de malades. Le frère André ne s'en plaint pas… du moment qu'il fait du bien !

Heureusement, le trajet en train a été reposant. À ce propos, le petit frère a une anecdote amusante à raconter à son confesseur. Ses amis l'ont aidé à monter dans le wagon. À côté de lui, sur la banquette, ils ont placé les béquilles et les cannes que les malades lui ont remises durant son séjour. Au cours du voyage, les béquilles glissent et tombent par terre avec bruit. Attiré par le fracas, le contrôleur s'approche du siège du vieillard.

— C'est à vous ? demande-t-il en montrant du doigt les objets qui jonchent le sol.

— Oui, fait simplement le frère.

— Vous voyagez donc avec d'autres personnes ?

— Non, répond le passager solitaire.

— Seriez-vous voyageur de commerce ? s'enquiert le contrôleur, intrigué.

— Non.

— Votre nom ?

— Frère André.

Stupéfait, le contrôleur enveloppe son interlocuteur d'un regard affectueux. Il se jette à genoux, confus :

— Excusez-moi de ne pas vous avoir reconnu. Je ne vous avais jamais vu. Mais je vous ai écrit, il y a deux ans, et vous m'avez guéri.

* * *

Les fêtes se succèdent à l'Oratoire, tandis que le frère André approche de ses quatre-vingts ans.

Le 31 août 1924, 35 000 personnes se sont rendues sur la montagne pour voir monseigneur Pietro di Maria, délégué apostolique, bénir la pierre angulaire de la future basilique. Après de nombreuses tergiversations, les travaux de construction débutaient enfin.

L'année suivante, le 9 août, nouvelle célébration monstre : 25 000 pèlerins assistent au triple jubilé. On veut souligner l'anniversaire du frère André devenu octogénaire, les noces d'or sacerdotales du père Roy et celles d'argent du père Clément. Pour officier la cérémonie religieuse, l'Oratoire a fait appel à monseigneur Fallon, celui-là même qui, quelques années plus tôt, se définissait comme « le plus grand ennemi des Canadiens français ».

Un des plus fidèles collaborateurs de l'Oratoire manque à l'appel en ce jour de fête. Joseph Malenfant, ce petit vieux au dos voûté, s'est éteint le 6 juillet 1924. L'hiver précédent, il avait été recueilli sur la montagne, où il passa la froide saison. Mais il ne repartit pas comme d'habitude, à l'orée du printemps. Il avait fini «d'analyser» la province. L'expression est de son cru. Elle survécut même après la mort du plus habile vendeur d'abonnements que les *Annales de Saint-Joseph* eurent jamais à leur service.

En octobre, le nouveau directeur des *Annales*, le père Émile Deguire, fit l'éloge de Joseph Malenfant dans ses pages. Il le nomma «un vrai vagabond du bon Dieu».

* * *

Le frère André a relevé ses manches. D'un pas alerte, il file à la cuisine du presbytère chercher un seau et un torchon pour laver le plancher de sa chambre.

— Frère André, à votre âge…

Rien à faire. Malgré ses quatre-vingts ans, le petit frère continue de vaquer à certaines tâches qu'il pourrait facilement déléguer aux autres. Le ménage des chambres, par exemple, c'est la responsabilité des sœurs. Or, le frère André refuse catégoriquement qu'elles mettent le nez dans ses affaires:

— Je ne veux pas leur donner d'ouvrage!

Certes, l'intention est bonne. Mais le petit frère ne dit pas toute la vérité. En fait, il commence à se méfier des religieuses… Autour de lui, certains objets disparaissent mystérieusement. Surtout ses vêtements.

L'affaire n'est pas facile à dire. Le frère André a donc décidé de se taire et de s'occuper lui-même du ménage de sa cellule. Mais ce jour-là, il croise Adélard Fabre dans le couloir. Il a fini de balayer la sacristie. Adélard est un gros travailleur doublé d'une bonne pâte humaine. Après avoir été cultivateur comme son père, il a vendu sa terre. Elle ne réussissait pas à nourrir sa famille convenablement. On l'embaucha à l'Oratoire comme employé régulier, préposé notamment à la sacristie.

Voyant venir le vieillard un seau à la main, Adélard court au-devant de lui :

— Donnez-moi ça, frère André, je vais le faire, moi, le ménage de votre chambre.

Le frère accepte. Il a confiance en son ami, son confident. Le soir, après une journée de travail bien remplie, il arrive souvent que les deux hommes prient ensemble dans la chambre du frère.

Adélard se met à l'ouvrage, pendant que le frère André répond à une urgence. Il astique le plancher, époussette l'armoire, la table, les chaises.

— À quoi bon changer les draps ? se demande-t-il. Je ne suis même pas sûr qu'il couche dans son lit.

Le sacristain frotte de plus belle. «Tiens, mais qu'est-ce que c'est que ça ?», dit-il à haute voix en prenant dans ses mains une ceinture de cuir garnie de clous à large tête.

Sur les entrefaites, le frère André entre dans la pièce.

— Donnez-moi ça, ordonne-t-il en lui retirant la ceinture des mains.

— Ça a l'air d'un harnais. Qu'est-ce que vous faites avec ça ?

— Je m'en sers comme ceinture.

— Ben voyons donc, ça n'a pas d'allure, juge Adélard Fabre.

— Quand j'étais jeune, confie le frère, j'en ai porté une qui était bien plus terrible.

Le cilice de son enfance ! Quand tante Rosalie l'avait découvert autour de la taille de son neveu chétif, elle l'avait grondé :

— Si ça a du bon sens de s'imposer pareille souffrance ! Le bon Dieu n'en demande pas tant à un petit enfant malade. Alfred, tu vas me promettre de ne plus jamais recommencer !

Mais Alfred, devenu le frère André, n'a pas tenu sa promesse. Adélard, assis sur le bord du lit réservé aux invités, écoute le récit du petit frère.

— Dans ce temps-là, vous deviez vous ennuyer de votre maman morte.

Le frère André sourit tristement quand il évoque le souvenir de sa mère. Une femme admirable, raconte-t-il encore. Et pieuse :

— Elle prenait plus soin de moi parce que j'étais plus faible. Elle m'emmenait à l'église.

Le sacristain se lève. Son travail l'appelle :

— Avant de partir, frère André, je voulais vous demander… Il n'y aurait pas moyen d'acheter une balayeuse électrique ? On sauverait du temps pour le nettoyage de la chapelle, du bureau et de la salle d'attente.

— Il n'en est pas question, répond le frère André, vous avez des balais, ça suffit.

Du vrai gaspillage ! pense le frère qui a toujours refusé de s'entourer de luxe.

* * *

Comme chaque année, le frère André prend la route de Granby. Le prétexte du séjour est toujours le même : fatigue, surmenage, etc. Monsieur et madame Hébert, de Granby, sont venus chercher leur vieil ami qui doit passer quelques jours chez eux. Le père Clément est descendu les saluer à l'heure du départ.

— Je vous le confie, recommande-t-il, prenez-en soin. Soignez-le comme un enfant, comme votre garçon. Sans cela, il va continuer à recevoir ses malades toute la nuit.

Les conseils du père Clément ne sont pas superflus. Et le frère André ne perd rien pour attendre. Mais pour le moment, il est tout à la joie de partir. Il aime le changement. Arrivé à Granby, il ne cache plus son entrain, lui, un homme si réservé. Prenant son camarade, le frère Robert, par le bras, il se met à danser.

— Qu'est-ce qui vous prend, frère André ? Arrivez-vous de l'hôtel du coin ?

— Écoute-donc, fait le frère, surexcité. J'en peux plus. Je viens me cacher.

Oui, se cacher. Rire et se détendre. Voilà ce que le thaumaturge souhaite ardemment. Hélas ! ses amis de Granby ne l'entendent pas ainsi. La maison de Dieudonné Hébert sera bientôt prise d'assaut. Deux cents personnes défilent en une seule journée.

Tout le monde se connaît à Granby. On est pour ainsi dire en famille. Les uns s'installent dans le salon enfumé et bavardent. D'autres s'attablent dans la cuisine et attendent en sirotant un café. Les derniers arrivés restent sur le perron, faute d'espace.

— Moi, confie une femme forte aux joues rieuses, le frère André a guéri mon garçon. Il avait une bosse sur la joue. Ça le faisait tellement souffrir qu'il ne pouvait plus travailler. Aujourd'hui, il mène une vie normale.

— Bien moi, c'est pareil. Avant de connaître le frère, je faisais des crises d'asthme. Il a prié pour moi et c'est fini.

— Prenez le cas de Dieudonné, renchérit le voisin. Il revenait de ses vacances, passées aux chutes Niagara. Il avait mangé comme un cochon, excusez l'expression. Eh ! bien, il s'est arrêté à l'Oratoire et le frère André l'a guéri.

La conversation va bon train pendant que dans le bas-côté, le thaumaturge écoute les doléances de chacun. À onze heures, Dieudonné Hébert ferme les portes. Il a promis au père Clément de prendre soin du frère, supposément en repos. Avant de se retirer, le vieillard demande qu'on le réveille pour la messe de cinq heures.

* * *

— Frère André, dit doucement madame Hébert, c'est l'heure de se lever si vous ne voulez pas rater la messe de cinq heures.

Madame Hébert jette un œil furtif dans la chambre. Le frère est déjà tout habillé et le lit n'a même pas été défait. C'est à se demander s'il a pris le temps de dormir, ou s'il a prié toute la nuit à genoux.

Dieudonné accompagne son ami à l'église. Après la messe, le frère André s'arrête à la sacristie où il désire saluer le curé de la paroisse. Mais le prêtre n'est pas un admirateur du thaumaturge. On peut même dire que ça l'agace de voir ses ouailles faire le pied de grue devant la maison de son paroissien. C'est donc un accueil plutôt froid qui attend le frère, ce matin-là. En sortant de l'église, ce dernier ne peut se retenir :

— Il est fret, votre curé, glisse-t-il à l'oreille de son compagnon.

Il n'en fallait pas plus. Dieudonné Hébert se lance dans une tirade à n'en plus finir contre son curé. Le frère André, qui regrette amèrement les mots qu'il a eus à l'égard du curé, coupe court aux plaintes de son ami :

— Le prêtre est le représentant de Jésus-Christ. Il ne faut pas le critiquer.

* * *

Bien entendu, les pèlerins s'impatientent quand le frère André tarde à revenir de voyage. Ils passent des heures interminables à se morfondre dans la salle d'attente, espérant un retour hâtif dont ils seraient les premiers à bénéficier.

Quand, enfin, les portes du bureau s'ouvrent aux visiteurs, le frère André n'a même pas le loisir d'arrêter pour manger. Entre deux patients, il grignote un morceau de pain sec et seulement si on le lui fait penser.

Même Azarias Claude, son portier, doit attendre deux, parfois trois jours avant de pouvoir lui adresser la parole en tête-à-tête. Il profite d'une accalmie pour entrebâiller la porte du bureau. Si le moment est propice, monsieur Claude énumère les messages qu'on l'a chargé de transmettre au frère : Untel fait dire qu'il se sent mieux. Sœur Cécile se recommande à vos prières. Votre amie du boulevard Gouin est venue ; elle repassera demain…

Le frère André écoute, le visage enchâssé dans ses mains veineuses. De temps en temps, s'échappe un soupir de soulagement ou un geste d'irritation. Puis il se redresse, se tamponne les yeux avec son mouchoir et attend le visiteur suivant.

— J'oubliais, ajoute Azarias Claude sur le pas de la porte. Vous savez, Moïse Robert, l'ami dont je vous ai parlé hier, il ne va pas mieux. Vous ne pourriez pas venir le voir ce soir ?

Monsieur Claude est vraiment inquiet. Son locataire est mal en point. Il dépérit à vue d'œil. Le médecin ne donne pas cher de sa peau : péritonite consécutive à une appendicite aiguë. Quel soulagement d'entendre le frère André promettre de se rendre au chevet du malade, le soir même !

— Comment ça va ? demande le frère en serrant la main du malade.

— Bien, murmure mollement Moïse Robert qui n'a pas encore repris ses sens.

— Ça va aller mieux, vous allez voir, rassure le frère en gardant la main de Moïse dans la sienne.

— Est-ce que je vais pouvoir dormir?

— Oui, vous allez dormir et demain matin, vous viendrez à l'Oratoire.

Le frère André quitte la chambre de Moïse. L'infirmière y entre pour prendre la température du malade : elle constate une baisse importante. Inquiète, elle communique avec son médecin traitant.

— J'arrive, répond le docteur Plouffe. Et, garde… voulez-vous préparer madame Robert? Maintenant, la mort ne tardera pas. Ménagez-la. Rappelez-vous qu'elle est enceinte.

Le médecin arrive d'urgence. Son patient s'endort sous ses yeux. Il dormira à poings fermés jusqu'au petit matin. C'est la voix de son ami Azarias qui le réveillera :

— Habillez-vous, nous allons à l'Oratoire.

Moïse Robert s'exécute. Il n'a plus l'apparence d'un mourant. Le frère André le reçoit entre deux sons de cloche.

— Achetez-vous une médaille de saint Joseph, allez le prier à la chapelle et revenez, débite-t-il sur un ton expéditif.

À la maison, l'infirmière de Moïse Robert menace de démissionner. Depuis la visite du frère, elle ne vient plus à bout de l'ex-malade. Entre elle et lui, la guerre éclate :

— Le médecin vous a interdit de manger n'importe quoi !

— Mais le frère André m'a dit qu'il n'y avait pas de danger.

— C'est le docteur Plouffe qui vous soigne !

Moïse Robert soupire. «Quelle plaie !», pense-t-il en écoutant la litanie de reproches que lui adresse l'infirmière. Mais il n'est pas homme à se laisser mener par le bout du nez. Dès qu'elle a le dos tourné, il se faufile à la cuisine et avale d'un trait trois bols de soupe aux tomates.

— Monsieur Robert ! s'écrie la garde-malade qui arrive à l'improviste.

Elle ne contient pas sa colère. D'un pas rageur, elle va jusqu'au téléphone et demande le docteur Plouffe, à qui elle raconte comment le malade a été pris en flagrant délit.

— S'il veut mourir, répond froidement le docteur Plouffe, laissez-le faire.

Rien n'empêche que ce soir-là, le médecin doit se rendre à l'évidence : Son malade est réchappé. Il a recouvré ses forces en un temps record.

— Comme médecin, je soigne avec des médicaments, explique-t-il. Mais le frère André, lui, peut faire des miracles.

* * *

— Azarias, il faut que je vous dise…

Moïse Robert regarde son ami dans les yeux. Puis, il ose aller au bout de sa pensée :

— Moi, les miracles, j'y crois pas.

C'est brutal. Mais Moïse en a assez. Depuis sa guérison, il ne se passe pas une journée sans qu'Azarias n'arrête au magasin pour lui demander de l'accompagner à l'Oratoire.

Moïse a beaucoup d'estime pour le frère André. Mais de là à aller perdre son temps là-haut !

— Venez au moins lui dire le fond de votre pensée, insiste son ami. Après tout, il vous a guéri. Vous lui devez bien cela. D'ailleurs, il vous attend.

— D'accord.

Moïse Robert ne rend pas visite au frère André de gaîté de cœur. C'est gênant d'avouer son incrédulité. Il s'y résigne pourtant, en honnête homme qui n'a pas peur des mots.

— Frère André, que voulez-vous, je sais que vous m'avez guéri, mais je n'ai pas confiance en vous et je ne veux pas être hypocrite.

— Qu'est-ce qu'il faudrait pour que vous ayez confiance? demande le thaumaturge.

Moïse Robert hésite avant de répondre. Osera-t-il poser pareille condition? Il se risque:

— Si vous faisiez quelque chose, là, devant moi… après ça j'aurais confiance.

Nullement insulté, le frère répond sur le ton du reproche:

— Si vous veniez plus souvent à l'Oratoire, vous auriez l'occasion de voir quelque chose.

Sans attendre la réponse, le frère agite sa célèbre cloche et lance:

— Au suivant.

En dévalant la pente du mont Royal, Moïse Robert repense à la suggestion du frère André.

— Pourquoi pas? Comme dit Azarias, je lui dois bien ça.

À compter de ce jour, il va faire son tour à l'Oratoire tous les matins. La cinquième fois, le frère André l'accoste:

— Bonjour. Êtes-vous pressé?

— Non, fait simplement Moïse Robert.

— Eh bien, passez à mon bureau et attendez-moi.

Deux minutes plus tard, le frère entre, suivi d'un homme qui porte l'uniforme militaire. «Il s'agit sûrement d'un vétéran de la guerre de 1914», pense monsieur Robert en voyant son bras en écharpe. Le blessé explique son problème dans le français hésitant des Anglo-Canadiens.

Le frère André retrousse ses manches et demande brusquement au soldat:

— Comprenez-vous le français ?

— Oui, réplique l'homme en uniforme.

— Enlevez votre gilet.

Le blessé de guerre se déshabille avec difficulté. Moïse lui donne un coup de main.

— Bras en bas, ordonne le frère à la manière d'un caporal.

Impossible. Le bras reste replié sur lui-même. Le frère tient solidement le membre et administre un coup violent dans le repli du coude. Le bras prend alors la position verticale. Le soldat exécute ensuite des exercices destinés à assouplir les muscles engourdis.

— Vous n'êtes pas malade, bougonne le frère André. Pourquoi venez-vous me faire perdre mon temps ?

Moïse Robert se tait. Au fond de lui-même, il pense :

— Vous avez gagné, petit frère, j'ai confiance en vous. Aussi malin, le frère André se frotte les mains :

— Voilà mon nouvel associé.

* * *

Le téléphone sonne chez les Robert. Éveillé brusquement par la sonnerie, Moïse allume sa lampe de chevet et regarde sa montre : cinq heures du matin. Qui peut bien téléphoner à pareille heure ?

— Allô ?

— Je vous appelle de la part du frère André. Il est ici à Saint-Césaire et il ne se sent pas très bien. Il fait demander si vous pourriez venir le chercher au cours de la matinée, avec votre auto ?

— Certainement, répond Moïse sans hésiter.

À demi-réveillé, Moïse Robert note sur un bout de papier l'adresse et revient se coucher en maugréant. Dans moins d'une heure, son réveille-matin sonnera. Quelle tuile, ce coup de téléphone ! « J'aurais peut-être dû refuser », se dit-il en pensant à la besogne qui l'attend au magasin. C'est embêtant de s'absenter au moment de l'année où son commerce est le plus achalandé. D'un autre côté, il ne peut pas décemment refuser l'appel du frère André qui n'est pas homme à se plaindre pour rien. S'il le réclame, c'est sûrement sérieux.

Monsieur Robert s'habille donc en rechignant, prend son petit déjeuner à la hâte et file en direction de Saint-Césaire.

Le frère André l'attend, jovial et détendu. Moïse demeure perplexe. Son ami n'a vraiment pas mauvaise mine. Certes, il a les yeux cernés, mais ni plus ni moins que d'habitude. Le chauffeur du petit frère ronge son frein. À quoi bon accabler le vieillard de reproches ! De toute façon, sa journée de travail est à l'eau. « Aussi bien voir les choses du bon côté », pense-t-il en l'observant. Tout de même, il est en verve, le petit frère... pour un homme malade.

On parle, on parle et les heures passent. Quand sonne l'angélus à l'église de Saint-Césaire, le frère André se tourne vers son ami et suggère :

— On ferait aussi bien de manger ici, monsieur Robert.

— Comme vous voudrez, fait son ami, docile.

La conversation tourne autour des miracles. Le frère André s'étonne de voir qu'on lui en attribue la paternité, alors qu'il se perçoit comme l'instrument de Dieu.

— À propos des guérisons, interroge Moïse, il y a une chose que je veux vous demander depuis longtemps.

— Allez-y.

— Comment se fait-il qu'il y a des gens qui guérissent sur le champ, alors que les autres ne se sentent mieux qu'après plusieurs visites ?

— Ceux qui sont guéris vite sont ceux qui n'ont pas la foi, précise le frère André. Ou encore, ceux qui ont peu de foi. Une guérison rapide peut leur donner la foi; tandis que ceux qui ont déjà une foi solide ne sont pas guéris vite, parce que le bon Dieu préfère les éprouver, les faire souffrir pour les sanctifier davantage.

Le bon Dieu. Toutes les conversations que tient le frère André mènent à l'Être suprême. Moïse Robert sourit en écoutant son ami parler du bon Dieu comme d'une vieille connaissance.

À regarder de près ses traits tirés, Moïse Robert doit admettre que le petit frère semble exténué. Tendrement, il remarque:

— Vous avez l'air fatigué, frère André. Il faudrait mettre la pédale douce.

— Je travaille pour le bon Dieu, observe le thaumaturge, et je cherche à en faire le plus possible.

— Oui mais, il ne faut tout de même pas vous tuer à l'ouvrage. Que ferons-nous quand vous serez mort?

— Quand je serai mort, conclut le frère qui a réponse à tout, je vais être rendu au ciel et je serai plus près du bon Dieu que je ne le suis maintenant. J'aurai bien plus de pouvoir pour vous aider.

Le jour baisse. Les deux hommes pensent à s'en aller. Moïse Robert reprend le volant et roule vers la métropole. La voiture traverse le pont à l'heure de la sortie des bureaux. C'est l'embouteillage dans le centre-ville. Les automobiles avancent à pas de tortue. Sur le coup de six heures, les deux voyageurs grimpent le chemin qui mène à l'Oratoire.

— C'est de valeur, monsieur Robert, je vous ai fait perdre votre journée.

— Ça ne fait rien, frère André. Au commencement, ça m'a mis de mauvaise humeur; mais j'en ai fait le sacrifice volontiers. Là, franchement, je ne regrette rien. D'abord, ça m'a reposé; ensuite, je vous ai rendu service… Ça me fait toujours plaisir de vous être utile à quelque chose.

Après avoir déposé le frère André au presbytère, Moïse Robert décide de faire un saut jusqu'à son magasin pour voir si les affaires ont marché pendant son absence.

— Bonne journée? demande le patron à ses employés.

Le moins qu'on puisse dire, c'est que les commis du magasin l'accueillent… comme un chien dans un jeu de quilles:

— Va-t'en, mon vieux, dit l'un d'eux. Repars pour une autre journée. Ça va bien mieux quand tu n'y es pas!

Belle réception! Le patron va tout de même à la caisse et consulte le livre de comptes: trois mille piastres de vente en une seule journée. «Pas mal, pense-t-il, pour un jour de congé… Il y a du frère André là-dessous!»

Chapitre 14

Je m'en vais à mon « bourreau »

Le docteur Lionel Lamy est formel : le frère André, son patient depuis plusieurs années, doit réduire ses activités sur le champ. « Il est surmené », confirme-t-il aux autorités du collège après avoir examiné le vieillard à son bureau du carré Saint-Louis. Son collier de misères est trop lourd.

Rien de surprenant. Il suffit de jeter un coup d'œil sur l'horaire du petit frère pour comprendre son essoufflement et sa lassitude. À quatre heures trente le matin, il est déjà sur pied. Les religieux lui reprochent souvent ses trop courtes nuits.

— Mais, répond-il pour échapper aux remontrances, c'est pour avoir le temps de tout préparer avant la méditation en commun.

Après une dizaine de minutes de prières à la chapelle, le frère André arrive au bureau. Il est neuf heures. En l'attendant, les visiteurs inquiets entrouvrent la porte de la chapelle. Soupir de soulagement : le thaumaturge est bien là, à genoux sur le sol, au milieu de l'allée centrale. Rassurés, ils referment la porte sans bruit et retournent dans l'antichambre où ils prennent leur rang.

Midi moins quart. Le petit frère se rend à son examen particulier. Le docteur Lamy s'objecte à ces déplacements quotidiens qui pèsent sur la santé de son patient. Comme il n'est pas question de réduire ses heures de bureau, peut-être pourrait-on au moins assouplir son horaire ?

— Père supérieur, intercède le médecin, pourquoi n'autorisez-vous pas le frère André à faire ses exercices de méditation privément ? Cette course folle de son bureau à la chapelle nuit à sa santé.

Permission accordée. C'est au moins ça de pris. Dès lors, le frère André profite du temps alloué au repas du midi pour faire son examen méditatif. Il mange seul au réfectoire : de la farine en bouillie ! Avec un peu de chance, il fera une courte sieste après le lunch. Enfin, il s'arrête et lit *La vie des saints*.

Quand il revient au « bourreau », vers deux heures, la file s'étire déjà. Le va-et-vient ne dérougit pas de l'après-midi. Sur le coup de cinq heures, les portes se referment jusqu'au lendemain.

Le frère André ne fait ni une ni deux. Il enfile son pardessus, prend son chapeau et part avec son chauffeur. Le père supérieur lui remet la liste des malades qu'il est autorisé à visiter ce soir-là. Il suit scrupuleusement les directives reçues.

« C'est inhumain ! » conteste le docteur Lamy. Un tel régime oblige son patient à prendre une bouchée à la sauvette avant de s'engloutir dans la circulation de fin d'après-midi. Avec un estomac fragile comme le sien, le frère André ne peut pas se permettre de sauter ses repas. Encore une fois, il intervient auprès du supérieur. Son patient obtient l'autorisation de prendre son souper après la visite des malades : il mange alors en famille chez ses amis. Jusque-là, il lui arrivait occasionnellement de manger chez les Pichette et les Claude, mais toujours à toute vapeur, pour rentrer au bercail à l'heure réglementaire.

Enfin, il peut prendre un peu de détente chez ses amis avec la bénédiction de ses supérieurs. Quel soulagement de parler d'autre chose que des épreuves des uns et des maux des autres !

De retour à l'Oratoire, il fait son chemin de croix et récite son rosaire. Avant de se retirer pour la nuit, le vieil homme effectue une dernière ronde, histoire de vérifier si les lumières sont éteintes. «Évitez le gaspillage d'électricité», répète-t-il au gardien de l'Oratoire. Pendant que tout le monde dort, il relit les plus beaux passages de la vie de sainte Gertrude.

Même avec un horaire assoupli, le docteur Lamy ne se fait pas d'illusion: le petit frère ne pourra pas tenir le coup indéfiniment. Si au moins il dormait d'un sommeil profond. Hélas! il s'assoupit après minuit et se réveille avant l'aurore. S'il digère mal, ce qui est courant, il passe la nuit blanche.

Tant qu'à compter les moutons dans son lit, le frère André se lève, en ces nuits d'insomnie, et descend prier à la chapelle. Monsieur Pichette, qui partage souvent sa chambrette, l'a souventes fois vu, agenouillé dans l'allée centrale, la tête inclinée. Il ne s'est pas gêné pour lui dire que ça n'avait aucun sens.

* * *

Joseph Pichette n'est pas le seul à observer les faits et gestes du frère André, la nuit venue. Le sacristain, Adélard Fabre, qui est d'un naturel inquiet, le suit parfois à la dérobée… et ce qu'il voit dépasse l'entendement.

— Je ne suis pas tombé sur la tête. J'ai encore tous mes sens!

Voilà ce qu'il se répète en accourant chez les supérieurs de l'Oratoire.

— J'ai été témoin d'une chose extraordinaire, raconte le sacristain. J'ai vu le frère André à genoux sur le plancher de la nef de l'Oratoire et enveloppé de lumière. Il était tout éclairé et moi je ne l'étais pas. La statue de saint Joseph était dans l'obscurité, mais les rayons lumineux semblaient partis d'elle et s'arrêtaient au frère André. Or, il n'y avait dans l'Oratoire que la lampe du sanctuaire et loin derrière nous, quelques lampes qui achevaient de brûler. Je me suis approché du frère André et lui ai touché le bras, comme pour l'avertir et le tirer de là. Mais il ne dit pas un mot et ne bougea pas.

Visiblement sceptique, l'un des pères demanda :

— Étiez-vous seul, monsieur Fabre ?

— Oui. Je me suis aussitôt rendu à la sacristie, tout effrayé, dans l'espoir de voir le frère Ludger qui prépare habituellement les burettes d'eau et de vin pour les premières messes. Mais il était déjà rendu à sa chambre. Le frère Ludger laissa sa chambre et vint avec moi à l'Oratoire. Quand nous sommes arrivés, le frère André partait de l'autel de la sainte Vierge pour se retirer dans sa chambre. Mais à ce moment-là, cette lumière extraordinaire avait disparu.

Son récit terminé, Adélard Fabre attend les réactions. Les pères se regardent puis, d'un air entendu, disent :

— Vous êtes fatigué. Il faut vous reposer. Le sacristain n'en revient pas.

— Un peu plus, et puis ils me traitaient de menteur ! Jamais encore on ne l'a humilié ainsi. Le faire passer pour un demeuré !

— Mais je vous jure que j'ai vu ce que je viens de vous raconter. Je n'en ai pas dormi de la nuit.

Monsieur Fabre ne sait pas quoi ajouter devant ses interlocuteurs incrédules. Le père Deguire lui fait promettre de ne pas en parler au frère André pour ne pas l'inquiéter.

Adélard tient son engagement et ne dit pas un mot de l'incident au frère André… ce qui ne l'empêche pas de raconter l'affaire à tout vent. Fatalement, l'histoire des rayons lumineux arrive jusqu'à l'oreille du frère André. Il en paraît intrigué, mais ne commente pas. Un soir, alors qu'il achève son chemin de croix en compagnie de Joseph Pichette, il interrompt ses prières pour demander à son ami :

— Avez-vous vu quelque chose autour de moi ?

— Non.

— Allez quand même voir en avant. Allez jusqu'à l'autel de la sainte Vierge.

Joseph Pichette s'exécute. Il se rend au sanctuaire et examine les lieux de fond en comble. Rien.

— C'est curieux, reprend le frère André. On me dit qu'il y a de la lumière qui paraît.

Ni l'un ni l'autre n'en reparle. En rentrant chez lui, monsieur Pichette repense à la scène :

— C'est tout de même étonnant. Il se passe des choses étranges autour du frère André. Oui, des choses bien étranges. Ça me rappelle une autre histoire extraordinaire.

Joseph Pichette en a parlé à la nouvelle tenancière du restaurant de l'Oratoire. L'incident s'est passé quelques mois plus tôt, pendant les travaux d'agrandissement du monastère. Madame Cousineau-Caron n'en croyait pas ses oreilles :

— Nous étions allés, le frère André et moi, prier dans la crypte, raconte Joseph Pichette. Comme on revenait, le frère André m'a dit : « Venez voir cet appartement-là. On a été obligé de faire des réparations. » Nous sommes passés dans une pièce où on avait enlevé tout le vieux plancher sauf un pied et demi à chaque bout. Le dessous faisait un trou d'à peu près trois pieds de hauteur. On était accoté sur le bout de plancher, en face du trou. Il me dit : « Ils ont enlevé le plancher pour le relever. » En disant cela, il est parti pareil comme si quelqu'un l'avait garroché de l'autre bord. Cela sous mes yeux. Il alla se frapper le front sur la partie du plancher qui était de l'autre côté de la pièce, une quinzaine de pieds plus loin. Quand j'ai vu ça, je suis parti à son secours. J'ai fait le tour le long de la pièce. Il avait encore la tête sur le plancher et les pieds pendants. Je l'ai pris en dessous des bras et je l'ai assis sur le plancher. Il dit : « Regardez-moi donc le front, je dois avoir une bosse. » Il commence à se frictionner. Ça a duré quelques minutes. La bosse est partie. Ensuite, il a dit : « J'ai donc mal aux jambes. » Il s'est frictionné en dessous du genou. Je l'ai aidé à se rendre à sa chambre.

Madame Cousineau-Caron est étonnée : comment un vieil homme peut-il exécuter un tel saut ?

Le frère André ne reparla jamais de l'incident avec son ami. Pourtant, quelques mois plus tard, Joseph Pichette crut élucider le mystère.

Il était en train de lire dans la chambre du petit frère, quand ce dernier lui dit :

— Quand vous voudrez lire quelque chose de bien beau, lisez ceci.

Le frère André prend le livre de Marie-Marthe Chambon sur sa table et l'ouvre sans chercher la page. Joseph commence à lire à l'endroit choisi par le frère : c'était le récit des tourments que le diable imposait à sœur Marie-Marthe, la transportant dans l'espace.

Que signifient ces moments extraordinaires ? Joseph Pichette n'est sûr de rien. Chose certaine, il n'en parlera plus à personne. Ça restera entre le frère André et lui.

* * *

Le frère André revient du réfectoire, la tête basse et la mine déconfite. Son accablement fait peine à voir.

— Mon doux Seigneur, frère André, vous en faites une tête !

Sœur Leblanc cherche les mots pour remonter le moral du frère. Elle devine son tourment. Depuis un certain temps, un malaise flotte dans l'air. On sent chez certains religieux une animosité croissante à l'égard du thaumaturge.

La religieuse en parlait justement la veille avec quelques employés réunis autour du comptoir de vente de l'Oratoire.

— Ce sont des jaloux, affirmait un jeune frère nouvellement arrivé sur les lieux. Je n'arrive pas à comprendre ce qui les pousse à s'acharner contre le vieillard.

Ce qui agace les membres de la communauté, ce sont les permissions spéciales accordées au frère André : il n'est pas astreint à la discipline rigide, il sort quand il veut, mange chez ses amis, voyage…

Sœur Leblanc a tout compris. Elle donnerait cher pour consoler le petit frère. Oh ! il ne se plaint pas. Mais, on sent qu'il a besoin de se vider le cœur.

— Il y en a qui pensent que c'est par plaisir que je visite les malades, déplore-t-il. Mais après une journée de travail, c'est loin d'être un plaisir.

Combien il souffre du rejet manifesté à son égard. Ceux qui l'ont choisi comme bouc émissaire ne se montrent pas toujours subtils.

— Le vieux fou est-il là ? demande-t-on à voix haute, sans aucune gêne.

Le frère André entend mais ne répond pas. Il baisse les yeux, blessé, comme jadis lorsque le docteur Charette et le frère Henri s'acharnaient contre lui.

Il lui arrive même de se demander s'il n'y a pas du vrai dans les accusations portées contre lui : « Est-ce que je divague ? » Il interroge ses amis qui le rassurent.

Le malaise rend délicats ses rapports avec les prêtres et les religieux. Son travail l'a toujours empêché de prendre ses repas en communauté. Il passe parfois quelques minutes en leur compagnie pendant la récréation, mais il a tôt fait de s'esquiver. Le père Elphège Labonté, qui lui voue une grande estime, lui en a gentiment fait le reproche.

— Pourquoi évitez-vous les prêtres ? Vous vous sentez mal de venir à table avec eux ?

— Qu'est-ce que vous voulez que je dise à des prêtres ? demande-t-il humblement.

Le père Deguire se mêle de la conversation. Il renchérit :

— Pourquoi parlez-vous si peu en récréation ?

— Que voulez-vous, père, vous êtes des théologiens, des prêtres. J'aime mieux écouter.

Si le frère André compte plus d'amis que d'ennemis au sein de la communauté, la hargne de ces derniers lui brise le cœur. Pourquoi en effet lui reprocher d'aller se confesser à Saint-Laurent au lieu de choisir un prêtre du collège Notre-Dame ? On l'accuse d'utiliser ce prétexte pour sortir. Personne ne comprend donc ?

Depuis quatorze ans, c'est le père Laurin qui le confesse. Il s'est attaché à son confesseur. Lorsqu'il a été nommé curé de la paroisse Saint-Laurent, le frère André a trouvé normal de s'y rendre pour la confession. Il ne dérange personne. C'est monsieur Pichette lui-même qui a proposé de le conduire chaque fois qu'il le désire.

La mort dans l'âme, le frère André décide de se choisir un autre confesseur. Le père Labonté ? Peut-être. Comme ça, personne ne trouvera à redire sur sa conduite.

Si au moins ça réglait le problème. Mais il y a autre chose : les petites jalousies. Il n'est pas facile pour certains prêtres d'admettre que les visiteurs refusent de les rencontrer à l'Oratoire à moins que le frère André ne les achemine vers eux. Car c'est bien là le nœud du problème : de partout, les pèlerins montent à l'Oratoire pour voir le frère André. Personne d'autre.

Sœur Leblanc s'éloigne. Une tristesse inaccoutumée l'envahit. Ce petit homme qui souffre, comme elle l'aime. Et tous ces religieux qui l'accablent, ce sont de bonnes gens. Elle connaît la plupart d'entre eux. Ils ne sont pas méchants, mais maladroits. Elle laisse parler son gros bon sens :

— Ce ne sont pas les voisins qui nous font souffrir, ce sont ceux avec qui on vit.

Le frère André parle peu de son chagrin. Il faut l'interroger et aussi comprendre à demi-mot. Jamais il n'adresse de reproches à qui que ce soit. Au contraire, il cherche à tout prix à éviter d'indisposer davantage ses proches. Car au fond de lui-même, une terrible hantise l'étreint : s'il fallait que son supérieur, excédé, l'expédie au collège du Nouveau-Brunswick ! S'il devait quitter l'Oratoire pour de bon !

On ne l'a pas encore menacé ouvertement, mais la rumeur circule. Elle est déjà parvenue à son oreille.

* * *

— Beu ! lance une voix dans un coin noir de la chambrette du frère André.

Tel un polichinelle, le père Jean-Baptiste Plouffe sort de sa cachette dans un éclat de rire enfantin. Quel escogriffe ! pense le frère André qui rit de bon cœur.

Pourtant, il n'a pas le cœur à rire. Hier, une nouvelle déception l'a frappé. Il en a pleuré toute la nuit. Son ami, le père Labonté, a refusé de devenir son confesseur. Il se considère trop jeune pour remplir un rôle aussi important. Le petit frère comprend mal que le père Labonté se montre aussi inexorable. Il aurait tant aimé se confier à lui.

Le père Plouffe est heureux comme un roi. Et sa bonne humeur se communique. Il a le don de remonter le moral. Dans son sac à surprises, il sort toutes sortes de bonnes nouvelles.

— Frère André, savez-vous combien de faveurs ont été obtenues à l'Oratoire en 1926 ?

— Non.

— *La Presse* du 1ᵉʳ février 1927 rapporte que l'an dernier, 1611 personnes affirment avoir été l'objet ou le témoin de guérisons ; 7334 autres disent avoir obtenu des faveurs d'ordre spirituel et temporel. Autre question : savez-vous qu'il vient chez nous des évêques de partout ? Au cours des travaux de construction de la basilique, il en est venu de France, des îles Philippines, de Jérusalem, de Tripoli, de Colombie, de Nouvelle-Zélande. La plupart d'entre eux revenaient du 28ᵉ Congrès eucharistique international qui s'est tenu à Chicago en 1925.

Le père Plouffe énumère d'une voix musicale les faits d'éclats qui ont entouré l'Oratoire au cours des dernières années. Il enchaîne :

— 1927. Vous souvenez-vous à quelle occasion particulière on a déroulé le tapis rouge ?

Le frère André s'en souvient comme si c'était hier. Le nouveau délégué apostolique visitait l'Oratoire pour la première fois. Avec un accent italien assez prononcé, monseigneur Cassuie s'était adressé au frère André dont la réputation de thaumaturge était venue jusqu'à lui :

— Je vous félicite, frère André, et je me recommande à vos prières. Mais, prenez garde à l'esprit de superbe.

Monseigneur Gauthier, qui accompagne le délégué, éclate de rire. Entourant de son bras les épaules du frère André, il dit paternellement :

— Excellence, que voulez-vous que cette vieille canaille comprenne là-dedans ! L'esprit de superbe ! Frère André ne sait ni lire ni écrire.

Le frère André n'a probablement jamais su la fin de l'histoire. Une fois seul avec le délégué apostolique, monseigneur Gauthier a cru bon d'ajouter :

— Excellence, l'humilité, le frère André l'a dans sa vie. Je peux dire du frère André qu'il n'a jamais posé au personnage.

Monseigneur Gauthier qui, au hasard de ses visites à l'Oratoire, s'est attaché au petit frère, a pris l'habitude de le taquiner. Il n'en est pas à sa première boutade. Et sa victime ne se gêne pas pour lui rendre la monnaie de sa pièce.

Les deux hommes apprécient ces rencontres en tête-à-tête au cours desquelles ils s'entretiennent pendant de longues heures. Leur sujet de conversation de prédilection : un commun désir de venir en aide aux pauvres.

* * *

L'année 1927 éprouva cruellement les Montréalais. Le 9 janvier, toute la ville est en émoi. Le *Laurier Palace* est en flammes. À l'intérieur du cinéma, 78 enfants meurent carbonisés. Devant les débris fumants, des pères et des mères déchirés hurlent leur chagrin.

Du haut de la chaire, curés et vicaires voient dans cette épreuve un avertissement du ciel. Ils dénoncent vertement le cinéma, ce divertissement de plus en plus populaire. Monseigneur Gauthier, qui remplace l'archevêque en poste, monseigneur Bruchési, retenu par la maladie, réclame une loi interdisant l'accès des cinémas aux enfants âgés de moins de seize ans.

Dans l'antichambre du frère André, cet hiver-là, on ne parle plus que du sinistre et des pauvres enfants brûlés vifs. Mais la vie continue, au « bourreau » comme ailleurs.

Cette année-là, le petit frère, âgé de quatre-vingt-deux ans, se montre plus nerveux, plus prompt que d'habitude. Il s'impatiente souvent. Mais aussitôt après, il regrette son comportement. Personne ne lui en veut. On connaît trop son grand cœur.

Sœur Joseph-des-Chérubins en sait quelque chose. Préposée au service de l'Oratoire, il lui arrive d'être menée rondement par le petit frère. Et l'instant d'après, le voilà tout miel quand elle lui présente un petit sac de médailles de saint Joseph. Il les jette sur la table, les frotte avec ses deux mains et les remet une à une dans le petit sac. La sœur a déjà oublié les grognements du frère André en pensant à la joie qu'elle procurera à ses parents à qui elle donnera des médailles que le thaumaturge a touchées de ses mains.

* * *

Des voleuses ! Voilà ce que le frère André pense des religieuses qui l'entourent.

Il s'est longtemps tu, de peur de les accuser injustement. Mais aujourd'hui, il n'y a plus de doute possible : les sœurs chargées de l'entretien des vêtements de la communauté ont coupé les glands du cordon de sa soutane.

Cette fois, le vase déborde. « Il y a toujours des limites ! » marmonne le frère en se rendant au bureau du père Clément pour le supplier de faire cesser cette pratique absurde.

— Oui, ce sont des voleuses. Et je me demande comment elles peuvent concilier cela avec leur vœu de pauvreté.

Le père Clément essaie de le calmer. Mais l'indignation du petit frère est forte. Il présente une vieille camisole à son supérieur en insistant pour qu'elle soit brûlée comme tous ses vêtements usés :

— Si je la donne aux sœurs, elles vont la couper.

Quand le frère André monte sur ses ergots, les religieuses n'en sont pas à leur premier subterfuge pour s'approprier les vieilles hardes du thaumaturge. Elles ont plus d'un tour dans leur sac. C'est pourquoi le frère André décide de prendre les grands moyens pour mettre le holà : interdiction formelle à qui que ce soit de mettre les pieds dans sa chambre. Dorénavant, il se chargera lui-même de l'entretien et du raccommodage de ses vêtements.

Sa lessive ? Désormais il la fera faire à l'extérieur. Madame Fabre, la femme d'Adélard, a offert de s'en occuper. Et puis, elle sait coudre. Elle assure qu'en prenant deux anciennes soutanes, elle peut en confectionner une nouvelle tout à fait convenable.

Évidemment, la solution est boiteuse. Mais elle a l'avantage de couper court aux agissements malvenus des sœurs. Quand on pense qu'elles sont allées jusqu'à couper un morceau de cuir à son chapeau. Ses rognures d'ongles, ses cheveux coupés, tout y passe.

— Dites-moi donc, bougonne le petit frère irrité, qu'est-ce qu'elles peuvent bien faire avec mes cheveux ? Je n'en ai pourtant pas assez pour me faire un oreiller !

Chapitre 15

Les femmes, c'est du poison

Coiffé de son éternel chapeau ecclésiastique à fond arrondi et à larges bords, le frère André est prêt pour le départ. Il a jeté une pèlerine sur son pardessus, car le temps s'annonce inclément en cette fin d'octobre. À la main, il tient sa lourde valise de cuir, fermée à clef.

Après une heure d'adoration à la chapelle, le petit frère s'installe dans l'automobile à côté du chauffeur. Le voilà en route vers les États-Unis. D'habitude, le voyageur ne s'arrête pas durant le trajet, sauf pour prier à l'église et uniquement s'il a de l'avance. Pour gagner du temps, il apporte quelques croûtons de pain et un thermos de café qu'il avale en cours de route.

Mais ce jour-là, le frère André consent à faire un détour pour rendre visite à son vieil ami Jules-Aimé Maucotel, qui le réclame. Il doit subir une intervention chirurgicale grave et a une peur bleue de mourir sur la table d'opération.

— Mais non, rassure le frère, vous ne mourrez pas. J'ai encore besoin de vous.

* * *

Avant même qu'il ait franchi la frontière américaine, la nouvelle de l'arrivée prochaine du frère André au Massachusetts s'est répandue comme une traînée de poudre.

Arthur Marcil et son épouse, des amis de longue date, ont décidé d'organiser un dîner en son honneur. Plus de mille personnes défilent dans le chic hôtel d'Holyoke, ce soir-là.

Grands malades, curieux, parents éloignés se côtoient dans les couloirs et à l'entrée de la salle de réception. Les journalistes du *Evening Journal* et du *United Press* de Holyoke sont de la partie.

Quelle épreuve pour le frère André ! Pendant la manifestation publique, il souffre le martyre. Ses aigreurs d'estomac le tenaillent. Les traits de son visage et sa pâleur extrême trahissent sa douleur. Pour échapper au harcèlement de la foule, il cherche un refuge. Peine perdue : on le pourchasse jusque dans sa retraite. Il éponge la sueur qui coule sur sa joue. D'une voix faible et tremblotante, il réclame une chaise. Mais avant que l'on approche le siège, il s'écroule.

« Le frère André a fait une syncope », entend-on dans la foule. Consternés, les invités sont partagés entre le désir sincère de voir le thaumaturge recouvrer ses forces, la peur que sa faiblesse ne lui soit fatale et… la volonté égoïste de le rencontrer, de lui parler, de le toucher.

Le lendemain, l'inquiétude plane de plus belle quand on s'aperçoit que le frère n'assiste pas à la messe. Le médecin, appelé à son chevet, donne des directives sévères : repos complet et visites interdites pour une durée indéterminée.

Passant outre l'ultimatum du médecin, la foule, n'écoutant que ses intérêts personnels, force la porte d'Orner Bessette, le cousin chez qui le frère André se repose. Il faut bientôt l'extraire à l'insistance des visiteurs déraisonnables. Un taxi reconduit le frère au couvent des Passionnistes de Springfield, où la convalescence est enfin possible.

* * *

Après Springfield, le frère André s'arrête à Putman. Il arrive chez ses amis, les Gilman, le visage rougi par la fièvre. Il tremble.

Son hôte, Alexander Gilman, un Écossais d'origine, l'invite à s'asseoir dans un fauteuil moelleux pour reprendre son souffle. Il refuse, préférant la petite chaise droite, tout près de l'entrée.

«Il n'en mène pas large», pense monsieur Gilman qui cherche à distraire son invité pour lui faire oublier son mal.

— Même en voyage, vous portez la soutane, lance-t-il moqueur. Je sais bien pourquoi vous la portez toujours. C'est parce que vous avez les jambes croches!

Le petit frère esquisse un sourire. Il apprécie les efforts de son ami. Mais il songe à se retirer pour se reposer.

— Je vous ai préparé une belle chambre, annonce madame Gilman, qui ajoute, sur un ton énergique: il va falloir vous coucher et dormir.

À chacune de ses visites, le frère André subit les réprimandes de madame Gilman; elle sait que son invité passe la nuit à prier et à marcher de long en large dans la chambrette à l'étage.

Après quelques jours de détente et de solitude, le frère André retrouve peu à peu son entrain. Il demande des nouvelles de tout le monde et s'intéresse à chacun.

— Comment vont vos affaires? monsieur Gilman.

— Pas trop mal.

Alexander Gilman tient un salon mortuaire. Les Américains n'exposent plus leurs morts à domicile. Ils préfèrent faire appel aux services qu'offrent maintenant les embaumeurs professionnels. Monsieur Gilman montre du geste la porte fermée dans un coin du salon. Derrière, se trouve justement un mort, étendu dans son cercueil.

— Vous n'avez pas peur des morts, au moins? demande-t-il à son invité.

— Pas du tout. J'ai enseveli des morts autrefois.

— Vous deviez avoir la chair de poule, fait l'entrepreneur en pompes funèbres.

— Une fois, j'ai eu peur des revenants, raconte le frère André. Il faisait un gros orage. Il fallait que j'aille fermer les fenêtres. Au moment où j'y allais, j'entends frapper dans la fenêtre. Or, il y avait un de mes confrères qui se mourait. J'ai pensé que c'était lui. Je me suis dit : il faut que j'aille voir.

Le petit frère se revoit, cinquante ans plus tôt, courant pieds nus dans les corridors du collège Notre-Dame. Il tremblait devant l'inconnu.

— Mais, ajoute-t-il dans un éclat de rire, c'était mon chat.

* * *

Pendant que le frère André regagne Montréal après des vacances tumultueuses, ponctuées de « repos forcés », le *Hudson News* de Jersey City propose à ses lecteurs une caricature grossière et insultante du thaumaturge. On l'aperçoit, grotesque, portant un col romain et tenant à la main une croix.

S'il a vu le dessin hideux, le frère André n'en parle pas. À peine rentré de voyage, il reprend son horaire rigide. « À chaque jour suffit sa peine », dit l'adage. C'est bien ce que pense le petit frère qui, certains après-midis, en a ras le bol.

— Sortez ! vous êtes un voyou ! lance-t-il, vexé.

L'Américain sort du bureau en claquant la porte. Il affiche un sourire forcé. « Il rit jaune », pensent les visiteurs assis dans l'antichambre. Qu'est-ce qui a bien pu se passer ? À peine l'homme à l'allure fanfaronne avait-il ouvert la bouche que le frère André lui avait montré la porte :

— Dehors !

Léopold Lussier, une nouvelle recrue du frère André qui remplace son gardien habituel, observe la scène. Après le départ de l'Américain, il se précipite dans le bureau et s'informe :

— Qu'est-ce qui a qui va pas ?

Le frère André paraît chaviré. Il s'éponge le front, reprend son souffle et raconte à son ami Léo l'audace du dernier visiteur. Imaginez-vous qu'il a eu le culot de demander au thaumaturge comment il s'y prend pour guérir :

— Êtes-vous magicien ou hypnotiseur ?

Léopold Lussier est inquiet. Depuis qu'il s'est improvisé garde du corps du frère André, il en a vu de toutes les couleurs. Certains menacent le thaumaturge parce qu'ils n'ont pas été exaucés. D'autres lui en veulent parce qu'il a plu le dimanche précédent. Léo a même entendu quelqu'un dire :

— On va faire sauter la crypte à Noël pendant la messe de minuit.

Le frère André est souvent chaviré par l'agressivité des visiteurs. Mais jamais il ne s'est mis dans pareil état.

— Frère André, je pense que vous seriez mieux d'aller vous reposer dans votre chambre.

Le frère acquiesce à la suggestion de Léo. Il est trop bouleversé pour continuer sa journée. Son ami marche à côté de lui dans le corridor ; voyant le frère vaciller sur ses jambes, il le prend dans ses bras et le porte jusqu'en haut de l'escalier. « Il pèse une plume », pense-t-il en lui-même.

— Allez-vous me frictionner ? demande le frère André.

— Vous n'aimez pas mieux que ce soit un père qui vous frotte ?

— Non, j'aime mieux vous. Les pères, je ne veux pas les achaler.

La friction soulage le vieillard. Mais, seul dans sa chambre, après le départ de Léo, il se fait du mauvais sang. Le jour qui s'achève défile sous ses yeux. Il regrette amèrement ses sautes d'humeur.

Bien sûr, la journée a été harassante. Les choses sont allées de mal en pis. Et l'incident mettant en scène l'Américain effronté a été, somme toute, la goutte qui a fait déborder le vase.

Mais pourquoi n'arrive-t-il pas à garder son sang-froid ? Il a déjà avoué ses impatiences à un prêtre.

— Avez-vous fait exprès ? lui demanda alors le père Labonté.

— Non, mon Père.

— Alors ne vous inquiétez pas.

Rien n'empêche que le frère se sent triste quand il rabroue un visiteur. Il s'est juré de se montrer vigilant. Pourtant, cet après-midi, il a succombé une fois de plus quand une femme autoritaire lui a posé un ultimatum :

— Je ne partirai pas d'ici tant que je ne serai pas guérie !

— Madame, a répondu froidement le frère, vous êtes allée consulter un ou deux médecins, vous avez payé votre consultation et l'on ne vous a pas guérie. Ici, on ne demande rien pour votre consultation. Le bon Dieu vous doit-il quelque chose ?

— Oui, a-t-elle répliqué, mordante. Car je vais communier tous les matins.

Le frère avait regardé la visiteuse avec lassitude. L'injustice du reproche l'indignait mais, franchement, il était trop épuisé pour s'emporter.

— Eh bien, avait-il ajouté pour clore le débat, si le bon Dieu vous doit quelque chose, demandez-lui vous-même de vous rembourser. Je ne suis pas chargé de collecter à sa place.

Et vlan ! La visiteuse s'était fait clouer le bec. Il faut dire que les femmes lui tapent sur les nerfs avec cette façon qu'elles ont de parler sans arrêt pour raconter des niaiseries.

— Si les gens comprenaient comme ce n'est pas agréable pour moi de rester de longues heures à entendre leurs plaintes, ils seraient plus brefs dans leurs questions.

Le visiteur suivant n'avait guère eu plus de chance. Quand cet aveugle se présenta devant le frère, il fut accueilli froidement. Le frère André avait deviné que la situation maritale du malheureux était immorale.

— Ce n'est pas chanceux, avait-il fait, de venir demander des miracles avec la femme d'un autre.

Une autre flèche décochée. Plus que tout autre, Azarias Claude redoutait les mouvements d'impatience du frère. Il s'arrachait les cheveux quand il entendait la clochette sonner frénétiquement et voyait un client sortir penaud. Il lui arrivait alors de le consoler. Il l'encourageait à se présenter à nouveau devant le thaumaturge à la fin des entrevues. Une fois sa journée terminée, expliquait-il au visiteur déçu, le petit frère se sent moins nerveux.

— Et puis, ajoutait-il, je lui dirai un bon mot pour vous.

* * *

Le frère André frappe délicatement à la porte de la chambre du père Deguire, son voisin. Presque tous les soirs, à pareille heure, il vient faire son tour. Voyant la mine désespérée du religieux, le prêtre demande ce qui ne va pas :

— Les femmes, encore ? risque le père Deguire.

— Elles viennent me conter leurs maux jusque dans les détails sans s'occuper des autres qui attendent. Il m'arrive de les revirer brusquement. Je le regrette après ; mais elles devraient comprendre que je suis extrêmement fatigué.

Mieux que personne, le père Deguire connaît l'horaire chargé du frère André. Lui qui dirige les *Annales de Saint-Joseph* depuis 1923, il a reçu des milliers de lettres de remerciement pour guérisons ou autres faveurs obtenues. Il n'ignore pas non plus que depuis quelques années, le thaumaturge reçoit quarante visiteurs à l'heure.

Un homme ainsi pressé comme un citron, sollicité de part et d'autre, a certes le droit de manifester son impatience de temps à autre.

Le frère André éprouve une grande joie à se confier au père Deguire. Il se vide le cœur. Ce sont les femmes court-vêtues qui le mettent hors de lui. Comme cette jeune fille indécente qui l'a abordé aujourd'hui.

— Frère André, s'était-elle écriée, guérissez maman. Tous les jours je suis obligée de lui faire des massages.

À sa vue, le frère André bouillait de rage. La tête basse, «pour ne pas voir de méchantes choses», il lui avait répondu brusquement :

— C'est sans doute pour ça que vous n'avez pas de manches. Vous vous en servez pour la frotter.

Sur le coup, ses répliques mordantes l'apaisent. Plus tard, il les regrette. Les sanglots lui montent à la gorge en pensant à la jeune femme qu'il a mise à la porte en disant :

— Madame, vous vous trompez d'adresse. Allez d'abord vous habiller et vous reviendrez ensuite.

La mine insultée, la jeune femme était promptement sortie du bureau. Dehors, elle s'était examinée de la tête aux pieds.

— Je ne suis pourtant pas inconvenante, avait-elle constaté en cherchant l'approbation de son entourage.

— Nous autres, avait fait une visiteuse pour l'encourager, nous n'avons pas d'égards à attendre du frère André.

L'été, l'exaspération du frère atteint son comble. Les femmes arrivent alors en blouses décolletées et en jupes courtes. Quand il parle de ces esclaves de la mode, le petit frère a une expression fort imagée : elles sont, dit-il, «bas du haut et haut du bas.»

Scandalisé, il grogne :

— Prenez une médaille de saint Joseph et frottez-vous jusqu'à ce que le linge repousse.

Non, il ne se gêne pas pour gronder ces intrigantes. Les femmes, avouons-le, sont de moins en moins soumises à cette époque. La guerre les a sorties du foyer. Certaines comptent maintenant demeurer sur le marché du travail. À Montréal, on copie la mode américaine et française. Après la crinoline de guerre, cette jupe courte et large portée avec des bottes d'allure militaire qui a fait scandale en 1916, on a assisté à l'apparition du décolleté en pointe accentué par un col légèrement relevé. En même temps qu'elles découvrent le genou, les femmes s'enfoncent le chapeau cloche sur la tête de manière à cacher la quasi-totalité du visage. Les vamps du cinéma muet, cette calamité tant dénoncée par monseigneur Bruchési, ne sont pas étrangères à l'engouement pour ces « idées folles ».

De nombreux prêtres et religieux partagent les vues du frère André sur la mode féminine. Du haut de la chaire, les curés déplorent les excentricités de la mode qui vont à l'encontre de la morale, en ces années d'après-guerre qui voient les femmes s'émanciper. Mais le frère André prend ombrage de la tenue vestimentaire des femmes comme s'il courait un danger. Le père Deguire réfléchit. Peut-être faut-il creuser dans le passé pour comprendre l'immense froideur du frère à l'égard des femmes.

— Frère André, au début, vous est-il arrivé de frictionner les femmes malades ?

— Oui, répond honnêtement le frère André. Je l'ai fait de temps à autre, mais toujours en présence de la famille. Puis le père Dion m'a dit de ne plus le faire. J'ai aussitôt cessé.

C'est donc ça : la peur de désobéir, mêlée à la hantise du péché. Il faut remonter loin pour comprendre sa croisade en faveur de la pudeur. La réputation du frère André a eu à souffrir des allusions à son intégrité et à son sens moral.

* * *

C'est un fait : un rien scandalise le petit frère. Il faut donc trouver une solution au problème. Ça ne peut plus durer. Les femmes se plaignent. Plus souvent qu'autrement, le thaumaturge les reçoit en colère : « Est-ce là votre costume de bain ? » demande-t-il, mordant. Ou encore : « Avez-vous oublié votre robe ? »

Il a une façon de tourner le dos aux visiteuses légèrement vêtues qui devient gênante pour les uns comme pour les autres.

Monsieur Claude a reçu des ordres stricts : inutile de laisser entrer les personnes « immodestes », elles ressortiront tête première. Le gardien se sent partagé, lui qui déteste les scènes. D'un côté, il comprend le frère André. Après tout, on ne se présente pas devant un religieux dans une tenue légère.

— Les femmes, lui répète le frère, c'est du poison.

Mais d'un autre côté, il ne faut pas être plus catholique que le pape. Il a un serrement de cœur en voyant une malheureuse repartir en larmes parce qu'elle vient d'être expédiée rondement par le frère. Que faire ?

— Si on déposait des capelines sur les épaules des femmes ? propose quelqu'un.

L'idée n'est pas mauvaise. On la met en pratique et voilà le problème réglé. Le petit frère n'est certes pas dupe du subterfuge, mais il paraît comblé. La modestie est sauve. Il peut dès lors relever les yeux.

Reste la délicate question de la tenue vestimentaire des employées du magasin. À plusieurs reprises, le frère a insisté auprès de la responsable pour que les vendeuses ne portent pas de bas de couleur trop claire. Madame Cousineau-Caron a promis de l'exiger une fois pour toutes :

— Ça ne se reproduira plus.

S'il accorde dorénavant quelque répit aux femmes de son entourage, le frère André n'en continue pas moins de s'acharner contre les couples qui se promènent enlacés dans les sentiers de la montagne. Étendus sur l'herbe, à la brunante, les jeunes gens semblent plus intéressés à se bécoter qu'à prier.

— Déguerpissez ! ordonne le petit frère qui fait sa tournée nocturne avant de se retirer.

Ses yeux de lynx repèrent les sans-scrupules. Surpris dans des postures «pas trop catholiques», les couples disparaissent dans la nuit. Ni vus, ni connus… jusqu'au lendemain soir à pareille heure. Le petit frère les surprend, mais il ne leur fait plus peur.

* * *

Le dîner chez les Pichette est toujours copieux. C'est un repas solide sans apparat. Tout est délicieux et il y en a à profusion.

Ce dimanche-là, pourtant, Madame Pichette s'est mise en frais. Monseigneur Victor Fabre, un prélat français, dîne à la maison. Depuis quelques semaines, l'évêque, expulsé du Mexique, parcourt le Québec, racontant les horreurs dont les communistes se rendent coupables dans ce pays lointain. Il faut se rappeler qu'à l'époque, le communisme jette l'effroi dans l'esprit des catholiques.

Les Pichette ont invité le frère André à se joindre à eux, mais il est retardé. Il viendra plus tard, après avoir visité ses malades.

Après le Bénédicité récité par monseigneur Fabre, on attaque le poulet, les pommes de terre en purée et les petits pois. Dollard, le fils adoptif de Joseph Pichette, dévore à belles dents la cuisse dodue sans se soucier de l'important personnage assis près de lui.

Joseph Pichette a hâte de présenter son vieil ami, le frère André à l'évêque français. Il ne tarit pas d'éloges à son endroit.

— Je l'ai connu en 1911, raconte-t-il. J'avais vingt-quatre ans. Il m'a guéri : je souffrais de troubles d'estomac avec complication cardiaque. Mais ça a été long. Des fois, ma femme et moi attendions quatre ou cinq heures à l'Oratoire avant de voir le frère André.

Madame Pichette renchérit. Elle parle de la disparition d'un chancre au pouce qui a tant fait souffrir son mari.

— Ce jour-là, nous avons pleuré et le frère André nous a demandé : « Pourquoi est-ce que vous pleurez ? Vous n'êtes pas fâchés, toujours ? »

Monseigneur Fabre est tout oreilles. Les Pichette n'en finissent pas de raconter les merveilles dont ils ont été témoins. Albertine Pichette parle de l'occlusion intestinale qui l'affligeait et qui disparut miraculeusement. Joseph passe ensuite à la guérison de sa sœur Auréa.

— Cette fois-là, on a eu peur pour vrai. Je lui ai dit : « Frère André, ma sœur va mourir. » Il m'a répondu : « Elle ne mourra pas. Et qu'elle ne se fasse pas opérer. C'est saint Joseph qui va l'opérer. » Ma sœur avait alors trois côtes complètement cariées. Eh bien, deux mois plus tard, les os et la chair avaient repris. Aujourd'hui, elle est en pleine forme ; elle a retrouvé son métier de couturière.

Le prélat veut en savoir davantage sur ce mystérieux frère André. Quel genre d'homme est-ce ?

— Un homme drôle, insiste Joseph Pichette. Je vais vous raconter un fait. Je n'y étais pas lorsqu'il s'est produit, mais le père Clément m'en a parlé longuement.

«Un homme s'était fait écraser les deux pieds, au point que seule la peau semblait les tenir attachés au corps. Il avait été transporté à l'Oratoire et pour ce faire, on lui avait mis les pieds dans deux boîtes de bois pour qu'il soit possible de le porter sans le faire souffrir.

«Le frère André s'est mis à le frictionner, par-dessus ces boîtes de bois. Le père Clément lui dit, en le voyant faire :

— Qu'est-ce que vous faites là ? Croyez-vous qu'en frottant sur ces planches, vous allez lui faire pousser les pieds ?

«Le frère André a continué ainsi pendant deux ou trois jours. Puis, il dit à son malade :

— Maintenant, nous allons enlever ces boîtes, je crois que vos pieds vont bien.

«Il ouvrit les boîtes et les pieds étaient guéris.» Les Pichette pourraient parler du frère André pendant des heures. Personnellement, il leur arrive encore d'être malades et de souffrir, mais au moins, leur santé leur permet de vivre, de travailler et de prier normalement.

— On peut remercier bien gros le bon Dieu, conclut Joseph Pichette.

* * *

Le frère André tient sa promesse. Après avoir visité ses malades, il arrive chez les Pichette. Il a beaucoup entendu parler des malheurs qui s'abattent sur le Mexique depuis quelques années et tient à en parler avec monseigneur Fabre. En général, il s'intéresse peu à l'actualité. Mais si quelque part dans le monde, des hommes souffrent, il s'en émeut au point de pleurer.

Monseigneur Fabre a été chassé du Mexique comme bon nombre de religieux catholiques. La révolution mexicaine a obligé l'Église catholique à reculer. Le gouvernement du président Calles a adopté des lois anticléricales. Depuis 1924, les prêtres ont dû cesser tout service religieux. Des Créoles catholiques se sont insurgés, ce qui a provoqué une véritable persécution de l'Église.

L'évêque expulsé porte sur son corps les marques de ces massacres sanglants. Pendant qu'il célébrait la messe, les communistes l'ont frappé au bras et à la jambe.

En rentrant à l'Oratoire, ce soir-là, le frère André n'arrive pas à chasser de son esprit les horreurs que monseigneur Fabre lui a racontées. Dès lors, il n'oubliera jamais dans ses prières la menace communiste qui pèse sur le monde entier.

* * *

Tôt le lendemain matin, le petit frère réclame les services d'un chauffeur.

Son médecin est au plus mal. L'automobile s'arrête devant une maison cossue du Carré Saint-Louis. Le frère André en descend. Il monte à la hâte l'escalier. La porte s'ouvre avant même qu'il ne sonne. On le conduit directement au chevet du docteur Lionel Lamy. La diphtérie continue ses ravages. Le sérum qu'on lui administre ne fait plus d'effet.

— Il paraît que vous êtes malade? demande le frère André qui reprend son souffle. Je vais vous faire une frotte.

Le petit frère frictionne vigoureusement la gorge du malade pendant un bon quart d'heure.

— Courage, dit-il, ayez confiance en saint Joseph.

Les jours passent et le médecin prend du mieux. Moins d'une semaine plus tard, le malade est sur pied, complètement rétabli. Il vaccine lui-même toute sa famille.

De passage dans les environs, le frère André s'arrête pour prendre des nouvelles du docteur.

Il est accueilli par un homme en excellente forme qui lui dit :

— Restez donc à souper, frère André. Approchez-vous une chaise.

Pourquoi pas ? La soupe aux pois de madame Lamy est la meilleure en ville. Après le repas, les deux hommes s'installent dans le salon. Le petit frère se berce, tout en parlant du bon Dieu.

— C'est vous qui avez l'air abattu, frère André, remarque le docteur Lamy. On dirait que vous ne dormez pas assez.

Le petit frère hoche la tête tristement. Après un silence, il explique :

— Le diable a été après moi toute la journée. Vous devriez prier pour moi.

Ah ! ces tentations contre la chasteté, comme elles le font souffrir ! Comme elles l'épuisent aussi :

— Quand j'ai des mauvaises pensées, je turlutte ; ça passe. C'est la prière qui le sauve.

La soirée s'achève. Le frère André a retrouvé son entrain. Il n'a pas l'habitude de s'apitoyer sur son sort. Sa nature joviale l'emporte. Après son départ, madame Lamy range les couverts du souper. Sous l'assiette de son mari, elle découvre un billet mystérieux.

Intrigué, le docteur Lamy déplie la feuille et lit : *Que pensez-vous d'un médecin qui se fait guérir par un charlatan ?*

Chapitre 16

Misère noire!

Vingt-six octobre 1929. L'Amérique ne parle plus que du krach économique. En ce «jeudi noir», comme on l'a surnommé, les actions tombent à une vitesse vertigineuse à la Bourse de Wall Street. Mais la grande dépression, qui prend son départ à New York, se propage vite à travers le Canada et les États-Unis.

Ruine et chômage: deux mots qui sont sur toutes les lèvres. Chez nos voisins du Sud, les ventes d'automobile ont diminué de moitié en trois mois. Personne n'achète à crédit. La panique gagne surtout les citadins. Les nouvelles qui parviennent de Nouvelle-Angleterre, là où bon nombre de Québécois ont de la parenté, ne sont guère encourageantes: le textile s'effondre. Les filatures ferment leurs portes. On ne sait plus à quel saint se vouer.

Un millionnaire new-yorkais en mauvaise posture financière s'accroche à un dernier espoir: le frère André. Il quitte la métropole américaine et se rend à l'Oratoire où il raconte au thaumaturge comment il a perdu toute sa fortune à la Bourse. D'autres hommes d'affaires ruinés se sont jetés en bas des gratte-ciel new-yorkais. Il envie leur courage. Désespéré, il confie au petit frère son projet:

— Je vais me jeter en bas du pont Victoria.

— Quand vous déciderez de vous jeter à l'eau, vous me le ferez dire et je vous aiderai à vous enfoncer.

Surpris, le richissime homme d'affaires reste bouche bée. Écrasé par le malheur, il s'attendait à un peu plus de compréhension. Le frère André profite de ce temps d'arrêt pour lui servir une leçon:

— Vous vous intéressiez au veau d'or ; le bon Dieu vous l'a enlevé. Priez-le donc pour qu'il vous aide à supporter l'épreuve.

Le père Deguire a vu repartir le gros monsieur, cigare au bec. Même ruiné, il n'avait pas l'air démuni.

— Avez-vous réussi à le consoler ? demande le directeur des *Annales*.

— Je lui ai dit que l'argent, ce n'est rien, mais qu'il doit plutôt s'inquiéter de son âme. Les gens qui ont perdu de l'argent me semblent plus découragés que l'homme qui a la jambe paralysée ou qui souffre du cancer.

Il faut dire que les millionnaires ne comptent pas parmi les plus défavorisés en ce temps de crise économique. Si les gens riches doivent se serrer la ceinture, les couches démunies de la société sont les véritables victimes de l'effondrement financier.

À Montréal, les travailleurs « chanceux » gagnent des salaires de famine : de 4 à 7 $ par semaine pour plus de cinquante heures d'ouvrage. Les autres chôment. À cette époque, il faut se rappeler que l'assurance-chômage n'existe pas. Les gouvernements n'ont d'autre choix que de créer en 1931 le secours direct, l'ancêtre de l'actuelle sécurité sociale, duquel dépend alors 34 % de la main-d'œuvre montréalaise.

On rationne le pain, le lait, la farine, l'huile à chauffage. Pour obtenir le nécessaire, les pères et mères de famille font la queue devant les centres de distribution. Ils obtiennent de la nourriture et de l'huile en échange d'un nombre restreint de jetons.

En ces années difficiles, les chômeurs et les pauvres sont aussi nombreux que les infirmes et les malades dans l'antichambre du frère André. Ce sont souvent les plus démunis qui remettent quelques dollars au thaumaturge pour son œuvre.

— Gardez votre argent, insiste le frère, votre famille en a besoin.

Il accepte parfois l'aumône qu'on lui remet ; mais il n'en fait aucun cas dans ses échanges avec les pèlerins. Si par malheur, un visiteur ouvre son porte-monnaie après la consultation, l'air de vouloir le rémunérer « pour services rendus », le frère André s'en trouve choqué.

En fin de journée, il s'empresse de vider ses poches sur le bureau de son supérieur :

— Cela ne m'appartient pas. J'ai fait vœu de pauvreté, je n'ai pas le droit de le garder.

Il lui arrive même de déposer chez l'économe les sommes d'argent reçues pour l'Oratoire tard en soirée. Monsieur Pichette a déjà tenté de l'en dissuader :

— Il est passé dix heures, frère André. Attendez donc à demain.

Le petit frère lui a alors souri moqueusement et a ajouté :

— Je ne peux pas coucher avec ça... Vous savez, je ne serais pas même enterré dans le cimetière de ma communauté si à ma mort, on me trouvait avec cet argent sur moi.

* * *

L'année 1929 s'achève tout de même sur une note joyeuse. En dépit de la crise économique qui ralentit pourtant les travaux de construction de la basilique, on trouve le moyen d'organiser une cérémonie religieuse pour souligner le 25ᵉ anniversaire de la fondation de l'Oratoire.

Le 19 novembre, des milliers de pèlerins affluent sur le mont Royal. Ils assistent à la messe de six heures trente que chante le père Louis Geoffrion, âgé de quatre-vingt-onze ans. Un quart de siècle plus tôt, ce même père Geoffrion avait dit la première messe dans la chapelle primitive, construite de peine et de misère en haut de la montagne. En cette année 1929, son servant de messe est nul autre que le frère André qui a maintenant quatre-vingt-quatre ans. Plus tard dans la journée, un autre initiateur de l'œuvre de l'Oratoire, le père Benjamin Lecavalier, ancien supérieur du collège Notre-Dame en 1904, dit sa messe, assisté du frère Abondius, le menuisier qui a construit la première chapelle.

* * *

Élégamment vêtu, le ministre de l'Agriculture s'avance en clopinant. Sa jambe lui fait mal. Encore un effort et il pourra s'asseoir dans la salle d'attente du thaumaturge.

Il lui a fallu du courage pour monter voir le petit frère, lui, un homme politique, un érudit, un ministre respecté.

À vrai dire, Adélard Godbout, député de L'Islet, n'a plus le choix. Ce mal de genou qui l'accable depuis l'enfance empire. Tous les médecins consultés sont unanimes : la maladie est incurable.

Adélard Godbout repasse dans sa tête tous les déboires qu'il a subis à cause de sa jambe infirme. Déjà, au Séminaire de Rimouski, pendant ses études classiques, le futur premier ministre du Québec, qu'on surnommait alors «le gros patapouf», s'était écroulé sur le sol au milieu de la récréation. On avait d'abord cru à une acrobatie de bouffon. Mais l'étudiant n'arrivait pas à se relever : son genou s'était démis et il souffrait terriblement. Ce genre d'incident se répéta souvent, tant et si bien que les autorités du collège le renvoyèrent dans sa famille.

Plus tard, au Grand Séminaire, même scénario. Le mal le tenaillait jour et nuit. Les médecins ordonnèrent un nouveau repos complet. À son retour, ses supérieurs firent en sorte que ses activités soient réduites au minimum. Malgré ces précautions, la claudication empira. Il dut bientôt marcher à l'aide de béquilles. L'évêque de Rimouski, monseigneur André Albert Biais, refusait d'ordonner prêtres les jeunes gens de santé chancelante. Il était de ceux-là.

Son mal de genou l'exempta du service militaire. Mais ses adversaires politiques prétendirent qu'il avait choisi la prêtrise afin d'échapper à la guerre. «Pourtant, se disait Adélard Godbout en route vers l'Oratoire, n'eût été ce genou malade, je serais prêtre aujourd'hui.»

Le jeune Godbout opta donc pour l'école d'agriculture de Sainte-Anne-de-la-Pocatière. Mais comment voulez-vous qu'un homme devienne un vigoureux cultivateur avec un tel handicap? On le retrouve donc professeur en zootechnique.

Dans les corridors de l'école où il enseigne, il circule lentement et boite légèrement.

À l'orée de la quarantaine, Adélard Godbout se résigne à subir une intervention chirurgicale au genou. Il n'espère pas la guérison, mais un certain soulagement. La veille de l'opération, une religieuse de l'hôpital lui propose d'aller voir le frère André.

«Pourquoi pas?» se dit Godbout dont la foi est vibrante. Le voilà donc debout, appuyé sur sa canne, en face du petit frère.

— Frictionnez-vous avec la médaille de saint Joseph et faites une neuvaine.

— Mais c'est que… je dois être opéré demain, réplique le ministre de l'Agriculture.

— Quand on n'est pas malade, on ne va pas à l'hôpital, tranche le frère André.

Adélard Godbout redescend la côte du mont Royal. Sa rotule ne le fait pas souffrir. Au lieu de se diriger vers l'hôpital où sa chambre est retenue, il rentre à la maison.

À quelque temps de là, Adélard Godbout participe à une soirée mondaine au *Club de Réforme*. Le centre de ralliement des Libéraux du Québec, situé rue Sherbrooke, à Montréal, est rempli de ministres et de députés. Adélard Godbout raconte à un groupe l'étonnante guérison de l'un de ses amis intimes qui a consulté le frère André. À la fin de son récit, plusieurs politiciens se montrent perplexes. Il y en a même qui ricanent. Avec tout le sérieux dont il est capable, le ministre de l'Agriculture reprend la parole :

— L'homme dont je viens de vous raconter la guérison… c'est moi.

* * *

Après le départ d'Adélard Godbout, le frère André reste songeur. La visite du politicien lui fait penser à son ami Maurice Duplessis, ancien élève du collège Notre-Dame, qu'il n'a pas vu depuis un certain temps à l'Oratoire. Jusqu'à récemment, il assistait à la messe à la crypte tous les mercredis. Mais depuis son hospitalisation, on est sans nouvelles de lui.

Les journaux ont rapporté que le député de l'Opposition, Maurice Duplessis, avait été hospitalisé d'urgence. On l'a opéré pour une hernie à l'hôpital du Saint-Sacrement de Québec. Le plus récent bulletin de santé indique qu'il a fait une hémorragie qui inquiète son entourage. Mais son médecin, le docteur Dufresne, assure qu'il s'en tirera[1].

En attendant l'entrée des prochains visiteurs, le frère André se promet d'offrir une heure sainte à saint Joseph pour la guérison de son jeune ami.

---

1. *Duplessis*, Robert Rumilly, tome 1, page 82.

Madame Cousineau-Caron entre dans le bureau sur le bout des pieds. On dirait toujours qu'elle a peur de réveiller le frère André. Elle chuchote à l'oreille du frère :

— Vous savez, je vous ai parlé d'un couple qui songe à se séparer parce que ça va trop mal dans leur ménage. Eh bien, ils sont arrivés. Voulez-vous que je leur dise de rentrer ?

Le frère André acquiesce sans savoir qu'il assistera lui-même à l'une de leurs disputes. Des cris, des reproches, des larmes. Chacun croit avoir raison. Aucun ne cède. Profitant d'une accalmie, le frère glisse :

— Les querelles de ménage, c'est comme les courants d'air. Pour faire un courant d'air, il faut deux ouvertures. Fermez-en une et vous arrêterez le courant d'air.

À l'intention de l'épouse, le frère André ajoute :

— Cessez de répondre à votre mari, madame, il finira par se taire.

La cordialité du frère détend l'atmosphère. Les époux se parlent maintenant plus calmement. Ils pensent aux répercussions de leur comportement sur la vie de leurs enfants. Au moment de partir, le frère conseille :

— Endurez, priez ; ça ira mieux.

* * *

Au suivant. Une femme se tient debout devant le frère André, appuyée sur ses béquilles.

— Guérissez-moi, ordonne-t-elle.

— Allez-vous-en, réplique le frère du tac au tac. Vous n'êtes pas malade.

— Vieux fou ! lance-t-elle à haute voix.

L'impolie tourne le dos au frère André et sort du bureau en claquant la porte. Les béquilles au bout du bras, elle s'avance d'un pas décidé au milieu de la salle d'attente et prend les visiteurs à témoin :

— Non mais, ça prend un vieux fou ! Vous avez vu comment il m'a traitée ?

Près de la sortie, une patiente suit la scène. Au moment où la visiteuse enragée passe devant elle et s'apprête à ouvrir la porte, elle l'arrête :

— Mais, madame, vous ne vous rendez pas compte que vous marchez sans l'aide de vos béquilles ?

Honteuse, la coupable s'enfuit. Monsieur Claude accourt dans le bureau du frère pour s'assurer que le vieillard n'est pas trop ébranlé par l'insulte.

— Je rencontre beaucoup de difficultés, constate simplement le thaumaturge.

— Frère André, insiste monsieur Claude, êtes-vous porté à vous décourager ?

— Non, fait-il. Il faut prier pour que Dieu ne nous abandonne pas dans nos épreuves et ensuite accepter avec confiance celles qu'il juge à propos de nous envoyer.

Quel courage ! pense Azarias Claude qui entend encore retentir dans son oreille le cri de la visiteuse grossière : « Vieux fou ! ». Lui, il aurait remis l'impudente à sa place ; il ne possède ni l'humilité ni la grandeur d'âme du frère. Dire qu'il l'a guérie malgré son injure !

— Les gens qui se pensent les plus malheureux sont les plus heureux, continue le frère André, enclin aux confidences. Ceux qui souffrent ont quelque chose à offrir au bon Dieu. C'est le bon Dieu qui les fait souffrir… Et quand ils réussissent à s'endurer, c'est un miracle de chaque jour.

* * *

Le frère André vient saluer les ouvriers sur le chantier.

La crypte, vue de l'intérieur. Elle sera bénie le dimanche 16 décembre 1917. Il y aura tant de pèlerins qu'il faudra ajouter des places.

Le frère André et son ami Azarias Claude quittent le bureau pour aller visiter les malades dont les noms apparaissent sur la liste établie par le supérieur.

Devant la cantine construite au tournant des années 1920.

En janvier 1918, on déplace la chapelle que les visiteurs continuent de fréquenter, après avoir vu le frère André. Plus tard, on installe une cantine à côté.

Photo officielle du religieux devant qui défilent des gens venus de partout réclamer la guérison.

Les pompiers de Montréal assurent bénévolement le service d'ordre lors des grandes fêtes. À droite du frère André, le chef des pompiers, Raoul Gauthier, en mars 1920.

Le colonel George Ham, directeur de la publicité au Canadien Pacifique. Bien que protestant, il signe des articles sur l'Oratoire dans la revue *Maclean,* en 1921.

Le frère André part en vacances. Il aura attendu jusqu'en 1915 pour effectuer son premier long voyage. Après, il se rendra régulièrement aux États-Unis et en Ontario.

Le 20 novembre 1921, le frère André est à San Pedro, en Californie, en compagnie de l'Ontarien John Doran.

Avec ses amis américains, à Altadena, non loin de Los Angeles, en 1921.

Le petit frère avec ses amis, les étudiants du collège Notre-Dame.

En Ontario, avec la famille de Narcisse M. Cantin, de Saint-Joseph-du-Lac-Huron, en 1922.

Le 23 septembre 1923, devant le kiosque qui abrite son bureau. Des visiteurs soulèvent leur chapeau pour le saluer.

(8) Les ex-voto.

En témoignage de reconnaissance, les gens guéris laissent leurs béquilles à l'Oratoire. Celles-ci sont disposées dans la chapelle, tout près de l'autel.

En octobre 1925, le frère André visite ses confrères à l'infirmerie provinciale, près du collège. Il a 80 ans.

Jusqu'à la fin, ses jours se déroulent entre la chapelle et le kiosque des visiteurs. On a dû agrandir la salle d'attente, le restaurant et le magasin d'objets de piété.

Le frère André, photographié le
18 septembre 1927. Il a 82 ans.

Depuis 1913, Mgr Fallon, qui traite les Canadiens français
de fanatiques, s'arrête à l'Oratoire pour y rencontrer le frère
André. On les voit ici en 1927.

La salle d'attente du frère André, en 1928.

Le mercredi 30 avril 1930, huit autobus venant du Québec, de l'Ontario et des États-Unis attendent près du bureau du thaumaturge.

Vue aérienne des travaux de la basilique, en juillet 1926. Le va-et-vient des béliers mécaniques et des foreuses est incessant.

Le frère André a pris l'habitude de voyager en train. On le voit ici à la gare.

Le 30 mai 1931, on pose le granit. Malgré la crise qui sévit, les travaux progressent rapidement.

Paul Corbeil a connu le frère André en 1932. Surnommé l'apôtre Jean, il invitait celui-ci à sa maison de campagne.

Avec le boxeur Tom Callary. *Do you want to fight?* demandait le petit frère pour s'amuser.

Le frère André, à 90 ans.

Le père Émile Deguire, à 83 ans. Il fut l'ami intime du frère André pendant une quinzaine d'années.

C'est un homme âgé et malade qui visite les malades, soir après soir.

Lorsque le frère André souffre d'épuisement, son médecin l'envoie à l'hôpital pour le soustraire à ses malades.

Le 6 septembre 1936, Maurice Duplessis, premier ministre du Québec et ancien élève du collège Notre-Dame, assiste à la cérémonie soulignant la fête du Travail.

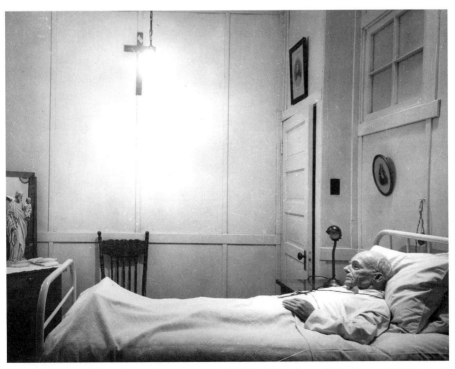

Décembre 1936. Malade, le frère André est transporté à l'hôpital Notre-Dame de l'Espérance, à Saint-Laurent. Il y passera le jour de l'An.

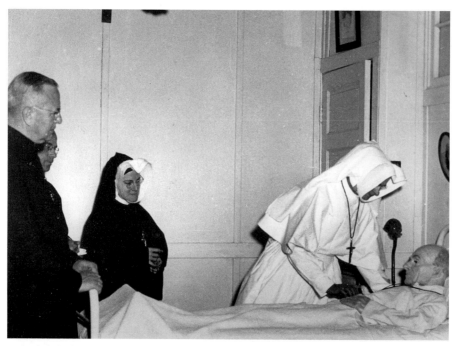

Le lendemain de son admission, le père supérieur Albert Cousineau lui rend visite à l'hôpital. Les médecins lui annoncent que ce sera bientôt la fin.

La nouvelle de l'agonie du frère André fait la manchette des journaux. Elle se répand à travers le monde.

Le 5 janvier 1937, veille de la mort du frère André, ses amis attendent à la porte de l'hôpital pendant des heures.

Les services de transports de Montréal sont débordés. Des trains spéciaux arrivent des États de la Nouvelle-Angleterre et de New York.

Le corps du frère André est placé en chapelle ardente dans la crypte de l'Oratoire. À son arrivée, la foule chante le Magnificat.

Le 9 janvier 1937 a lieu le premier service funèbre du frère André. On voit ici l'entrée du cercueil dans la cathédrale.

Neuf mois plus tard, le dôme dessiné par Dom Bellot devient le point le plus élevé de tous les édifices de Montréal.

Le frère André ne verra pas la basilique terminée. Les travaux s'achèveront le 15 novembre 1937. Le dôme sera recouvert de cuivre et surmonté d'une croix.

Après la mort du frère André, l'Oratoire a reçu des milliers de lettres faisant état de faveurs et de guérisons qui lui étaient attribuées.

L'angélus sonne. Midi. Le frère se sent fatigué. Il compte se reposer avant la reprise du bureau vers deux heures.

— Frère André, un évêque vous demande. Je ne peux pas vous dire son nom. Je ne le connais pas.

Le frère André s'esquive comme s'il n'avait rien entendu. Il n'aime pas ces visites de dignitaires. Elles retardent son travail de la journée. Il préfère voir plus de malades. Il se fait tout petit et file à la cuisine.

Mais l'évêque insiste. Il ne repartira pas sans avoir parlé au thaumaturge :

— Je cherche le frère André et je le trouverai, fait-il en tapotant sa croix pectorale.

Dans les corridors, les religieuses reculent pour le laisser passer.

Au réfectoire, sœur Bibiane s'affaire autour du frère André. Elle lui apporte un plat préparé par la cuisinière spécialement pour lui :

— C'est trop gras, trop riche, grimace le frère en voyant son assiette.

La cuisinière sait qu'il ne digère rien sauf de la farine délayée dans l'eau. Pourquoi s'obstine-t-elle à cuisiner des mets qui ne conviennent pas à son estomac ?

— Qu'elle me fait donc souffrir, cette petite sœur-là ! soupire le frère André.

Le vieillard ferme les yeux et cherche le silence. Sœur Bibiane comprend et quitte le réfectoire discrètement.

— Ah ! frère André, je vous trouve enfin !

Le nouvel évêque de Régina, monseigneur McGuigan, entre en trombe dans la salle. Cette fois, le petit frère ne peut échapper au prélat. Un jeune vicaire frais émoulu fait les présentations.

— J'ai très bien connu votre prédécesseur, monseigneur Mathieu, fait le frère André qui interrompt son repas.

Pauvre monseigneur Mathieu, comme il s'est évertué à ramener la paix dans son diocèse de la Saskatchewan où Français et Irlandais se mènent la lutte ! Chaque fois qu'il était de passage à Montréal, l'évêque de Régina s'arrêtait à l'Oratoire pour faire un brin de causette avec le frère André.

À l'époque, le nationalisme aiguise les passions jusque dans l'Ouest canadien. Henri Bourassa soulève les foules avec ses discours nationalistes que les journaux anglophones rapportent à l'autre bout du pays. Le chanoine Groulx emboîte bientôt le pas. Il publie au Québec *Notre maître le passé*, qui fait couler beaucoup d'encre. Le prêtre ne peut pas militer en politique. Mais l'historien sait animer les mouvements de l'âme et du cœur à l'heure où le débat concernant les écoles françaises en Ontario agite les francophones de tout le pays.

Le frère André sourit au remplaçant de monseigneur Mathieu :

— J'espère, monseigneur, que vos Irlandais ne vous font pas trop de misères.

— Mais, frère André, rétorque le prélat, je suis moi-même Irlandais.

La gaffe du petit frère fait le tour de la communauté. On s'en amuse. Il y a eu méprise, tout simplement parce que monseigneur McGuigan parle admirablement bien la langue française. Né à l'île du Prince-Édouard, il a poursuivi ses études au Séminaire de Québec et à l'Université Laval. Quand il s'exprime en français, on le croirait facilement originaire du Québec.

— Je reviendrai vous voir, frère André, promet l'évêque de Régina en partant.

* * *

Accoudée au comptoir du magasin d'objets de piété, madame Cousineau-Caron observe le frère André du coin de l'œil. Elle se fait du souci pour le vieillard qui s'évanouit de plus en plus souvent au milieu de la journée.

Le voyant si accablé en ce début de matinée, elle s'enhardit :

— Je vais en glisser un mot au père Deguire, décide-t-elle. Il faut absolument faire quelque chose avant qu'il ne soit trop tard.

Le père Deguire, nouvellement nommé recteur de l'Oratoire, déambule lentement dans les parterres fleuris quand la tenancière du magasin l'aborde :

— Je ne vous mens pas, père Deguire, je l'ai vu tomber trois fois en une seule journée. Il s'étend de tout son long entre le presbytère et son bureau.

— Et ce matin, a-t-il l'air mieux portant ? s'enquiert le recteur.

— En arrivant, il paraissait reposé. Je l'ai même entendu chanter des cantiques de sa vieille voix usée. Après, je l'ai vu grimacer. J'ai senti que ça n'allait pas du tout. Il était essoufflé. Je lui ai conseillé d'aller se reposer, mais il a refusé. Il y a beaucoup de monde dans la salle d'attente et il ne veut décevoir personne.

Il est difficile de savoir exactement comment le frère André se sent. Même souffrant, il ne se plaint jamais. Le père Deguire s'est frayé un chemin jusqu'au bureau du frère André pour l'interroger. Entre eux, il n'y a pas de cachette, tout est franc. Le petit frère admet à son confident qu'il a du mal à se tenir debout.

Le père Deguire appelle le docteur Lamy qui examine le malade. Aucun doute ne subsiste : le mal prend de la force. Mais le frère André refuse de quitter son bureau. Il y sera contraint en fin de journée quand on le retrouve appuyé sur sa table, la respiration haletante et les lèvres blanches. Il paraît fiévreux et crache du sang.

À quatre-vingt-huit ans, tout peut arriver. Le docteur Lamy ne cache pas ses inquiétudes. «Pneumonie double» constate-t-il. Le cas est d'autant plus grave que le frère ne s'est pas complètement rétabli d'une crise d'estomac contractée l'année précédente.

Il ne peut plus rien avaler. À peine a-t-il pris quelques bouchées qu'il commence à se frotter l'estomac. Depuis un certain temps déjà, la digestion ne se fait plus.

Le docteur Lamy observe son malade. Les spasmes l'étreignent.

— Avez-vous pris les médicaments que je vous ai prescrits? demande le médecin.

— Non, fait le frère, hésitant, ça allait mieux.

Le médecin hoche la tête. Il parierait sa chemise que malgré ses recommandations, le frère André a continué à épaissir sa sauce avec de la farine.

Un peu de cognac ne ferait pas de tort à son cœur fatigué. Même s'il sait que le petit frère refuse tout alcool, il en prescrit:

— Bon. Je vais vous donner un peu de cognac. Ça fera du bien à votre cœur.

— Prenez-en si vous le désirez. Moi, je n'en veux pas.

Le docteur Lamy se fait sévère: il verse une cuillerée de cognac dans une boisson chaude. À peine dix à quinze gouttes pour stimuler le cœur. Las de discuter, le malade s'abandonne.

Après le départ de son médecin, le frère André s'assoupit. Mais la fièvre ne tombe pas. Au cours de la soirée, monsieur Pichette passe prendre de ses nouvelles. Il monte à l'Oratoire et frappe à la porte de la chambre du frère. Pas de réponse. Il insiste en criant «Frère André». Même silence.

À travers la porte, Joseph Pichette entend la respiration lourde et saccadée du frère. Le malade se lève de peine et de misère et ouvre. Il est méconnaissable. On le croirait à l'article de la mort.

— Frère André, je vous emmène chez moi. Attendez quelques minutes, je cours demander la permission.

Le recteur de l'Oratoire hésite. Le frère André n'est-il pas trop mal en point pour supporter le voyage ? Mais Joseph Pichette n'en démord pas :

—Je lui en ai parlé et il est d'accord. Il a même souri.

Le frère obtient la permission de suivre son ami.

Péniblement, le malade s'habille et se laisse conduire. Les Pichette habitent un logement à l'étage. Il arrive en haut de l'escalier, exténué. Prévenue par téléphone, madame Pichette a préparé sa plus belle chambre.

— Souffrez-vous, frère André ?

— C'est bien difficile de mal digérer, soupire-t-il. Mais il faut offrir ses malaises au bon Dieu. Quand on sera rendu dans l'autre vie, on en sera heureux, on n'aura plus la peine de digérer.

Ce soir-là, le vieillard se couche tout habillé sur ses couvertures. Il doit être à peu près deux heures du matin quand madame Pichette pousse son mari :

— Joseph, réveille-toi, j'entends un drôle de bruit dans la chambre du frère André. J'ai l'impression qu'il se plaint. Va donc voir, je crois qu'il n'est pas bien.

Joseph bondit dans la chambre du malade :

— Ça ne va pas ?

— Je me sens mal, articule le frère André avec peine. Je ne sais pas si c'est un rêve ou la réalité, mais on dirait que le diable est après moi, qu'il cherche à m'étouffer… Voulez-vous me frictionner avec ma médaille de saint Joseph ?

Pendant que monsieur Pichette frotte son ami, sa femme lui apporte un verre d'eau de Vichy.

— Il m'étouffait, reprend le frère en parlant du diable. Il avait le bras passé autour de mon cou.

— Laissez faire, rassure Joseph. On va bien prendre soin de vous.

Le frère André respire mieux. Il se détend enfin. Sa peur s'estompe.

— Vous savez, confie-t-il, on peut désirer la mort pour aller voir le bon Dieu.

— Vous n'êtes pas pressé, reprend son ami, qui ajoute pour le faire rire: j'ai vu ça dans le ciel: à côté de saint Joseph, il y a un beau siège et dessus, il y a un nom. C'est marqué: frère André.

Le petit frère rit de bon cœur:

— Quand même que je ne serais que le petit chien de saint Joseph! ajoute-t-il avant de s'endormir.

* * *

Le frère André faiblit à vue d'œil.

— Pour moi, pense Joseph Pichette, c'est le régime de vie qu'il s'est imposé qui a eu raison de lui.

Quand on lui demande comment il a réussi à vivre aussi vieux avec une santé aussi fragile, il répond:

— Travaillez le plus possible, mangez le moins possible.

Hélas! dans le cas du frère André, cette recette ne vaut plus. Son organisme lâche: maux de tête constants, faiblesses momentanées, nausées, intestins lents…

Le docteur Lamy ne fait ni une ni deux: il exige qu'on transporte immédiatement le thaumaturge à l'Hôtel-Dieu.

— Frère André, on s'en va à l'hôpital.

— Mais je suis bien ici.

— Le père supérieur l'a dit.

— Alors c'est bien. Je suis correct.

L'ambulance s'arrête à la porte de l'Hôtel-Dieu, rue des Pins. Des passants reconnaissent le frère André.

— C'est curieux, remarquent-ils, il guérit les autres et il ne sait pas se guérir.

Sur son dossier, le docteur Lamy note en gros caractères : *Troubles digestifs et hépatiques dus à une mauvaise hygiène alimentaire.* Avant de partir, il fait ses recommandations à sœur Leroyer :

— Rappelez-vous, il doit suivre une diète liquide.

Sœur Leroyer s'attache vite à son malade, un homme si résigné, si patient. Au début, elle hésite à lui confier ses problèmes, de peur de le fatiguer. Mais un jour, elle se décide. Il trouve le moyen de la rassurer :

— Mettez vos intentions par écrit et déposez-les aux pieds de la statue de saint Joseph.

Entre l'infirmière et son malade, les relations sont cordiales, voire chaleureuses… sauf à l'heure des repas. Sœur Leroyer a beau se montrer sévère, rien n'y change : il refuse de manger ce qu'on lui présente et réclame de la farine de blé détrempée dans de l'eau et assaisonnée de sel.

— Mais c'est de la colle que vous voulez, lance la religieuse à bout de patience.

— Oui, c'est de la colle.

Rien ne va plus entre la religieuse qui n'a pas la langue dans sa poche et le frère têtu. Heureusement, entre les repas, le climat s'améliore.

Un visiteur entrebâille la porte de la chambre. C'est l'abbé Duquette.

— Entrez, répond le frère, tout joyeux de voir son vieil ami, le curé de Mattawa, en Ontario.

De passage à Montréal, le curé Duquette a accouru au chevet de son ami en apprenant la nouvelle de son hospitalisation. Volubile, le frère André, qui lui voue une grande confiance, décide de lui confier son secret.

— Sur le mur de ma chambre, j'ai vu, chuchote-t-il à l'oreille du curé, un œil qui me rappelle l'œil de Dieu tel qu'on le voit sur les images pieuses. J'aimerais savoir ce que vous pensez de cet œil mystérieux?

— Et vous, interroge à son tour le curé, comment interprétez-vous cette vision?

— J'en conclus, précise le frère, après une minute de réflexion, que plus on est près de Dieu, plus on souffre.

Les deux hommes parlent longuement de ce mystère qui laisse le frère songeur. En se quittant, ils se serrent chaleureusement la main.

— Monsieur l'abbé Duquette, insiste le frère qui met beaucoup d'amitié dans ses mots, vous êtes le seul avec le père Laurin à connaître mon secret.

* * *

Vingt jours s'écoulent paisiblement entre les quatre murs de la chambre d'hôpital. Quand le docteur Lamy signe enfin son congé, le petit frère n'est pas fâché. Il promet de prendre soin de sa santé et de se reposer.

Mais la vie a continué à l'Oratoire Saint-Joseph pendant la maladie du frère André. Les visiteurs, malades ou amis, ont vite repris leurs bonnes habitudes... ce qui oblige le thaumaturge à reléguer ses belles promesses aux oubliettes. Il n'est pas question de chômer là-haut en cette année 1931.

— Bienvenue, frère André.

Les habitués ont tellement de choses à raconter qu'ils ne savent pas par où commencer. Une nouvelle n'attend pas l'autre:

— Savez-vous que monseigneur Fallon est mort? Il paraît qu'il a laissé beaucoup d'argent pour les écoles françaises de l'Ontario.

— Ah, oui?

— Pour moi, dit l'un, les écrits de l'abbé Groulx l'ont fait réfléchir. On peut dire que son livre *L'appel de la race* a donné un coup de pouce aux francophones de l'Ontario.

— À propos de l'Abbé Groulx, coupe un autre interlocuteur, saviez-vous, frère André, qu'il arrive d'un pèlerinage à Lisieux? J'ai lu ça dans le journal.

L'abbé Groulx a raconté son voyage dans *Le Devoir*. Il a écrit que le nombre de pèlerins qui fréquentent le sanctuaire de Lisieux va croissant. Apparemment, ils seront encore plus nombreux quand la basilique tant attendue sera construite. *Quand ils arrivent par milliers,* ajoute le voyageur, *les pèlerins sont bien à la gêne dans la petite chapelle du Carmel où trois à quatre cents personnes peuvent à grand-peine se tenir debout.*

Le frère André sourit. Ça lui rappelle l'époque où les pèlerins montréalais s'entassaient dans la modeste chapelle primitive.

— Frère André, ça vous choque quand les religieuses coupent vos vêtements en petits morceaux pour en faire des reliques? Eh bien! figurez-vous que l'abbé Groulx fait pareil! Il porte à son cou un reliquaire retenu par une chaînette dans lequel se trouve une parcelle d'ossements de sainte Thérèse, un morceau de vêtement lui ayant appartenu et, tenez-vous bien… un bout de cheveu.

Des coups répétés à la porte obligent les amis à mettre fin à leur commérage. Un homme au visage contorsionné s'avance péniblement.

— Paul ! s'écrie le frère André, en s'apercevant que le visiteur n'est pas dans son état normal.

Paul Corbeil est marchand de meubles à Montréal. Comme il est propriétaire de plusieurs véhicules, il est vite devenu l'un des chauffeurs les plus assidus du frère André. Aussi, en le voyant arriver dans cet état, le vieillard se précipite-t-il au-devant de lui.

Plié en deux, Paul Corbeil explique ce qui ne va pas :

— C'est que... j'ai... une crise d'appendicite.

Le frère André prend une médaille de saint Joseph et s'empresse de frictionner son ami qui se tord de douleur.

— Vous sentez-vous mieux ?

— Non, mais plus mal.

— Alors, s'empresse d'ajouter le frère, ça veut dire qu'il faut appeler l'ambulance et aller à l'hôpital vous faire opérer.

* * *

Pendant que l'ambulance conduit Paul Corbeil à l'hôpital, un homme d'un certain âge s'avance lentement dans la salle d'attente. Supporté par ses béquilles, il traîne tant bien que mal ses jambes inertes.

— Avancez, monsieur Desjardins, venez vous asseoir.

À l'Oratoire, tout le monde connaît monsieur Desjardins. Beau temps, mauvais temps, il se traîne péniblement en haut de la montagne. Il en est à sa vingtième visite consécutive. Chaque matin, même rituel :

— Le frère André est-il sorti de l'hôpital ?

— Non.

— Est-ce qu'il va mieux au moins ?

Tantôt en chaise roulante, tantôt appuyé sur ses béquilles, le malheureux redescend.

— À demain, lance-t-il en faisant un geste de la main.

Monsieur Desjardins part déçu mais non découragé. Il n'est pas venu de si loin pour se laisser abattre au premier obstacle.

— Je reviendrai en Ontario quand je serai guéri.

Voilà ce qu'il a promis à ses compatriotes en quittant Garson, village situé non loin de Sudbury.

Là-bas, on l'aime bien, monsieur Desjardins. Mais, quel homme naïf! Ses médecins ont déployé tant d'efforts pour le convaincre.

— Vous pourrez vivre encore trente ans, ont-ils affirmé, mais vous ne pourrez jamais marcher.

Après treize mois de physiothérapie, c'est à peine s'il réussit à manœuvrer sa chaise roulante.

— Je veux aller à l'Oratoire Saint-Joseph, lance-t-il un jour.

Mais il n'a pas un sou. Tout le village se cotise pour payer son voyage. En arrivant, quelle déception l'attend: le frère André vient d'entrer à l'Hôtel-Dieu. Nul ne sait quand il sera de retour.

Ce matin, en arrivant, les patients lui annoncent la bonne nouvelle:

— Ça y est, le frère André est revenu.

— Allez-y, monsieur Desjardins, insistent tour à tour les autres malades qui se font un devoir de lui céder la première place.

Intimidé, monsieur Desjardins entre enfin dans le petit bureau. « J'espère qu'il ne s'impatientera pas », pense-t-il.

— Vous venez à moi pour vous faire guérir, dit le frère en examinant le malade. Je ne suis pourtant pas médecin.

— Les médecins ne peuvent rien pour moi, réplique le malheureux.

— Oui mais vous n'avez plus de jambes, remarque le frère. Elles sont entièrement desséchées. On ne fait pas marcher ce qui est mort.

— Ça fait 27 mois que je n'ai pas marché, explique tristement l'infirme. Les treize premiers mois, je les ai passés dans mon lit, ensuite sur une chaise roulante.

Puis hésitant, il ajoute :

— Je ne partirai pas d'ici sans être guéri.

Ce genre de répartie a le don de fâcher le frère André. Monsieur Desjardins le sait. Mais sa détermination est plus forte que tout. Il attend le verdict.

— Eh bien, reprend le frère, si tu as la foi, par saint Joseph, lève-toi et marche.

L'infirme se lève et à grand-peine, fait quelques pas. Le frère André l'encourage, lui montrant les exercices qu'il doit exécuter. Les membres paralysés réagissent progressivement. Monsieur Desjardins reprend espoir. Il essaie encore et encore. Des gouttes de sueur coulent sur son visage.

— Assoyez-vous, propose enfin le frère André qui essuie le front mouillé de son malade. Tu es un bon petit gars, fait-il, paternel. Va maintenant prier saint Joseph. Ensuite, tu reviendras me voir.

L'homme sort du bureau. Il laisse ses béquilles derrière lui. Sous le regard étonné de ceux qui, une demi-heure plus tôt, ont vu le paralysé entrer dans le bureau du thaumaturge, il se rend sans aide à la crypte.

— Voilà ce que saint Joseph et le frère André ont fait pour moi ! lance-t-il triomphant en s'agenouillant devant la statue.

Avant de retourner en Ontario, Monsieur Desjardins arrache une promesse au frère André :

— Vous viendrez me voir, j'habite tout près de Sudbury.

* * *

Le frère André tient sa promesse. À la première occasion, il prend la route de l'Ontario où il compte tant d'amis. Aussitôt arrivé à Sudbury, il passe un coup de fil à son vieux camarade, Camil Gravelle.

— Bonjour Canadien français manqué, lance le frère. Je vais aller te voir et nous pourrons causer.

Camil possède de bien belles qualités mais, hélas! il ne sait pas tenir sa langue. À peine a-t-il raccroché le combiné que toute la ville minière sait qu'il attend «de la grande visite». Quand la voiture du thaumaturge s'arrête devant la maison des Gravelle, une longue filée d'invalides se presse déjà à l'entrée.

— Tu as la langue trop longue, reproche le frère. Je vais en couper un bout.

Mais il n'est pas rancunier. Et quand Camil Gravelle implore le frère de secourir sa petite-fille, ce dernier comprend son chagrin.

L'enfant a dix-neuf mois. Sa mère, qui la tient dans ses bras, raconte le drame: six mois plus tôt, la petite s'est approchée de la machine à laver dans laquelle se trouvaient de forts acides pour le lavage des vêtements de travail. L'enfant a avalé du liquide. Quand la mère accourut, il était trop tard. Même les médecins ne peuvent rien pour la petite dont l'œsophage s'est rétréci à la suite des brûlures.

— Elle ne peut avaler que du lait, murmure la mère dont le visage est inondé de larmes.

Le petit frère sort son huile de saint Joseph et s'approche de l'enfant en disant, sûr de lui:

— Cette enfant va guérir.

À quelque temps de là, le médecin qui examine la gorge du bébé déclare:

— Je ne sais pas ce que ce petit homme lui a fait, mais elle est guérie.

Après Sudbury, le frère André fait halte à Ottawa. Il tient à saluer son ami Philias Laurin, le granitier qui a sculpté une si belle statue de saint Joseph. Mais il ignore alors que Philias lui avait tendu un guet-apens : la veille, monsieur Laurin a inséré dans le quotidien d'Ottawa, *Le Droit*, un entrefilet annonçant le passage du thaumaturge. En deux jours, deux mille huit cents personnes se rendent chez Philias pour demander l'aide du frère André.

Avant de quitter la région de la capitale fédérale, le petit frère s'arrête chez sa cousine de Hull. La pauvre femme est aveugle. Elle voudrait bien que son cousin Alfred intercède en sa faveur auprès de saint Joseph. Mais le frère s'y refuse.

— Toi, lui répète-t-il, tu as assez de foi pour supporter ton infirmité. Tu dois l'endurer pour l'amour du bon Dieu. C'est ta vocation.

D'Ottawa, la route est longue jusqu'à Toronto. Le frère André s'enveloppe dans sa pèlerine, en ce mois de novembre d'une grisaille sans fin. Il s'arrête dans chaque village, où on l'attend de pied ferme, résolu à ne pas le laisser repartir sans avoir obtenu certaines faveurs. Il ira jusqu'à Corbeil, cette petite ville qui sortira plus tard de l'anonymat grâce à la naissance des célèbres jumelles Dionne. C'est justement leur grand-mère qui appelle le frère au secours : elle souhaite la guérison de rhumatismes inflammatoires qui la font terriblement souffrir.

Quand le frère André repart, il laisse derrière lui des hommes et des femmes soulagés ; certains sont guéris, les autres se sentent capables d'accepter leurs souffrances. Pour lui, ce qui importe, c'est de leur donner du courage.

* * *

Enfin de retour à l'Oratoire! Le père Clément, qui voit de la lumière dans la chambre du frère, vient aux nouvelles.

— Ça s'est bien passé en Ontario?

— Les gens de l'Ontario sont bien obligeants.

Le frère André raconte sa plus récente mésaventure. Pour rentrer dans la métropole, il avait décidé de prendre le rapide Toronto-Montréal. Par erreur, il monte dans un train allant en direction contraire. Comme il s'étonne de ne pas reconnaître le trajet habituel, il fait part de ses inquiétudes au contrôleur.

— Je vais vous arranger ça, rassure l'employé des chemins de fer.

Le train s'arrête à la station suivante. Le contrôleur explique le problème au chef de gare. Celui-ci prend la valise du petit frère et l'invite à s'asseoir sur la banquette en attendant le passage du «vrai» rapide Toronto-Montréal qui normalement ne s'arrête pas à cette petite gare.

Le chef de gare agite le drapeau rouge, ce qui oblige le rapide à faire une halte imprévue. Il aide le frère André à monter à bord et à prendre place. Et le train repart comme si rien n'était.

— Et me voilà, conclut le petit frère. Oui, ce sont des gens bien prévenants, les Ontariens, qui font arrêter les rapides pour accommoder les voyageurs!

Chapitre 17
À quatre-vingt-sept ans bien sonnés

Raoul Gauthier, le chef des pompiers de Montréal, meurt tragiquement au travail. « Quel homme remarquable ! Quel ami cher ! » pense le frère André appelé sur les lieux du drame.

Vingt et un juin 1932. La voiture de Léopold Lussier, chef de district du service des Incendies, s'arrête dans le port de Montréal, à deux pas des cendres fumantes du pétrolier américain le *Cybeline*. Il ne reste rien du navire qui avait explosé en cale sèche quatre jours plus tôt.

Des agents repoussent les curieux. Monsieur Lussier aide le frère André à descendre de voiture. Un ouvrier essuie la boue qui lui recouvre le visage et fait signe aux deux hommes de s'approcher du fleuve. L'eau est recouverte d'une épaisse nappe d'huile lourde.

L'explosion a causé des blessures à une cinquantaine d'ouvriers qui s'affairaient autour du cargo. Plusieurs ont succombé des suites de leurs brûlures. Les ambulances ont maintenant cessé leur va-et-vient. On n'entend plus le bruit strident des sirènes ; leur hurlement s'est enfin tu. Finies aussi les scènes déchirantes qui ont suivi la découverte des cadavres tantôt partiellement défigurés, tantôt complètement calcinés.

Seul le corps d'un homme n'a pas encore été retrouvé : celui de Raoul Gauthier, le chef des pompiers. Jour et nuit depuis le terrible accident, les scaphandriers fouillent l'eau sous la nappe d'huile. On a déjà repêché le corps de trois de ses hommes. Mais du chef, aucun signe. Des pompiers s'approchent du frère André.

— Vous êtes venu ! dit l'un d'eux, soulagé.

Il est cinq heures. La journée s'achève et les recherches demeurent infructueuses.

— Aidez-nous, supplie un autre homme.

Debout, près de l'eau, le frère André prie. Autour de lui, les passants se recueillent. Il sort de la poche de sa soutane deux médailles de saint Joseph qu'il lance à l'eau. Puis il repart sans dire un mot.

Sur le chemin du retour, les pensées du frère restent fixées sur ce terrible drame. Bientôt, on retrouvera le corps de son ami, le petit gars des bas-fonds de Montréal qui a réussi à se tailler une place honorable. Après avoir débuté comme « mangeur de fumée » au service des incendies, il est monté en grade et s'est distingué par son courage.

Le frère André se revoit assis aux côtés du chef des pompiers, dans le gros camion à incendie d'un rouge rutilant. Les automobilistes se rangent sur le bord de la route au passage du puissant bolide qui emmène le petit frère au chevet des malades.

— Ce n'était pas une traînerie.

Vers 1919, Raoul Gauthier avait commencé à accompagner le frère André chez les hommes et les femmes blessés au cours des incendies. L'un et l'autre en faisaient une question de devoir. Un certain vendredi, le frère André s'en souvient comme si c'était hier, le chef des pompiers arrive à l'Oratoire sur le coup de sept heures.

— Frère André, je viens vous chercher. Il faut que nous allions voir nos malades.

— Impossible, réplique le frère, c'est vendredi. Je reste pour l'heure sainte.

Sous aucune considération, le religieux n'accepte de s'éloigner de l'Oratoire le vendredi. Il fait son chemin de croix et prolonge son heure de prière.

— Mais alors, suggère Raoul Gauthier, si vous permettez, je pourrais faire l'heure sainte avec vous.

À partir de ce vendredi, le chef des pompiers s'arrangea pour être au rendez-vous chaque semaine. Il y amenait ses hommes. C'est lui qui eut l'idée d'organiser avec son équipe de pompiers un service d'ordre à l'Oratoire pour les grandes célébrations. C'est toujours impressionnant de voir ces grands gaillards en uniformes noirs à boutons d'argent, la casquette plate sur la tête. Les uns font circuler les pèlerins pendant que les autres aident les malades, les transportant si nécessaire.

— Pauvre madame Gauthier ! dit Léopold Lussier qui reconduit le frère à l'Oratoire.

— On va arrêter chez elle, insiste le frère.

Léopold approuve la suggestion du frère. La femme du chef des pompiers a besoin d'encouragements. Cette mort l'a frappée de plein fouet, même si elle savait pertinemment que son mari risquait sa vie chaque fois qu'il répondait à une alerte. La voilà maintenant veuve avec quatre enfants en bas âge.

Madame Gauthier apprécie la visite du petit frère. Elle essuie ses larmes et va jusqu'à la commode, ouvre le tiroir et sort une boîte qu'elle tient précieusement sur son cœur. Parmi les papiers qui s'y trouvent pêle-mêle, elle choisit une coupure de journal jauni. L'article de *The Gazette* raconte que le chef Gauthier vient de recevoir une décoration. La veuve tend le bout de papier au frère :

— C'est l'article qui a paru dans le journal quand on lui a remis la médaille d'or du Mérite du Département des Incendies. C'était en 1916.

Une autre fois, en 1910, il avait été question de l'héroïsme de Raoul Gauthier dans le journal : il venait de sauver la vie de cinq personnes emprisonnées dans un immeuble en flammes, au coin des rues McGill et Notre-Dame. Il était allé chercher les individus et les avait transportés un à un jusqu'au bas de l'échelle.

Jamais Raoul Gauthier ne se vantait de ses exploits. «Ti-rouge» comme l'appelaient ses hommes, était plutôt tourné vers les autres. Un mot d'encouragement par-ci, une tape dans le dos par-là, il répétait inlassablement:

— Gardez le sourire!

Madame Gauthier fouille encore dans sa boîte à souvenirs. Elle déplie une lettre:

— C'est la lettre que le supérieur de l'Oratoire, le père Roy, a envoyée à mon mari en 1925. Vous vous rappelez? C'était quelques jours après la fête de saint Joseph.

Le frère André s'en souvient. Dans sa missive, le père Roy exprimait sa reconnaissance au chef des pompiers et à ses vaillants hommes.

— Vous ne savez pas combien cette lettre a touché mon mari.

La veuve se lève, se tamponne les yeux avec un mouchoir de fine dentelle. La triste réalité est là dans toute sa cruauté. La veille de l'explosion, son mari s'était rendu au cimetière de la Côte-des-Neiges où il avait présidé une cérémonie en l'honneur des pompiers morts en service. De sa voix chaude et émouvante, il avait laissé parler son cœur:

— Nous saluons aujourd'hui ceux de nos camarades qui sont morts en accomplissant leur devoir et dans l'exercice de leur terrible métier. Notre tour viendra peut-être ce soir, peut-être demain. Nous devons toujours être prêts…

Tôt le lendemain, il succombait, victime du devoir.

— C'est comme s'il avait senti venir la mort, murmure madame Gauthier dans un sanglot.

La voiture de Léopold Lussier ramène le frère à l'Oratoire. Le chauffeur parle de son chef. On dirait que ça le soulage:

— Frère André, vous souvenez-vous quand «Ti-rouge» lâchait un «Christ de Calvaire»? Vous le grondiez. C'est vous qui lui avez dit de remplacer son juron par «joual vert».

La voiture grimpe la rue Atwater. Quand il a le cœur à rire, le frère l'appelle la rue *Hot Water*. Ce soir, il se sent plutôt fatigué. En sortant de chez madame Gauthier, les deux hommes ont visité quelques malades à Verdun. Le frère André demande à son chauffeur de le déposer à la crypte, car il n'a pas encore fait son chemin de croix.

— Si vous voulez, je vais rester avec vous, propose Léopold.

— Non, refuse le frère, vous avez votre famille à élever. Allez.

Douze heures après la visite du frère André au port de Montréal, le corps du chef des pompiers revint à la surface à quelque trente pieds de l'endroit présumé de sa chute, entre les deux points où le frère avait lancé ses médailles. Quelques jours plus tard, on le porta en terre. Monseigneur Gauthier officia les funérailles à la Cathédrale de Montréal. Avec le temps, peut-être le frère André s'habituera-t-il à l'absence de son ami…

* * *

Il est neuf heures trente. La porte du bureau du frère André est toujours fermée. Depuis quelques semaines, le thaumaturge raccourcit ses journées de travail. Il a quatre-vingt-huit ans. Sur sa porte, on peut lire: *Soyez brefs dans vos demandes.*

C'est le petit frère qui a eu l'idée de placer cette inscription. Il donnerait cher pour que les gens comprennent combien c'est épuisant d'écouter attentivement les longues tirades de certains visiteurs. Surtout les femmes.

— Elles parlent tellement, déplore-t-il. Si seulement elles n'entraient pas dans les détails quand il y a tant de gens qui attendent leur tour.

Ces temps-ci, le frère André a une dent contre les femmes…
surtout celles qui s'affichent publiquement en petite tenue. Il
s'en plaint d'ailleurs au père Deguire.

— Si ça va mal, dit-il, ça dépend de la femme. C'est
effrayant de voir les costumes qu'elles se mettent sur le dos. Il
en est venu une au bureau, je ne vous mens pas, je pensais
qu'elle était en costume de bain. Je ne me suis pas gêné pour
lui dire ce que je pense.

Le père Deguire écoute ; il sait bien que ça soulage le petit
frère de se vider le cœur.

* * *

Dix heures. Le frère André arrive enfin. Arthur Ganz, l'un
de ses nombreux chauffeurs, est déjà là.

— Vous êtes matinal, monsieur Ganz.

Arthur Ganz est commis-voyageur. Il travaille pour le
compte d'une compagnie spécialisée dans les extincteurs.
Entre deux rendez-vous d'affaires, il monte à l'Oratoire pour
voir si le frère André a besoin de lui.

Au début, il observait les allées et venues des malades. Un
jour, il fut frappé par la persévérance de l'un d'entre eux, han-
dicapé, qui frappait à la porte du thaumaturge… pour la
vingt-deuxième fois.

— Je suis fatigué de vous voir, répéta le frère sans embarras, ce sera pour la prochaine fois.

Dans la salle, une trentaine de personnes suivaient le fil
des événements. L'infirme repartit, guéri.

«Mais, c'est impossible, pensait Arthur Ganz en se diri-
geant vers le bureau.» Puis, il bredouilla à l'intention du frère :

— L'homme qui s'en va… Il marche normalement.

— Eh bien, s'il marche, tant mieux !

Il n'en fallut pas plus. Arthur Ganz s'enrôla au service du frère André.

— Avez-vous une voiture ? demanda le frère.

— J'en ai deux.

Arthur Ganz ne s'habitue pas. Depuis qu'il véhicule le frère, il a vu tant de souffrances ! Parfois, en rentrant à la maison, il en a le cœur serré. Dire que les gens bien portants traversent la vie sans même sentir la douleur des malheureux ! Ce matin, en arrivant à l'Oratoire, il a encore en tête la scène déchirante dont il a été témoin la veille à l'hôpital.

L'histoire l'a fortement ébranlé. La petite malade était atteinte de méningite. Elle lui semblait si jeune pour mourir. Quand ils arrivèrent à l'Hôtel-Dieu, le médecin venait de prendre sa température : 105 °F (40,1 °C)

Le frère André s'approcha du lit de l'enfant. Puis, s'adressant au médecin, il dit :

— Docteur, je ne vous crois pas. Cette enfant ne fait pas de température et ne souffre pas.

Le médecin assura le contraire. Il aurait ri, n'eût été la gravité du cas. Prenant le thermomètre, il le glissa sous la langue de la fillette. Étonné, il constata que la température était redevenue normale.

— Frère André, vous avez guéri mon enfant ! s'écria la mère en larmes.

— Madame, reprit doucement le frère, votre enfant va mourir demain entre huit heures et huit heures trente. Elle ne souffrira pas.

— Frère André, frère André, implora la mère, sauvez mon enfant !

— Madame, Dieu seul connaît la destinée de cette enfant. Ne vous opposez pas à la volonté du bon Dieu.

Arthur Ganz a mal dormi ce soir-là. Le petit visage de l'enfant hantait son sommeil. Au petit matin, il s'est rendu à l'Hôtel-Dieu. Il se trouvait auprès de la mère quand le cœur de la petite fille cessa de battre. Il était exactement huit heures vingt.

En quittant l'hôpital, monsieur Ganz file directement à l'Oratoire.

— Frère André, je voulais vous dire que la petite fille que nous avons visitée à l'hôpital hier est morte à huit heures vingt ce matin.

— Je le savais, répond simplement le frère.

* * *

Dans la voiture, Arthur Ganz parle de tout et de rien. Il s'efforce de chasser ses sombres pensées. Il conduit le frère André chez une dame qui habite la rue Sainte-Élizabeth. En descendant de l'auto, le frère donne une tape dans le dos de son ami, ce grand gaillard d'origine suisse allemande au cœur tendre.

— Il n'y a pas que le pape qui a un garde suisse, blague-t-il. Moi aussi.

La famille habite un logis pitoyable. Tout le quartier d'ailleurs fait peine à voir. Des carreaux brisés, des ordures traînant dans les ruelles, là où s'amusent des enfants sales et déguenillés. À l'intérieur, même pauvreté. Les meubles sont rares : quelques matelas grugés par la vermine ici et là sur le linoléum usé. La mère invite le frère à s'asseoir sur l'une des boîtes de bois qui tiennent lieu de chaises. Elle a les traits tirés. Ses quatre enfants, dont deux portent encore la couche, sont malades. Elle n'a plus de médicaments.

Impuissante, elle murmure :

— Je n'ai même pas de quoi les nourrir.

Le frère André l'encourage. Il va prier pour les petits.

— Vous verrez, demain, ça ira mieux.

Le frère se lève. La mère a confiance : les paroles qu'elle vient d'entendre l'ont réconfortée. Vivement, elle se dirige vers l'armoire de cuisine. Elle ouvre une vieille boîte de fer blanc toute bosselée et en sort une pièce de cinquante sous.

— C'est pour vous, dit-elle, gênée en tendant la monnaie au frère André.

— C'est criminel, madame, ce que vous faites là ! Vous manquez de tout et vous m'offrez une aumône.

Arthur Ganz a observé la scène en silence. Ni l'un ni l'autre ne dit mot avant d'avoir pris place dans la voiture. Le premier, le frère ouvre la bouche :

— Il faut faire quelque chose pour cette famille-là.

Sans hésiter, il donne à son chauffeur l'adresse de l'un de ses amis fortunés.

— Je peux compter sur lui. Il s'occupera de faire porter du secours.

Au hasard d'une courbe accentuée de la route, un colis bien enveloppé glisse sur la banquette arrière. Le paquet, assez impressionnant, aiguise la curiosité du passager. Il interroge son garde suisse qui entretient le suspense.

— Ça ? C'est pour vous. Touchez... ça pèse soixante-deux livres.

Intrigué, le frère tâte le paquet sous les yeux enjoués d'Arthur.

— C'est une statue que j'ai fait faire pour vous. Seulement, ajoute-t-il hésitant, il y a eu une petite erreur. La manufacture s'est trompée. Au lieu de faire une statue de saint Joseph, elle a fabriqué une statue du Sacré-Cœur. J'ai décidé de vous l'offrir quand même.

Le frère André paraît content du cadeau mais il ne peut s'empêcher d'ajouter, en remerciant son ami :

— Elle aurait été plus belle si elle avait été une statue de saint Joseph.

* * *

Nouvelle cure de repos en 1934. Pour sa convalescence, le frère accepte l'invitation d'une famille italienne, celle du contre-maître Antonio Valente. Il aime bien les Italiens avec leur petit accent, leur verbe fougueux et leurs gestes à n'en plus finir.

Montréal est la deuxième patrie des Italiens. Ils sont près de 20 000 installés dans le nord de la ville. D'Italie, ils ont apporté certaines coutumes typiques et une foi explosive. À l'Oratoire, ils se sentent chez eux.

Antonio s'est rendu en haut du mont Royal pour la première fois en 1920. Il conduisait sa *mamma* malade au bureau du frère André. Peu après, le voilà lui-même « sur le dos ». Il a attrapé la « picote » comme on dit chez nous. On veut l'hospitaliser. Le frère André lui rend visite avant son départ pour la clinique. Sur le pas de la porte de la chambre du malade, il s'excuse :

— Je n'entre pas. Personnellement, je n'ai pas peur de la picote, mais je craindrais de transporter les microbes chez les malades que j'ai à visiter.

La *signora* Valente n'aime pas l'idée de voir son Tony partir pour l'hôpital. Le frère André la rassure :

— Ce n'est pas nécessaire de l'envoyer à l'hôpital. Vous ne contracterez pas la maladie.

En fait, personne dans la famille n'attrapa la variole. Et Antonio Valente prit vite du mieux. Il se jura alors d'être aux côtés du frère aussi souvent que possible…

En apprenant le surmenage du frère, il lui ouvre donc toutes grandes les portes de sa maison. Le vieil homme paraît extrêmement abattu quand il arrive chez les Valente pour une dizaine de jours.

Les Valente essaient tant bien que mal de remonter le moral de leur ami, écrasé sous le poids du travail quotidien et inquiet à cause des problèmes d'argent auxquels l'Oratoire doit faire face. Depuis la débâcle économique, les travaux sont paralysés sur la montagne. La basilique n'avance plus. Le petit frère vieillit et désespère de voir un jour son rêve se réaliser. Malgré les efforts répétés de ses hôtes, le frère André traîne son vague à l'âme. «Il nous cache quelque chose», songe Antonio.

— Frère André, qu'est-ce qui ne va pas?

Comme un enfant, le religieux fond en larmes. À travers ses sanglots, il confie son chagrin. Depuis le début de l'Oratoire, ses supérieurs l'ont souvent consulté avant de prendre des décisions. Aujourd'hui, personne ne se soucie de lui. Il ne compte plus. Voilà pourquoi il souffre.

Il y a pire: juste avant de partir en convalescence, il a entendu un père s'opposer à ce qu'on lui demande son avis au sujet de l'Oratoire.

— On n'a pas besoin de consulter le frère André, a dit le prêtre, il ne raisonne pas. C'est un vieux fou.

Le mépris du père lui était allé au cœur. Depuis, cette histoire le préoccupe. Après avoir essuyé ses larmes, il regarde la *signora* Valente dans les yeux et lui demande:

— Trouvez-vous que je raisonne comme un fou?

Tout le monde cherche à consoler le vieillard malheureux. La chaleur italienne a finalement raison de son chagrin. Avec le temps, le frère retrouve l'appétit. Au point qu'un matin, il confie à ses hôtes:

— Cette nuit, j'ai manqué faire le voleur.

— Comment ça ? interroge Antonio.

— J'avais faim et j'ai failli voler du pain.

— Mais, frère André, vous saviez où se trouve le pain. Vous n'aviez qu'à vous servir !

— Je n'avais pas votre permission.

Les Valente n'aiment pas que leurs invités se privent. Ça ne doit plus se reproduire.

— Nous allons préparer une collation au frère André, suggère Antonio à sa femme quand ils se retrouvent seuls.

Comme ça, il n'aura plus faim chez nous.

Discrètement, madame Valente dépose sur le bureau de la chambre du petit frère un plateau sur lequel elle place trois tranches de pain séchées et un thermos de café. Elle referme la porte sans dire un mot. Le lendemain matin, le plateau est vide. Le frère André paraît content, mais surpris du geste.

— C'est pour vous empêcher de faire le voleur, badine Antonio.

* * *

Chaque absence prolongée du frère André provoque l'irritation de quelques religieux au sein de la communauté. Les régies, disent certains membres, sont édictées pour tout le monde sans exception. C'est pourquoi le comportement du frère André leur semble inacceptable. Ils n'admettent pas que, pour tout et pour rien, le thaumaturge soit autorisé à séjourner chez ses amis, à «sauter» les prières en commun et les repas pris en groupe alors que tous les autres frères sont tenus à l'obéissance.

Règle générale, les plaintes se retrouvent sur le bureau du père Provincial.

— Je ne veux pas de complications, lance le père Charron en frappant du poing le coin de son bureau.

Décidément, le frère André lui complique l'existence. Tout le monde s'en plaint. Et, en toute honnêteté, il donne raison aux plaignants. Dernièrement, lors de sa visite annuelle des institutions, le père Provincial a pu constater que le frère André n'observe pas les règlements.

— Si un religieux se présentait jamais avec des dispositions comme celles-là, affirme-t-il, on ne le recevrait pas en communauté.

Évidemment, on ne chasse pas un vieil homme comme le frère André. De plus, il est difficile de l'expédier ailleurs, lui qui draine une foule nombreuse à l'Oratoire. Mais il agace, ce petit homme qui se croit tout permis. Son rôle est tellement ambigu. Les fidèles qui vont jusqu'à lui refusent de rencontrer un confesseur.

— C'est le frère André que nous voulons voir, disent-ils.

Ils accepteront d'aller vers le prêtre… si le frère André les y encourage. Le père Charron ne peut tout de même pas lui reprocher son emprise sur les pèlerins.

Néanmoins, il faut comprendre les autres religieux qui crient à l'injustice quand ils voient le thaumaturge partir, sa valise à la main, pour Rawdon, Victoriaville ou Granby… Certains n'ont pas encore digéré son voyage en Californie.

Deux poids, deux mesures ? C'est inacceptable. Voilà maintenant que le curé de la paroisse Notre-Dame-des-Neiges l'accuse de détourner ses brebis de leur église pour les attirer vers l'Oratoire:

— Venez donc à votre église, exhorte le curé Lapalme du haut de sa chaire.

* * *

Le père Charron claque la porte de son bureau. «De nouveaux maux de tête à l'horizon», pense-t-il.

Il vient d'apprendre qu'un groupe de médecins part maintenant en guerre contre le frère André. Ceux-ci lui reprochent de déconseiller l'opération aux malades. De quoi se mêle ce simple religieux?

Le père Provincial a entendu parler d'un cas délicat. Le frère André aurait conseillé aux parents d'une fillette hospitalisée à Hull de ne pas faire opérer l'enfant. Les parents retirèrent donc au médecin l'autorisation déjà accordée et la fillette mourut quelques jours plus tard.

Quelle situation embarrassante! Pourvu que les journaux ne s'en mêlent pas. Le père Charron fait les cent pas dans son bureau en réfléchissant au malheureux geste du frère. Naturellement, rien ne prouve que l'enfant aurait survécu à l'intervention chirurgicale. Le thaumaturge a peut-être voulu lui éviter des souffrances inutiles. Mais tout de même, il aurait mieux valu qu'il s'abstienne.

— Je vais assurément le rappeler à l'ordre. Le père Provincial soupire:

— Si je pouvais donc être enfin relevé de mes fonctions.

Il a accepté ce poste temporairement. Le temps passe et il l'occupe toujours. Le 15 juin, il a écrit au père Donahue, qui est à la tête des pères de Sainte-Croix, à la maison-mère de l'Indiana, pour lui remettre sa démission. La réponse n'est pas encore arrivée.

Pendant que le père Charron se creuse la tête pour savoir comment sortir du bourbier, le petit frère flaire l'agacement dont il est la cause. On le retrouve dans l'automobile de son ami Joseph Pichette qui file vers les malades. À brûle-pourpoint, il interrompt le silence pour dire:

— Monsieur Pichette, priez donc pour qu'on change de supérieur.

* * *

Le hasard a voulu que plusieurs amis et chauffeurs du frère André se trouvent à l'Oratoire en ce jour ensoleillé de la fin de juin. Inévitablement, quand ces rencontres se produisent, les habitués de l'Oratoire parlent du frère André. Ces temps-ci, tout le monde a remarqué combien les attaques du corps médical le tourmentent. Il fait l'objet de calomnies systématiques. Et que dire des insinuations que d'aucuns glissent dans la conversation avec un aplomb confondant.

Les chirurgiens répandent publiquement la rumeur que le frère André soigne les malades avec des moyens fort discutables. Pourtant, jamais celui-ci n'a conseillé autre chose que ce que le bon sens commande. Il suggère aux cardiaques de se frictionner avec une médaille de saint Joseph les bras, les jambes, la poitrine… là où la circulation du sang a besoin d'être ranimée.

Les médecins lui reprochent aussi de déconseiller aux malades de consulter leur médecin.

— C'est faux, affirme Adélard Fabre, le sacristain. Il conseille souvent aux gens d'aller voir leur médecin.

Joseph Pichette lui donne raison :

— À moi-même qui ai toujours été malade, il n'a jamais recommandé autre chose.

Son beau-frère, Dominique Cormier, renchérit :

— Le frère André a insisté, malgré mes désirs, pour que j'aille consulter un spécialiste. Je n'y serais pas allé de moi-même tant j'avais confiance que saint Joseph me guérirait par l'intervention du frère André.

Arthur Ganz a déjà abordé le sujet avec le thaumaturge. Il explique aux amis réunis le point de vue du frère :

— Il m'a dit ceci : « Je comprends que la chirurgie est nécessaire mais je trouve que certains chirurgiens vont trop vite
pour couper des membres et décider d'une opération. »

Tous ceux qui ont vu le frère André à l'œuvre sont d'accord. Parfois il conseille l'opération, d'autres fois, il la décon-
seille. Mais il laisse toujours les gens libres de prendre leur
décision.

Plus que les autres hommes, Arthur Ganz est ébranlé par
les accusations portées contre le frère. Il crie à l'injustice, lui
qui a justement accompagné le frère dans une de ses visites à
l'hôpital récemment.

La veille d'une intervention chirurgicale, le frère avait été
appelé au chevet d'un jeune homme de vingt-huit ans. On
devait lui amputer la jambe.

— Vous devez aimer ça vous faire couper la jambe, lance le
frère. Bah ! ce n'est pas nécessaire. Payez donc votre compte
d'hôpital. Prenez ces médailles de saint Joseph, procurez-vous
de l'huile de saint Joseph et allez-vous en chez vous ; frictionnez-vous. Saint Joseph va vous guérir.

Cinq semaines plus tard, le jeune homme monte à l'Oratoire. Il exhibe sa jambe qui fonctionne comme une neuve.

* * *

Convaincu d'être l'instrument de saint Joseph, le frère
André poursuit sa route. Rien ne doit l'empêcher de soigner
ses malades puisque c'est le rôle qui lui a été assigné.

Malgré les récriminations des uns et des autres, il visite
donc ses malades, soir après soir, sauf le vendredi, bien
entendu. Il a perdu l'un de ses soldats en la personne du chef
Gauthier. Mais depuis peu, un jeune avocat montréalais,
Saint-Georges Morissette, vient lui prêter main-forte. Quand

l'action politique lui accorde quelque répit, l'homme de loi conduit le petit frère aux quatre coins de la ville.

Durant le trajet, Saint-Georges Morissette parle de son parti politique, l'Action nationale. En bon politicien, il explique au frère André les projets de son chef, Paul Gouin, et critique vertement les agissements du gouvernement Taschereau. Le petit frère reste silencieux mais ne perd pas un mot des explications. Il ne se mêle pas de politique, c'est bien connu. Mais un jour, pourtant, il osa émettre une opinion.

— Que pensez-vous de Maurice Duplessis ? demanda-t-il. Il me semble qu'il remplacerait avantageusement le premier ministre Taschereau.

— Surtout pas ! corrige Saint-Georges Morissette qui, sans connaître personnellement monsieur Duplessis, nourrit certains préjugés contre le chef des conservateurs.

Il lui reproche entre autres de désapprouver la politique de colonisation et de réclamer le crédit agricole non politique. Le jeune avocat n'aime pas Duplessis au point de reprendre à son compte les griefs des libéraux. En vérité, Me Morissette n'est pas contre l'union de son parti politique avec les vieux bleus que dirige monsieur Duplessis. Mais il ne veut pas entendre parler de ce dernier comme chef.

Le frère André ne répond pas. La visite des malades commence. Encore une fois, il sillonne les quartiers défavorisés. Il en oublie les enjeux politiques décrits par son chauffeur. Saint-Georges Morissette hoche la tête.

— Quelle misère !

C'est l'hiver et le charbon manque dans les maisons. Le chômage frappe Montréal plus qu'ailleurs. C'est désolant de voir tous ces cultivateurs qui ont quitté leur terre pour s'établir dans la métropole dans l'espoir d'une vie meilleure.

Après le départ de Saint-Georges Morissette, le frère André reste songeur. La conversation qu'il vient d'avoir à propos de son ami Maurice Duplessis lui revient à l'esprit. Peut-être devrait-il parler de Maurice au jeune avocat ? Il pourrait lui raconter ses années de collège. Le frère n'a rien oublié du temps où le jeune Duplessis raflait tous les prix, y compris l'accessit de politesse. Si Saint-Georges Morissette connaissait les antécédents du chef des conservateurs, il serait assurément mieux disposé à son égard.

L'occasion se présente le mois suivant. Le frère André donne libre cours à ses souvenirs de collège. Il parle avec tendresse du jeune Maurice toujours prêt à rendre service. Il raconte à l'avocat avec quel empressement le collégien grimpait quatre à quatre les marches de l'escalier pour aller prévenir les élèves et les professeurs demandés au parloir. À travers les anecdotes transpire toute l'affection qui lie le frère à l'ancien élève du collège Notre-Dame. Une amitié qui ne s'est jamais démentie au fil des années.

Saint-Georges Morissette sourit. L'ardeur du petit frère l'a conquis. Dès les prochains jours, il rencontrera Maurice Duplessis. Et qui sait, peut-être leurs différences s'estomperont-elles ?

Chapitre 18

Guérissez-moi !

Décidément, Joseph Pichette a le don d'arriver au bon moment. C'est, chez lui, une espèce de deuxième nature. Il devine ce qui ne va pas. On dirait que le frère André l'appelle à l'aide.

Pourtant, la journée se déroulait normalement. Les malades défilaient devant le petit frère un peu plus fatigué que d'habitude. Peut-être un peu plus irritable aussi.

— Frère André, je vous en prie, guérissez-moi, ordonne un visiteur. L'ordre agace le frère. Il soupire :

— Priez saint Joseph.

— Saint Joseph ne vaut rien, réplique l'homme effrontément. Vous valez mieux que lui. Nous obtenons de vous toutes sortes de faveurs, tandis que saint Joseph reste sourd.

Le frère André bondit. Quel impertinent ! L'insulte le blesse comme si l'on venait de l'attaquer. Rien ne le choque comme de voir des hommes et des femmes le considérer comme le grand responsable des guérisons obtenues. Il sonne. Joseph Pichette accourt. Le frère exige que sorte le grossier personnage qui se tient devant lui. Après son départ, le thaumaturge ne s'en remet pas. Il tremble et claque des dents. On renvoie les visiteurs pour la journée et Joseph Pichette reconduit le vieillard de quatre-vingt-neuf ans à sa chambre.

Une fois de plus, l'heure du repos est venue. Comme il est impossible de lui assurer la détente nécessaire à l'Oratoire, ses supérieurs l'expédient à Rawdon, chez son plus fidèle ami, Joseph Pichette. On est en juin 1936. Les Pichette sont justement en vacances. Le frère les accompagne dans la région de Joliette.

Sa convalescence dure un mois. Il s'agit d'un véritable repos. Le jour, la maison baigne dans le silence. Le soir, à l'heure du souper, on bavarde. Puis Joseph Pichette lit à haute voix les *Prières* de sainte Gertrude.

Madame Pichette a l'idée de placer une statue de l'Enfant-Jésus au pied du lit du frère. Chaque fois qu'il la regarde, le frère se laisse attendrir :

— Qu'il est donc beau ! s'extasie-t-il.

Ses amis l'observent d'un air attendri.

— Il a l'air heureux, remarque madame Pichette. Jamais je n'ai vu le frère André aussi joyeux.

Le vieillard passe de longues heures devant sa petite statue. Puis, comme s'il sortait d'un rêve, il s'adresse à son ami Joseph :

— Il est drôle, votre Enfant-Jésus, monsieur Pichette. On a beau faire le tour, ses yeux nous suivent toujours.

Jamais sombre, presque toujours enjoué, le frère se repose. Il sent la fin venir.

— Je crois bien, confie-t-il, que je ne verrai pas ma fête cette année.

À toute heure du jour, on l'entend chanter : « J'irai la voir un jour… »

— Dormez-vous bien, la nuit ? demandent ses hôtes.

— Oui, mais quand le sommeil ne vient pas, je repasse dans ma tête des cantiques à saint Joseph, à la sainte Vierge, des psaumes et je finis par me rendormir.

Quand c'est l'estomac qui l'empêche de s'assoupir, il appelle monsieur Pichette qui s'improvise infirmier. Il frictionne son malade avec de l'huile de saint Joseph.

— Monsieur Pichette, je vais diriger les voyagements, murmure le petit frère en guidant la main de son ami sur sa poitrine.

Pendant que coulent ces journées de repos, le frère André confie son grand souhait : voir avant de mourir le dôme de la basilique. Il n'y croit pas vraiment. À quatre-vingt-dix ans, le bon Dieu vient nous chercher n'importe quand. Ses yeux s'illuminent quand on lui parle du chemin de croix que l'on installera bientôt sur la montagne. Ses dévotions sont toujours allées d'abord à l'Eucharistie et à la passion du Christ.

— Un chemin de croix en personnages ! s'exclame-t-il, ébahi.

* * *

Toute bonne chose a une fin. Le frère André s'apprête à rentrer à Montréal. Il a meilleure mine. Dans sa petite valise, il rapporte un précieux souvenir : la petite statue de l'Enfant-Jésus qu'il a tant admirée dans sa chambre. Ça n'a pas été facile. Il voulait l'acheter. Ses hôtes ont refusé, préférant la lui donner.

— Pas question, fit le frère, catégorique.

De guerre lasse, Les Pichette acceptèrent le marché proposé par le frère.

Sur le seuil de la porte, le frère se retourne une dernière fois vers l'intérieur : quel beau mois de juin il vient de passer.

— Priez pour nous, demande Joseph Pichette ; on en a bien besoin.

— Mais il faut prier vous aussi, recommande le frère.

— Oui, mais c'est triste, nous on est loin du bon Dieu.

— Oh ! non, rassure le frère André, quand vous dites : *Notre Père qui êtes aux cieux*, il a l'oreille sur votre bouche.

Le frère André a une recette bien spéciale à proposer à ses amis :

— C'est simple, vous vous placez devant une statue de saint Joseph et vous dites: «Si vous étiez à ma place, saint Joseph, qu'est-ce que vous voudriez qu'on vous fasse? Eh bien, faites-le pour moi. »

Au moment où le frère s'installe dans la voiture, il entend un cri:

— Frère André?

Le thaumaturge se retourne. Une femme court vers lui. Il reconnaît la voisine.

— Frère André, reprend-elle, essoufflée, il faut que je sois guérie.

— Des «faux» c'est pour les cultivateurs, répond-il de sa vieille voix. Il faut être poli avec le bon Dieu. Vous seriez polie avec quelqu'un. Eh bien, il ne faut pas forcer le bon Dieu.

En installant son ami sur la banquette de la voiture, monsieur Pichette a l'air ravi:

— Il est en forme, notre petit frère!

* * *

Ainsi s'achève la convalescence du frère André à Rawdon. Il ne rentre pas directement à l'Oratoire. La communauté préfère l'envoyer passer quelque temps à l'Externat classique Sainte-Croix, rue Sherbrooke à Montréal. C'est dans cette retraite que le surprendra Léon Gray, journaliste de *La Patrie*.

Léon Gray a tout essayé pour s'approcher du frère. Mais la consigne est formelle: aucune entrevue. Plus d'une fois, le journaliste tenace s'en était retourné bredouille à la salle de rédaction de son quotidien: il venait de passer à un cheveu d'arriver à ses fins. En vain il avait suivi le frère dans les Laurentides et à Farnham.

En ce mois de juillet 1936, il fait une nouvelle tentative. Il obtient la permission de préparer un long reportage sur l'Oratoire Saint-Joseph. Sa ruse est fine : comment, en effet, les autorités religieuses pourront-elles refuser au journaliste le privilège de rencontrer le frère André puisqu'elles ont autorisé la rédaction d'un article consacré à l'Oratoire ? L'un ne va pas sans l'autre.

Tôt le matin, il se présente à la porte de l'Externat classique de la rue Sherbrooke. Il sait que le thaumaturge s'y repose.

— Cette fois, je le tiens, se dit-il.

Il repasse dans sa tête les arguments qu'il invoquera si on lui refuse l'entrée. Surprise ! Le portier qui l'introduit ne lui fait aucune difficulté. Il le conduit directement à la cellule qu'occupe le petit frère.

— Assoyez-vous, fait le frère André, invitant le journaliste à prendre place sur la seule chaise de la pièce.

Le frère André s'assoit sur la modeste couchette. Un crucifix pend au mur nu. Quelques tasses et fioles s'alignent dans l'embrasure de l'unique fenêtre. Devant le vieil homme de quatre-vingt-onze ans légèrement voûté, Léon Gray n'a qu'une envie : lui rendre l'entrevue courte et agréable.

— Révérend frère, commence-t-il enfin, je suis l'envoyé de l'Oratoire…

* * *

Jamais auparavant le frère André n'a consacré autant de temps à répondre aux questions d'un journaliste. Le reportage de *La Patrie* paraît le dimanche 5 juillet 1936. Léon Gray l'a intitulé : *À l'aube de ses 91 ans, le frère André nous accorde sa plus longue interview.*

La maladie a quelque peu voûté son malade, moins épuisé par l'âge que par les séances de bureau, les interminables consultations; mais elle a respecté le regard qui reste franc et souverainement doux, à l'image de l'âme. La taille qui ne fut jamais robuste, s'amenuise en vieillissant.

Léon Gray l'avoue : il lui a fallu de l'audace pour commencer et aussi pour continuer l'entrevue.

À un moment donné, je crains que l'effort imposé à l'hôte ne soit trop grand et que l'auguste vieillard ne s'évanouisse. Il me fait sur demande l'aveu de son [état d'] exténuation… Une grande sérénité ne laisse toutefois d'envelopper le galbe amaigri du moine, comme perdu dans une robe trop ample, plissée à l'instar du visage…

Pendant que le journaliste observe le vieillard, celui-ci palpe en silence le supplément de *La Patrie*, publié une semaine plus tôt et reproduisant en sépia les bâtiments et les pelouses du sanctuaire du mont Royal. Incliné, s'arc-boutant sur ses deux paumes, le frère André répond docilement aux questions du reporter.

— Je suis entré en religion vers l'automne de 1870. Un peu plus tard, je passais à la maison de Saint-Laurent pour retourner au collège Notre-Dame deux mois après.

— À cette date-là, la Côte-des-Neiges était peu bâtie : des vergers, un club de chasse à courre, le manoir où réside sir Charles Gordon, la forêt, une barrière de péage, les hôtels Lumkin et Bellevue…

Le frère André acquiesce. Il se rappelle bien l'hôtel Bellevue, un édifice en bois à deux étages où l'on installa le collège Notre-Dame.

— Nos religieux transformèrent en chapelle le deuxième étage, alors affecté à une salle de danse. Le réfectoire était aménagé au premier étage…

— En 1872, votre supérieur vous renvoya à Saint-Laurent ?

— C'était à l'époque de la grande picote. L'épidémie de variole fit mourir quelques personnes dont le frère Dosithée et un professeur laïc du Nouveau-Brunswick. Elle en immobilisa plusieurs autres qui retrouvèrent la santé.

— Quelle était votre fonction ?

— J'aidais l'infirmier.

— On oubliait donc de se recommander à saint Joseph en ce temps-là ?

— Mais on l'invoquait et on ne l'invoquait pas en vain. On lui attribua alors cinq ou six guérisons.

— Et vous êtes retourné à la Côte-des-Neiges ?

— Oui. J'y suis demeuré jusque vers 1880. Nouveau séjour ensuite à Saint-Laurent. J'y rencontrai le jeune Clément, le futur père de nos trois pères Clément, c.s.c., qui souffrait alors d'une fièvre incurable aux jambes. Le médecin désespérait de ce cas. Notre malade fit une neuvaine à saint Joseph et obtint sa guérison avant même le terme de ses prières. Il avait alors dix ans ; il perdit ses béquilles en se rendant à la classe, béquilles qui ont une histoire assez extraordinaire, puisqu'elles ne furent pas retrouvées. Le propriétaire ne s'en inquiéta point vu son rétablissement définitif.

Le frère André est volubile. Il raconte avec force détails les premières guérisons dont il a eu connaissance à l'époque où l'on acheta le terrain pour y construire l'Oratoire.

— Que reste-t-il de la première chapelle ? demande le journaliste.

— Mais elle se trouve intacte à l'arrière du presbytère ; son entrée actuelle est l'ancienne sacristie. Cette chapelle se trouvait en face de la crypte-église. Il fallut donc la déplacer, une fois la rallonge démolie.

— Depuis quand résidez-vous à la montagne ?

— Depuis 1909.

— Les faveurs célestes ont-elles connu une trêve ?

— On en rapporte depuis 1904.

— Y a-t-il longtemps que vous vouez un culte particulier à saint Joseph ?

— Depuis 80 ans.

Il est ensuite question de la famille du frère André dont il est le seul survivant. Il parle de son père broyé à mort sous les yeux de son frère Isaïe, de sa mère qui dépérit après le décès de son mari. Il raconte aussi sa vie à Saint-Césaire-de-Rouville, à Chambly, à Sutton et aux États-Unis où, dit-il, « j'ai peiné dans les fabriques de coton ».

Abordant ensuite l'entrée en religion du frère, projet encouragé par le curé Provençal, le journaliste devient plus audacieux :

— On m'a relaté les détails d'une vision que vous auriez eue avant votre départ pour le noviciat.

— Les légendes ont parfois la vie dure…

— On affirme qu'à certains jours de l'été, quelques centaines de visiteurs passent à votre bureau ?

— Il faudrait vérifier les chiffres. Quelqu'un aurait compté, tel jour donné, un peu plus de trois cents personnes : fait exceptionnel.

— Et combien de guérisons ?

— Impossible de mesurer l'étendue de la bonté divine, de préciser rigoureusement l'action de saint Joseph sur la Toute-Puissance. Il y a les grâces invisibles qui nous échappent ; il y a les grâces visibles qui ne sont pas toujours communiquées.

— Mais le trophée des béquilles est joliment imposant ?

— Il a son éloquence. Il reste là en témoignage.

— Vous avez encore des parents ou petits-parents?

— Oui, quelques-uns à Lachine et aux États-Unis.

— Vous pouvez les visiter, car votre médecin vous a prescrit des jours de détente?

— En 1910, le docteur Dufresne de la rue Roy me recommandait un peu de repos avant et après la saison d'été où l'affluence est plus forte.

— Quel est aujourd'hui votre médecin?

— Monsieur le docteur Lionel Lamy du Square Saint-Louis.

Le temps passe et le frère André manifeste des signes de fatigue. Le journaliste s'excuse d'avoir prolongé son interrogatoire. Au nom de *La Patrie*, il lui souhaite de voir en évidence sur le mont Royal, la coupole de la basilique.

Le frère André se lève et reconduit Léon Gray à la porte de sa cellule.

* * *

Le père Cousineau referme *La Patrie* du dimanche après avoir parcouru l'article consacré au frère André.

Un soupir s'échappe de la bouche du nouveau supérieur. «Ça ira», pense-t-il. Il passe la main dans ses cheveux bruns coupés courts et replace ses lunettes sans monture. Le reportage est bien fait. La communauté, qui a horreur de la publicité tapageuse concernant les miracles de l'Oratoire, ne trouvera rien à redire.

Assis confortablement dans son fauteuil de cuir, le père Albert Cousineau pense au petit frère discret dont les activités font couler tant d'encre. Une tendresse infinie l'enveloppe quand il imagine le visage sévère du thaumaturge qu'un sourire épanouit. Quel est donc ce mystère qui l'entoure? À l'heure où les forces du frère André l'abandonnent, il y aurait peut-être lieu de chercher à comprendre son secret… avant qu'il ne soit trop tard.

— Je vais lui parler, décide le père supérieur.

En attendant l'arrivée du frère André qu'il a fait demander, le père Cousineau pense à la question qu'on lui a cent fois posée depuis sa nomination : qu'adviendra-t-il de l'Oratoire quand le frère André n'y sera plus ? Dans l'Indiana, les autorités religieuses s'inquiètent.

Le petit frère disparu à jamais ? C'est presque inimaginable, pense le père supérieur qui le connaît depuis si longtemps.

Albert Cousineau a douze ans quand il monte une première fois le long sentier qui mène à l'Oratoire. On est en 1905 ou 1907. Il n'a pas oublié sa nervosité cet après-midi-là. Il attendait comme tant d'autres dans le pavillon en observant à travers la porte vitrée les malades qui défilaient devant le frère André.

« Qu'est-ce que je vais lui dire ? », se demande l'enfant, attiré par l'homme qu'il considère comme un saint.

La clochette sonne.

« C'est mon tour. » Prenant son courage à deux mains, il récite son boniment.

— Ma santé n'est pas bonne. Je voudrais faire un prêtre, priez pour moi. Je voudrais devenir…

Les mots ne sortent plus. Sa gorge reste serrée, ses oreilles bourdonnent. Mais le frère ne semble pas remarquer son trouble. D'une voix fatiguée, il dit machinalement :

— Faites une neuvaine à saint Joseph ; portez cette médaille.

Il lui tend la médaille d'une main et sonne la cloche de l'autre. Terminé ! L'enfant est déçu : il n'a même pas été capable de dire correctement la phrase préparée. Cette rencontre a été trop brève. Trop impersonnelle aussi.

Au lieu de rentrer chez lui, l'enfant reprend place dans la salle d'attente, décidé à attendre la fin des entrevues : à la sortie du frère, il s'accrochera à son bras et lui parlera longuement. De son banc, il entend clairement la voix quasi inhumaine d'un malade suppliant le thaumaturge de le secourir. Il souffre d'un cancer à la mâchoire. Son cas est désespéré.

— Priez pour moi, dit-il en sanglotant.

— Ayez confiance, encourage le frère. Le bon Dieu n'afflige que pour récompenser l'âme fidèle.

Le malade prie en compagnie du frère André. Albert Cousineau se lève, apaisé. Il peut maintenant rentrer à la maison. Il a compris.

L'étudiant du collège Saint-Laurent est souvent revenu à l'Oratoire. Il a longtemps espéré la guérison de ses yeux qui, hélas ! ne vint pas. L'amitié entre les deux hommes est née de ces rencontres. Ils se fréquentèrent plus particulièrement pendant le noviciat et le scolasticat du futur prêtre. Le frère André appréciait sa prédication.

« Comme le temps passe », songe le père Cousineau au moment même où l'on frappe à sa porte. Le frère André entre. Il paraît vieilli… comme sa vieille soutane usée jusqu'à la corde. C'est leur première rencontre en tête-à-tête depuis la nomination du nouveau supérieur.

Le frère André semble tourmenté. Il redoute cette rencontre qui va peut-être transformer sa vie : son supérieur va-t-il lui annoncer son prochain départ pour le Nouveau-Brunswick ? Il est rongé par l'inquiétude, mais soumis.

— Je suis prêt à quitter ma besogne si vous le désirez, lance-t-il avant même que le père Cousineau n'ait ouvert la bouche. C'est une épreuve que le bon Dieu m'envoie. Il faut que je la supporte. J'offre ça au bon Dieu.

Le père Cousineau invite le frère André à s'asseoir en tentant de le rassurer. Il n'est nullement question qu'on l'expédie loin de l'Oratoire. Le ton est chaud, amical. Mais le petit frère reste sur ses gardes. Il a eu vent de tant de rumeurs à son sujet ! On se moque de ses frictions, on lui reproche ses sorties, on le traite de «vieux fou». Le père supérieur comprend ses déchirements. Il lui explique son désir de mieux comprendre l'activité peu commune du frère. Comment s'y prend-il pour guérir les malades ? Que leur dit-il ? Il l'interroge gentiment, comme un fils s'adresse à son vieux père. Le petit frère retrouve sa confiance en son ami. Il se plie volontiers aux questions.

— Quand je vois que j'ai affaire à un pêcheur, je lui rappelle que son âme a été rachetée par le sang de Notre-Seigneur. Et alors, je l'encourage à aller se confesser et à communier. Souvent aussi, je raconte aux visiteurs la Passion de Notre-Seigneur.

Le frère André recommande à ses visiteurs de faire des neuvaines de chapelets. À ceux qui prétextent un manque de temps, il réplique :

— Si vous le vouliez, vous le trouveriez bien.

Le père Cousineau réclame d'autres éclaircissements. Habitué aux reproches, le petit frère se défend :

— Ce n'est pas moi qui guéris. C'est saint Joseph. Les gens ne comprennent rien. Ils viennent me demander de les guérir. Ils devraient bien savoir que ce n'est pas moi qui guéris.

Le supérieur tente ensuite de convaincre le vieil homme de réduire ses activités et de se reposer davantage. Mais le petit frère s'objecte :

— Si l'on savait quelle récompense attend au Ciel la moindre souffrance bien supportée, on demanderait à genoux de souffrir.

Peut-être. Mais le père Cousineau n'en démord pas :

— Il faudrait vous coucher plus tôt, insiste-t-il. Vous prolongez trop vos prières.

— Si vous saviez le besoin qu'ont les âmes de la prière, vous ne diriez pas cela.

Le frère André va au fond de sa pensée : il avoue à son supérieur sa grande peur de ne plus être utile. Il sait trop bien, hélas ! ce que certains de ses confrères pensent de lui, et de ses sorties du soir.

— Sortir pour visiter des malades, ce n'est pas sortir, explique le frère. Et voyager pour faire du bien, c'est une bonne chose.

Encore une fois, le père Cousineau lui donne raison. Son subalterne le regarde maintenant droit dans les yeux. D'une voix chevrotante, il demande :

— Puis-je continuer ainsi ?

— Vous pouvez continuer, rassure le père Cousineau.

Le vieillard respire mieux. Son supérieur hésite avant de continuer à parler. A-t-il le droit d'exiger encore davantage de cet homme épuisé par l'âge et le travail ? Le frère André n'a-t-il pas déjà donné le meilleur de lui-même ?

— Frère André, j'ai encore un service à vous demander (il se retient pour ne pas ajouter « un service héroïque »). Pourriez-vous reprendre votre bureau ?

Depuis sa dernière convalescence chez les Pichette à Rawdon, le bureau du thaumaturge est demeuré sous clef. Les pèlerins n'en continuent pas moins à faire le pied de grue dans l'antichambre. Les autorités de l'Oratoire s'inquiètent.

Le petit frère ne se fait jamais prier : il obéira sans rechigner aux ordres de son supérieur. Dorénavant, il sera à son poste tous les mercredis et les dimanches. On ne lui en demande pas plus.

Pourtant oui, il y a encore un petit détail à régler. Le cruel père Cousineau y va d'une nouvelle faveur, plus grande encore que la précédente : le frère André devra se rendre chez le sculpteur Albert Chartier qui modèlera son buste.

Dans les yeux du frère, le père Cousineau lit l'humiliation qu'il impose au thaumaturge.

Les deux hommes se quittent. Le père supérieur ressent une grande satisfaction. Rien dans la conduite du frère n'est condamnable. Il est fidèle à ses prières comme l'est le prêtre à son bréviaire. De plus, il n'a qu'un désir, aider les malheureux.

Trempant sa plume dans l'encrier, il écrit au supérieur général de la communauté dans l'Indiana : *J'ai conclu de façon non douteuse à la vertu du frère André et j'ai approuvé sa conduite.*

Quelques jours plus tard, il reçoit la réponse du père Donahue. Il partage l'avis du père Cousineau et croit, lui aussi, en la mission du thaumaturge.

Chapitre 19

La peur bleue des communistes

Monseigneur Gauthier est bouleversé. Il lit les tracts des Jésuites racontant en détail les atrocités auxquelles se livrent les communistes en Espagne. Les « Rouges », comme on les appelle, ne s'arrêtent devant aucune ignominie pour instaurer le régime bolchevique à Madrid, à Barcelone et à Cordoue.

> *Ça dépasse l'entendement. Partout à Barcelone, à Valence, à Saint-Sébastien, à Bilbao, à Carthagène, on assassine des innocents, on torture les prisonniers, on écorche, on brûle, on incendie, on pille...*
>
> *Les marxistes s'acharnent contre les prêtres, les religieux et les religieuses. Avant de mettre à mort ces dernières, on leur fait subir les pires outrages. Les églises sont toutes saccagées, brûlées, pillées.*

L'évêque coadjuteur de Montréal pose le tract sur son bureau. De toute évidence, les Rouges d'Espagne poursuivent un seul but : l'extermination systématique de tous les chrétiens et plus particulièrement celle des prêtres et des religieux. L'auteur du tract l'affirme : *Désormais, dans chaque pays où auront lieu des insurrections marxistes et où les marxistes prendront le pouvoir, il se passera exactement la même chose.*

Inutile de tergiverser plus longtemps. Monseigneur Gauthier sait ce qu'il lui reste à faire : aujourd'hui même, il doit signer une lettre pastorale dénonçant le communisme.

La situation actuelle commande une action énergique. Personne n'ignore que l'infiltration communiste est déjà commencée chez nous. En 1934, le directeur de la police de

Montréal a déclaré que ses agents spéciaux ont assisté durant l'année à près de 1200 assemblées communistes dans la métropole. Ils ont effectué 17 descentes et ont procédé à 69 arrestations.

Ces groupes communistes propagent des théories révolutionnaires. Leurs orateurs prêchent la doctrine de Lénine et vantent le régime en vigueur en Russie. Ils réclament l'instauration d'un tel régime au Canada.

Il faut réagir avant qu'il ne soit trop tard. Quand on pense que lors du congrès des Métiers et du Travail, qui a eu lieu à Montréal, les participants ont voté une résolution favorable aux communistes d'Espagne! D'autres groupes pourraient maintenant emboîter le pas.

L'heure est grave. Monseigneur Gauthier encourage les prélats témoins de ces horreurs à venir raconter ce qu'ils ont vu en Espagne. En entendant ces récits, les gens frissonnent.

* * *

— Avez-vous des nouvelles des communistes, monsieur Pichette? demande le frère André.

— Depuis que la police les a chassés à coups de bâtons, on n'entend plus parler d'eux.

— Eh bien, ajoute le frère, c'est là le plus dangereux. Jour et nuit, le petit frère prie pour que le communisme ne s'implante pas au Québec. C'est devenu sa hantise. Ses amis lui ont raconté la levée de boucliers des catholiques qui commence à ébranler la force communiste québécoise. Lors de la manifestation anticommuniste parrainée par monseigneur Gauthier le 1er octobre précédent, on a dénombré, au Champ-de-Mars, 200 000 participants.

Mais le frère André n'est pas encore rassuré. Le soir, dans la salle de la communauté, des religieux lisent les tracts des Jésuites partis en croisade contre le communisme à travers le monde. Ils se racontent les derniers incidents impliquant les Rouges chez nous.

Pas une journée ne s'écoule sans que les journaux ne fassent largement état du progrès ou du recul des communistes. Les Montréalais, comme tous les citoyens du Québec, accueillent comme un soulagement l'engagement formel du nouveau premier ministre du Québec, Maurice Duplessis, de mener une lutte sans merci contre le communisme.

— Je me ferais couper en petits morceaux pour sauver le monde, soupire le frère André.

Le thaumaturge connaît bien la question. On lui a lu et relu les brochures de René Bergeron qu'il conserve précieusement dans sa chambre. L'une d'elles, intitulée *Liberté, égalité, fraternité*, dit en toutes lettres : *Ils promettent la liberté quand eux-mêmes sont esclaves de la corruption.*

— Venez, monsieur Pichette, on va prier pour que le communisme ne s'étende pas davantage et même disparaisse.

* * *

Arthur Ganz partage l'obsession du frère André. Plus d'une fois, il s'est fait le champion de l'anticommunisme. Quand un prêtre vient demander au thaumaturge de se rendre à Saint-Martin, sur l'île Jésus, pour y réconforter un mourant qui a perdu la foi, le garde suisse propose de l'y conduire. Il est de notoriété publique que le moribond s'affiche comme communiste.

Monsieur Ganz frappe à la porte de la maison du malade. Sa femme ouvre, en larmes :

— Mon mari ne veut pas voir le frère André. Qu'il n'entre pas ici, il va se faire assommer.

Aussitôt averti des dispositions du mourant à son endroit, le frère André descend de voiture et se dirige lestement vers la demeure. En l'apercevant dans l'entrée, le malade, rouge de colère, l'injurie.

— Sortez d'ici, lance-t-il furieux, j'ai encore assez de force pour vous jeter par la fenêtre.

— Ce serait drôle de sortir par la fenêtre, réplique le frère pour détendre l'atmosphère. Ça ne m'est jamais arrivé.

Reprenant son sérieux, il ajoute:

— Écoutez, mon ami, je me dérange, je viens de l'Oratoire Saint-Joseph pour vous voir. Vous êtes sur votre lit de mort. Il n'y a que deux chemins devant vous: le chemin qui mène au bon Dieu et l'autre qui mène chez le diable. Je suis venu pour vous aider à aller chez le bon Dieu. Et je demande à saint Joseph la faveur spéciale de votre guérison pour obtenir votre conversion.

— Je ne suis pas intéressé du tout, fait le moribond en grimaçant de mépris.

— Je demande votre guérison d'abord, insiste le frère, et votre conversion ensuite.

— Ça ne m'intéresse pas, répond le malade, sec.

Le frère André bat en retraite, chagriné. Sur le chemin du retour, il confie son impuissance à son chauffeur.

— Qu'est-ce que vous voulez que je fasse? demande-t-il en laissant retomber ses deux bras.

* * *

La voiture qui ramène le frère André au bercail passe devant la basilique où les travaux sont paralysés. L'arrêt du chantier devait être temporaire, mais il s'éternise.

— Quand donc les ouvriers reviendront-ils à l'ouvrage? s'interroge le frère, qui sait pourtant que les problèmes financiers sont loin d'être réglés.

Sa décision est arrêtée: il rendra visite à son ami Maurice Duplessis au Parlement. Il y a quatre mois, ce dernier a été élu premier ministre du Québec. Le frère André connaît l'attachement de son jeune ami pour l'œuvre de l'Oratoire: il faut le mettre au courant de l'impasse. Saint Joseph fera le reste…

L'infatigable Paul Corbeil sera du voyage. Depuis quelques semaines, «l'apôtre Jean», comme l'appellent ses camarades, s'est mis au service du frère. Son assiduité est inébranlable. À peine remis de l'intervention chirurgicale nécessitée par une appendicite aiguë, il a repris la route de l'Oratoire.

Il est six heures du matin quand les deux hommes quittent la Côte-des-Neiges pour se rendre à Québec. Quelques heures plus tard, la voiture de Paul Corbeil emprunte la Grande Allée. Aux abords du Parlement, les passants ont tôt fait de reconnaître le thaumaturge du mont Royal.

— Que vient-il faire ici? s'enquiert-on auprès du chauffeur.

— Il rend à monsieur Duplessis ses nombreuses visites à l'Oratoire, répond Paul Corbeil.

«Ce sont de vieux amis», entend-on parmi les gens attroupés à l'entrée du Parlement.

Le secrétaire trifluvien du premier ministre, Albert Plouffe, a déjà prévenu monsieur Duplessis de l'arrivée de son vieil ami. Il se libère sur le champ et invite son ministre de la Voirie, François Leduc, à accueillir le frère André avec lui.

Inévitablement, les deux hommes parlent du bon vieux temps du collège Notre-Dame, chaque fois qu'ils se rencontrent. Le frère revoit le jeune étudiant glissant sur la pente glacée du mont Royal en traîne sauvage. Et Duplessis retrouve dans ses souvenirs le profil de l'ancien portier qui, tel une fourmi travailleuse, allait et venait dans les couloirs de l'institution.

— Je vous félicite, frère André, vous avez l'air alerte pour vos quatre-vingt-onze ans.

Le frère André reçoit le compliment. Il s'approche du Premier ministre et lui glisse quelques mots à l'oreille. Puis, les deux hommes se retirent en tête-à-tête.

Quelques instants plus tard, ils sortent du bureau et se serrent la main. Selon sa bonne habitude, le frère André s'apprête à faire intervenir saint Joseph dans ses souhaits. Taquin, Maurice Duplessis lui coupe poliment la parole et lance, imitant le petit frère :

— Partez en paix, mon cher frère, je prierai pour vous.

Le voyage de retour se déroule agréablement. Le thaumaturge est satisfait de son entrevue. Paul Corbeil ne l'interroge pas. Il sait que le frère André évite de parler de politique. Sauf une fois. Paul Corbeil s'en souvient : c'était peu de temps avant les élections. Le frère avait dit :

— Prions pour que nous ayons un bon gouvernement.

Chemin faisant, le frère André récite son chapelet tandis que monsieur Corbeil répond aux prières. À cinq heures trente, l'automobile descend la rue Crémazie et s'arrête devant la maison de Paul. Les deux voyageurs mangent en vitesse avant d'aller visiter quelques malades.

Les jours suivants, les quotidiens publient le compte rendu de la visite du frère André au premier ministre du Québec. Interrogé au sujet des fréquents échanges entre les deux hommes, un religieux non identifié confie à un journaliste de *La Patrie* :

— Duplessis, c'est notre Dollfuss canadien ! Il a confiance dans la divine Providence et il ne craint pas d'afficher sa foi.

— Jamais le clergé n'a joui de plus de prérogatives que depuis l'avènement de monsieur Duplessis au pouvoir à

Québec. Comme Dollfuss, le premier ministre de la province ne craint pas d'aller prendre ses directives des autorités religieuses de la province et surtout de demander le secours de la Providence dans l'administration de la chose publique.

Les commentaires du religieux anonyme ne tombent pas dans l'oreille de sourds. La visite du frère André déclenche une nouvelle vague de visiteurs à l'Oratoire. En plus des malades habituels, la salle d'attente et les corridors se remplissent subitement de personnes désirant que le frère André intercède en leur nom auprès du premier ministre. L'on réclame des emplois, des contrats, de l'aide financière, etc.

— Priez saint Joseph, répète inlassablement le petit frère.

* * *

Le premier ministre Duplessis a aussi d'autres chats à fouetter. Un nouvel ennemi s'acharne contre la province. Depuis son élection, le 17 août, les communistes, peu nombreux mais fort actifs à Montréal, l'accusent d'avoir mis en place un gouvernement fasciste.

Au lendemain de la visite du frère André à Québec, il reçoit une nouvelle gifle. Le jeudi soir, la police a saisi, à la porte du Parlement, une cargaison de feuilles volantes provenant des quartiers généraux communistes à Toronto. Au moment de la saisie, des manifestants s'apprêtaient à distribuer ces tracts aux députés et aux citoyens.

À la séance du vendredi, Maurice Duplessis fait une sainte colère. Au cours d'une sortie violente, il déclare la guerre aux communistes: « Comme procureur général et chef du gouvernement, j'avertis les communistes et les perturbateurs de la paix publique que j'entends sévir avec la dernière vigueur… je pèse avec soin mes mots… contre ceux qui veulent soulever les plus basses passions et exciter les haines entre les habitants de la province. Il n'y aura pas de communisme dans cette province aussi longtemps que je serai investi des responsabilités qui sont présentement les miennes. Je le dis de la façon la plus claire pour que la canaille subversive et corruptrice se le tienne pour dit. Je sévirai durement et la police sera impitoyable… »

* * *

Pendant ce temps, à l'Oratoire du mont Royal, il y a réunion du Conseil le 2 novembre. Au bout de la table, le père Albert Cousineau déplie lentement les feuilles qu'il doit lire. Les chiffres s'alignent. Les détails abondent. Mais son exposé sera bref : il s'avère financièrement impossible de reprendre les travaux de la basilique. Pour rouvrir le chantier, il faudrait rien de moins qu'un emprunt de 1 200 000 $.

— Voilà où nous en sommes, conclut le père supérieur.

— Mais, c'est impossible, lance un membre du Conseil. L'hiver approche à grands pas et le matériel va se détériorer. Tout est à ciel ouvert.

— Les entrepreneurs sont formels, insiste un autre participant : si le chantier demeure paralysé encore longtemps, ils ne se tiennent pas responsables de la détérioration des travaux déjà effectués.

Le frère André assiste à la réunion. Hélas ! il sait fort bien que l'impasse est totale. Accompagné de Joseph Pichette, il s'est rendu récemment chez l'architecte, monsieur Viau, dans l'espoir de trouver une solution de rechange.

— Dites-moi le coût d'une simple couverture en tôle goudronnée, demanda-t-il à l'architecte.

— 100 000 $.

La réunion du Conseil se poursuit. Chacun se laisse aller au découragement. Le père Cousineau remarque, sur le visage du thaumaturge, une lueur d'espoir.

— Frère André, interroge-t-il, nous aimerions avoir votre avis.

Après un moment de silence, le frère André propose sa solution :

— Je suggère que nous fassions une procession. Nous irions porter une statue de saint Joseph dans les murs ouverts de l'église supérieure. Si saint Joseph veut se couvrir, il y veillera.

« On n'a rien à perdre », se disent les membres du Conseil qui acceptent la proposition du thaumaturge. Le surlendemain, 4 novembre, la procession se met en branle. Le ciel est gris et les participants craignent l'ondée. Qu'importe ! Le long cortège monte lentement la pente raide qui conduit au chantier de construction. Le frère André suit, légèrement en retrait. Appuyé au bras du frère Placide, il ferme la marche. Ses quatre-vingt-onze ans trouvent la route longue. Haletant, on le remarque néanmoins. Tête basse, il récite ses prières. Ses forces l'abandonnent...

— Frère André, venez, je vais vous reconduire à votre chambre.

Pendant que le vieillard courbé s'en retourne sur ses pas, les religieux en procession s'arrêtent dans l'enceinte de la future basilique. Ils déposent la statue de saint Joseph, exposée au vent, à la pluie et à la neige.

À la grâce de Dieu !

* * *

Le père Cousineau souscrit au vieil adage : « Aide-toi et le ciel t'aidera. » Après la procession, il reprend les négociations avec d'éventuels prêteurs. Moins d'un mois plus tard, l'argent est disponible. Le Conseil général de la congrégation approuve l'emprunt. Si l'archevêché le permet, l'on poursuivra la construction de la basilique jusqu'à la base du dôme.

Le 17 décembre, le père Cousineau a rendez-vous à l'archevêché où monseigneur Gauthier fera connaître sa décision. Avant de partir, le supérieur désire consulter le frère André. Il se rend donc à l'atelier du sculpteur chargé de tailler le buste du thaumaturge.

Honteux mais résigné, le petit frère pose pour l'artiste. Voyant le père Cousineau entrer dans le studio, il lui sourit largement.

— Mon père, lance le sculpteur étonné de voir son modèle sourire, vous auriez dû venir dès le premier jour. J'ai maintenant devant moi un tout autre homme.

Après la séance, le père Cousineau s'approche du frère André et lui glisse à l'oreille :

— Je me rends chez l'archevêque coadjuteur. Voulez-vous m'accompagner dans vos prières ?

— Avez-vous une médaille de saint Joseph ? demande aussitôt le frère André.

— Non, je n'en ai pas, mon frère.

— Eh bien, en voici une. Tenez-la dans votre main pendant toute l'entrevue avec monseigneur Gauthier. Si vous le pouvez, semez-la dans son bureau.

— C'est promis, assure le père Cousineau en quittant le frère.

Dans son esprit, il ne subsiste aucun doute : la permission sera accordée. Il entrevoit déjà la basilique en béton armé avec revêtement de granit argenté. Son architecture est inspirée du style Renaissance et la colonnade de la façade est corinthienne.

Chapitre 20

Adieu, petit frère

L'état de santé du frère André, âgé de quatre-vingt-onze ans, est une source d'inquiétude constante pour ses supérieurs. Ses défaillances se multiplient. Quelle que soit l'heure du jour, ses camarades doivent le reconduire à sa chambre.

Les autorités religieuses l'autorisent néanmoins à entreprendre son ultime voyage aux États-Unis, à la fin de l'automne. Les derniers mois ont été riches en péripéties ; aussi espère-t-on, au sein de la communauté, que le vieillard trouvera la détente auprès de ses amis américains.

Mais le frère André poursuit d'autres buts. Il est loin de s'apitoyer sur son sort. Une fois la statue de saint Joseph bien en place dans l'église à ciel ouvert, il s'est mis dans la tête d'aller solliciter l'aide financière du milliardaire new-yorkais John D. Rockfeller. Il part seul par le train de nuit. Dès le lendemain, après la messe, ses amis, les Ryan, le conduisent au bureau du richissime homme d'affaires. En chemin, il blague à propos de la *Fifth Avenue*, trop lente pour lui. En l'absence de M. Rockfeller, son secrétaire John Burke reçoit le frère André et lui remet un très gros chèque. Le frère continue ensuite son voyage aux États-Unis, selon l'itinéraire qu'il répète chaque année depuis près de vingt ans.

Hélas ! ce long périple s'avère au-dessus de ses capacités. Au beau milieu du voyage, ses forces diminuent à vue d'œil. Le frère André sent que la fin est proche :

— Je suis malade, ça me presse ! Il faut nous en retourner à Montréal.

À Woonsocket, son hôtesse, madame Guérin, essaie de l'en dissuader. Il vaut mieux qu'il se repose avant de reprendre la route. Elle met fin aux visites des malades. Jusque-là, le frère recevait de trois à quatre cents malades par jour.

La situation est grave. Le frère André souffre d'une inflammation à l'œil et son estomac ne lui laisse plus de répit. Toute la nuit, ses gémissements se font entendre. Le lendemain, il refuse de prolonger son séjour à l'étranger :

— Non, je rentre... saint Joseph me pousse.

Le matin du départ, il n'a pas la force d'assister à la messe. Avant que la voiture qui le ramène à Montréal démarre, il sort de sa poche une poignée de médailles.

— Ce sont les dernières que je vous donne, dit-il tristement.

* * *

Enfin, l'Oratoire apparaît à l'horizon. Le vieil homme qui descend de voiture n'est plus que l'ombre de lui-même. Son estomac est devenu extrêmement capricieux. Il parle peu. Sa voix n'est qu'un filet. Il passe maintenant de longues heures, étendu sur son petit lit de fer, à égrener son chapelet.

— Frère André, vous avez une visite spéciale.

Le petit frère se lève. Il serre dans ses bras Oresse, la petite-fille de son frère aîné Isaïe. Elle est venue des États-Unis pour lui confier son secret :

— Mon oncle, je veux me faire religieuse !

— Tu veux faire une religieuse, reprend doucement le frère André ? Sois une bonne religieuse.

Doucement, d'une voix à peine perceptible, le thaumaturge lui parle de la Passion. Les sons sortent à peine et la nièce du frère a du mal à comprendre ce qu'il cherche à dire. Soudain, le vieillard chancelle.

— Mon oncle ? s'écrie la jeune fille, je vais chercher un prêtre !

— N'y va pas, fait le frère qui se remet lentement.

Une nouvelle crise d'angine de poitrine. Comme s'il ne s'était rien passé, le petit frère reprend la conversation :

— La Passion du Christ…

* * *

Noël 1936. La journée se passe dans l'intimité. On a laissé croire que le frère André était en voyage afin de lui accorder un peu de répit. Il a tout de même accepté de passer quelques heures chez Azarias Claude. Et puis, il s'est retiré dans le silence de sa chambrette.

Malgré la recommandation du docteur Lamy qui l'incite au repos complet, le frère André paraît à son bureau le dimanche suivant. Ce 27 décembre, une forte tempête de neige s'abat sur Montréal. Les visiteurs bravent la bourrasque qui tourbillonne sur la montagne. Parmi les fidèles, on reconnaît le grand ami du frère André, Joseph Pichette. Il a une faveur particulière à demander : un de ses proches est malade et réclame le petit frère. Celui-ci se plie de bonne grâce à la demande de Joseph. Après la visite, il se tourne vers son chauffeur et dit :

— Votre ami va aller dîner avec le bon Dieu au Jour de l'An.

— Il n'y a pas de meilleure place, répond monsieur Pichette.

Naturellement, Joseph Pichette ramène le frère André chez lui pour souper. Après le repas, le vieillard se plaint d'un mal inconnu :

— C'est curieux, je me sens un mal de jambes comme je n'en ai jamais eu.

Inquiet, Joseph Pichette lui propose de le reconduire directement à l'Oratoire.

— C'est impossible, s'objecte le frère qui a promis à la mère du père Cousineau d'arrêter voir son deuxième mari, monsieur Allard, qui est indisposé.

Le temps est maussade. Joseph Pichette accepte tout de même de conduire le frère à Saint-Laurent. Les deux hommes ne prolongent pas leur visite. Monsieur Allard se sent tout à fait mieux. Au moment du départ, madame Allard et son mari prennent le frère par le bras pour l'aider à se lever.

— En tout cas, badine le frère André, on peut dire qu'on est trois anciennes jeunesses !

Dehors, la tempête bat son plein et la chaussée est glissante. La voiture dévie légèrement de sa route devant l'hôpital de Saint-Laurent.

— Attention, monsieur Pichette, n'entrez pas dans l'hôpital avec votre machine. Les sœurs vont être trop surprises.

— Nous les avertirons, répond Joseph Pichette, elles ouvriront leurs portes un peu plus grandes.

— Mon Dieu que c'est bon des bonnes sœurs, ajoute le frère en regardant l'hôpital. C'est donc une place paisible, ici. Qu'elles sont bonnes pour leurs malades.

Après un moment de silence, le vieillard ajoute, comme pour lui-même :

— Oui, c'est une belle place pour mourir.

Péniblement, l'automobile de Joseph Pichette suit la route enneigée qui conduit à la Côte-des-Neiges. Devant l'église, le frère André recommande à son chauffeur d'être prudent, vu l'état de la route :

— Savez-vous, monsieur Pichette, vous ne monterez pas la côte, c'est trop dangereux. Vous resterez en bas. On montera tranquillement à pied.

Avant que le frère ait achevé sa phrase, Joseph Pichette a déjà appuyé sur l'accélérateur et la voiture grimpe allègrement la pente, comme en plein été.

— D'abord qu'on est rendu, raisonne le frère, on n'est pas pour redescendre et remonter à pied. Je vais vous regarder partir, vous n'aurez pas d'accident.

Une fois dans sa chambre, le frère André refuse d'enlever son pardessus.

— J'ai affaire à la crypte, ajoute-t-il à l'intention de son ami, si vous n'êtes pas trop pressé, on va y aller tous les deux.

Le frère prend une béquille et deux cannes et les cache sous son manteau. Il tient à les déposer aux côtés des autres ex-voto, ce soir même. En passant devant la crèche, il s'arrête :

— Comme le petit Jésus est beau. On dirait qu'il nous parle.

Au retour, le frère esquisse un moment d'impatience :

— Pourquoi ont-ils laissé la lumière allumée ? C'est de l'argent qui s'en va pour rien… Attendez-moi un peu, je vais prévenir le religieux qui s'occupe de la sacristie.

Enfin, tout est en ordre. Le petit frère regagne sa chambre. De sa fenêtre, il regarde partir son ami qui roule sans problème sur le chemin glacé.

« J'ai l'impression d'avancer dans le sable ! », pense Joseph Pichette.

En sortant, ce dimanche de tempête, le frère André a présumé de ses forces. Le lendemain, il souffre d'une petite grippe. Appelé à son chevet, le docteur Lamy lui conseille de garder le lit.

Toute la journée, il souffre. Ses mains tremblent. Il reste étendu sur son lit, portant sa soutane, comme d'habitude. Il ne se plaint pas. On devine qu'il prie. Le frère Placide lui frictionne la poitrine avec sa médaille de saint Joseph. Jour et nuit, il s'occupe du malade qui préfère que les religieuses ne pénètrent pas dans sa chambre.

Pendant que le frère Placide se repose, le père Courtemanche prend la relève. Durant la nuit, le frère sonne :

— J'ai froid.

Il se rendort. Un peu plus tard, nouveau son de cloche :

— Ma jambe, on la dirait dans le Pôle Nord.

Le père Courtemanche le frictionne. Il ne quitte plus son malade.

— Je ne veux pas vous laisser seul, explique le prêtre.

— Bah ! saint Joseph aura bien soin de son vieux chien. Au petit matin, le docteur Lamy rend visite au malade qui va de mal en pis. Il décide de l'hospitaliser. Mais, pour ne pas l'alarmer inutilement, il prétexte les fatigues qu'occasionnera le Jour de l'An avec ses réceptions, ses cérémonies religieuses et ses visites.

— Vous n'aimeriez pas aller vous cacher quelque part ?

Le frère André acquiesce d'un signe de tête. Le docteur parle de l'Hôtel-Dieu mais le frère ne se montre guère enthousiaste.

— Je connais une maison tranquille où vous serez très bien, assure le médecin qui a son idée derrière la tête. Que diriez-vous d'un petit coin à l'hôpital Saint-Laurent ?

L'ambulance quitte l'Oratoire discrètement, vers huit heures du soir. On a demandé à l'ami du frère, Paul Corbeil, de l'accompagner jusqu'à l'hôpital. Le malade est lié à la civière.

— J'étouffe, dit-il.

— Prenez patience, encourage le frère Placide qui est du voyage. Ce ne sera pas long, nous allons bientôt arriver.

À l'hôpital, les infirmiers libèrent le petit frère qui frissonne et claque des dents.

— Le petit poulain est au galop, dit-il en s'efforçant de sourire.

Mais la nausée le secoue.

Il ne se reposera que lorsqu'on l'aura enfin déposé sur son lit d'hôpital, dans une chambre au rez-de-chaussée. Les oreillers soulèvent sa tête et sa poitrine pour lui permettre une meilleure respiration. Il tient son chapelet à la main. Sa médaille de saint Joseph repose sur le drap blanc.

* * *

Sœur Marie-Camille ne fait qu'un bond. Au son de la clochette, elle accourt dans la chambre du frère André.

— C'est votre vieux tannant qui sonne encore.

Le mal prend de la force. Le docteur Badeaux, qui remplace le médecin habituel du frère, prescrit de l'oxygène et des piqûres de sparto-camphre.

— Ne me prescrivez pas de calmants, insiste le frère. Je pense que la sœur m'en donne... On ne peut pas se fier aux sœurs.

À l'heure des repas, sœur Marie-Camille pose l'éternelle question :

— Qu'est-ce que nous allons vous préparer ?

— De la bouillie, ma sœur, faite avec de l'eau, de la farine et du sel.

La religieuse triche : elle remplace la farine par un peu d'amidon de maïs pour alléger le mélange.

— C'est trop bon, proteste le malade. Faites donc comme je vous ai demandé, ajoute-t-il, car la mixture de la sœur ne passe pas.

Les visites sont interdites. Seuls Joseph Pichette, Léopold Lussier et quelques intimes viennent réciter le chapelet avec le malade.

Même souffrant, le petit frère se montre vigilant. Quand Léopold Lussier lui fait la barbe ou lorsque sœur Marie-Camille redresse ses oreillers, il surveille, interdisant à l'un et l'autre de conserver ses poils ou ses cheveux.

— On pense que je ne m'aperçois de rien, bougonne-t-il.

Dans le corridor, les religieuses défilent, réclamant les prières du thaumaturge.

— Mais oui, je prierai, je prierai, leur répond-il. Ayez confiance, priez saint Joseph.

Au Jour de l'An, le père Albert Cousineau passe quelques heures auprès du malade. Sœur Marie-Camille est autorisée à prendre du repos. Elle se retire dans sa cellule… où, à l'abri des regards, elle découpe en petits morceaux les vêtements usés du petit frère.

* * *

— Mon Dieu! Que je souffre!

De une heure à trois heures de la nuit, ce 5 janvier 1937, la plainte résignée se fait entendre, faiblement d'abord, imperceptible ensuite. Les derniers jours ont été cruels; les souffrances du frère allaient en empirant au fur et à mesure que le mal gagnait tout son être.

Vers quatre heures du matin, le silence envahit la pièce. Tôt ce matin-là, le père Cousineau administre sous condition les derniers sacrements. Personne n'avait pensé proposer au malade conscient l'extrême-onction… personne ne croyait vraiment qu'il allait mourir. Lorsque le docteur Lamy annonce que, suite à l'urémie, son patient a sombré dans le coma, il faut se rendre à l'évidence : le frère André va s'éteindre.

* * *

Assis sur une chaise droite à côté du lit du frère André désormais inconscient, le père Cousineau veille. Le vieil homme gît, minuscule dans son petit lit de fer, légèrement assis et tenant toujours entre ses doigts son précieux chapelet.

Fixant les traits éteints du vieillard, le père revoit dans sa tête chaque instant de leur dernier entretien. C'était le lendemain de l'entrée du malade à l'hôpital. Il grimaçait de douleur sans se plaindre.

— Souffrez-vous? avait demandé le supérieur.

— Oui, mais je remercie le bon Dieu de me donner la grâce de souffrir. J'en ai tant besoin! La maladie est une bonne chose parce que cela aide à considérer sa vie passée et à réparer par le repentir et par la souffrance.

Le frère André avait essayé de se rapprocher de son visiteur. Empruntant le ton de la confidence, il avait supplié:

— J'ai quelque chose à vous demander, mon père: voulez-vous prier pour ma conversion?

Puis, le malade s'était enquis de l'état de santé du pape, comme il le faisait chaque jour depuis qu'il avait appris l'indisposition du Saint-Père:

— Souffre-t-il beaucoup?

Le père Cousineau avait tenté de le rassurer. Pie XI, âgé de soixante-dix-neuf ans, souffrait encore d'insomnie et d'insuffisance cardiaque, mais il recouvrait ses forces. Il avait même demandé à son médecin s'il pourrait bientôt reprendre ses activités. Le docteur avait donné son accord à la condition qu'il se déplace en chaise roulante à cause de ses douleurs aux jambes.

Le petit frère avait regardé sa main engourdie et avait dit:

— Je paralyse comme le Saint-Père.

Puis à l'intention de son supérieur:

— Mon bras, c'est un communiste. Il m'en veut et me fait souffrir, le méchant.

Avant le départ du père Cousineau, le frère André avait demandé encore :

— Comment vont les démarches pour les travaux de l'Oratoire ?

Son supérieur avait expliqué où en étaient les transactions : le matin même, une lettre adressée au Saint-Siège avait quitté son bureau. Elle faisait état de l'appui de monseigneur Gauthier et réclamait l'autorisation d'effectuer un nouvel emprunt.

— Les travaux réussiront, avait promis le frère André. Vous aurez ce qu'il vous faut pour achever le temple de saint Joseph.

« Pauvre frère André, songe tristement le père Cousineau en se retirant. Il n'aura pas eu le grand bonheur tant désiré. Je l'entends encore me dire : "Je suis bien vieux ! J'ai quatre-vingt-onze ans : ma grande joie serait d'entrer dans la basilique de saint Joseph." »

* * *

Trop tard ! Azarias se rend à l'hôpital tel qu'il l'a promis au frère André, la veille. Hélas ! son ami n'a pas attendu son arrivée. Monsieur Claude a devant lui un homme au visage fermé, aux traits impassibles. Le père Cousineau, qu'il a croisé dans le corridor de l'hôpital, affirme qu'il n'a plus sa connaissance.

Et s'il avait encore des moments de conscience ? Azarias Claude, son fidèle gardien, prend la main du petit frère pour qu'il sente sa présence.

La fin brusque du frère André surprend Azarias. Dire que le jour de Noël, il s'est attablé chez les Claude. Il paraissait joyeux, mais il savait d'ores et déjà que ses jours étaient comptés.

On avait parlé, comme d'habitude, du péril rouge. Le bruit ne cesse de courir que les communistes vont brûler les églises du Québec. Le pape Pie XI a placé la lutte de l'Église contre le communisme athée sous l'égide de saint Joseph. Le frère André avait demandé à la famille réunie de prier pour le Saint-Père dont l'état de santé s'aggravait.

— La vie du pape est précieuse pour le bien de l'Église. La vie du frère André n'a pas d'importance. Je suis déjà très vieux. Je serais bien prêt à disparaître pour prolonger la vie du Saint-Père.

— Mais l'Oratoire a encore besoin de vous, avait protesté Azarias.

— Quand quelqu'un fait du bien sur la terre, ce n'est rien en comparaison de ce qu'il pourra faire une fois rendu au ciel.

Après un silence, il avait dit encore :

— Non, le pape ne mourra pas, c'est moi qui mourrai à sa place.

* * *

Azarias Claude descend lentement les marches de bois du petit hôpital de briques rouges. Ce matin-là, à la radio, un bulletin spécial rapporte une amélioration de l'état de santé du pape...

Il se fraye un passage à travers la cohue, déjà dense aux abords de la clinique des sœurs de l'Espérance à Saint-Laurent. Dès dix heures, on laisse pénétrer les amis et les fidèles visiteurs dans la chambre du mourant. La foule s'épaissit d'heure en heure en dépit du froid sibérien qui sévit.

Dans les rues de la métropole, on ne parle plus que du frère André qui se meurt. Trois médecins suivent les derniers instants du thaumaturge : ses cousins, les docteurs Ubald et Joseph Bessette, et son praticien habituel, le docteur Lionel Lamy. Ils administrent une piqûre de coramine pour soulager

le malade. On installe la tente à oxygène. Aucune amélioration ne s'ensuit.

Vers minuit, le malade livre son dernier combat. L'agonie
tire à sa fin. Dans sa chambre où pleuvent les prières des intimes agenouillés autour du lit, le malade s'affaisse de plus en
plus.

Et bientôt, c'est la fin... Dans les dernières minutes, deux
spasmes le secouent. Son visage se contracte, puis un troisième spasme provoque une contorsion de tout le corps, surtout au niveau de la poitrine.

Joseph Pichette approche des lèvres du moribond le petit
crucifix qu'il tenait à la main.

À minuit cinquante-cinq minutes, ce mercredi 6 janvier
1937, le frère André s'éteint sans avoir repris conscience.

Chapitre 21

Un bâtisseur de cathédrale

Le lendemain de l'Épiphanie, les journaux ne parlent que de la mort du frère André. *La Presse* décrit la maladie qui vient de l'emporter:

> *Le frère André eut une crise cardiaque causée par son grand âge et la fatigue entre Noël et le Premier de l'An. Souffrant d'artério-sclérose, le malade fit, comme première complication, mardi matin 5 janvier, de l'hémiplégie droite qui, comme phase terminale, dégénéra en asthénie cardiaque, causant la mort.*

Plus nombreuse que la veille, la foule attend à l'entrée de l'hôpital de Saint-Laurent, déterminée, malgré la pluie glaciale, le grésil et les vents impétueux, à accompagner le corps du frère André jusqu'à l'Oratoire. Le Québec s'apprête à vivre l'une des semaines les plus bouleversantes de son histoire.

Par respect, le père Cousineau s'oppose à l'embaumement du défunt. Des artistes professionnels, Carli et Petrucci, moulent son visage dans le plâtre. Un spécialiste de l'Hôtel-Dieu, le docteur J. L. Riopelle, anatomopathologiste, prête main-forte au docteur Lamy qui procède à l'exérèse du cœur du thaumaturge qu'on a décidé de conserver intact. Cette tradition répandue en France consiste à extraire le cœur des rois et des êtres d'exception avant de les porter en terre.

Vers dix heures, les employés des pompes funèbres apportent le modeste coffre de bois dans lequel ils placent la dépouille. Au milieu de l'après-midi, l'interminable défilé se met en branle. Le cortège se rend jusqu'en haut du mont Royal.

L'émotion submerge les pèlerins lorsque, après une courte cérémonie, l'on dépose le cercueil dans la partie de la crypte aménagée en chapelle ardente, en face de l'entrée principale. Le thaumaturge y repose, entouré des ex-voto qu'il chérissait.

En fin de journée, la foule éplorée veut s'approcher du corps du frère André. Pour le voir une dernière fois, le toucher, lui demander une faveur...

C'est la course aux reliques. Certains, parmi les visiteurs les plus audacieux, lui volent une médaille ou un bout de vêtement. On a même vu une femme sortir une paire de ciseaux de son sac pour lui couper une mèche de cheveux. Le recteur Deguire demande à deux policiers de se poster à chaque bout du cercueil pour surveiller les gens qui touchent à sa tête, à ses pieds ou à ses mains. Il faut doubler la surveillance à sa chambre et à la chapelle, car les religieux qui y ont accès cherchent, eux aussi, à se procurer des objets lui ayant appartenu.

En 24 heures, près de 160 000 personnes s'approchent de la dépouille. Les tramways et les taxis ne désemplissent pas. Les terrains de stationnement sont bondés de voitures jusqu'à la fermeture de la crypte, vers 11 heures du soir. Durant les deux derniers jours, les portes resteront ouvertes 24 heures sur 24. Des trains spéciaux entrent en gare Bonaventure ; ils arrivent de l'Ontario, du Maine, du Massachusetts, du Connecticut, du Vermont et du Rhode Island.

Dieu merci ! il ne se produit aucun désordre. Silencieux, les pèlerins et les malades, dont plusieurs sur des civières, s'approchent du cercueil. Certains se déclarent guéris. On crie au miracle. Les moins chanceux, tel ce bambin d'une dizaine d'années, Marcel Lalonde (qui deviendra un jour père de Sainte-Croix et recteur de l'Oratoire), ne réussiront pas à pénétrer dans la crypte tant la cohue est envahissante.

Le lendemain et les jours suivants, les chemins conduisant à la crypte, les terrasses et les parterres sont noirs de monde. Il faut compter de cinq à six heures pour parcourir une distance de 1500 pi (500 m) avant d'atteindre la dépouille.

Des femmes s'évanouissent, des malades manquent d'air... On organise sans tarder un service de santé. Des infirmières bénévoles fournissent les soins d'urgence.

Prévenus par la radio de la situation, les pèlerins, déterminés à rester tard dans la nuit, apportent leur nourriture. À l'intérieur, quelque 300 policiers et pompiers assurent l'ordre. À l'extérieur, chacun se débrouille comme il peut. Le cardinal Rodrigue Villeneuve, primat de l'Église canadienne, a même été incapable se frayer un passage jusqu'au thaumaturge.

Observant la cohue, le père supérieur ne peut s'empêcher de remarquer : « Si le pape venait à mourir à Montréal, il n'y aurait pas plus de monde. »

Pour permettre à un plus grand nombre de fidèles de s'approcher du frère André, les autorités religieuses décident de retarder les obsèques. Pendant ce temps, des télégrammes de sympathie arrivent de partout. Environ 324 journaux à travers le globe publient la nouvelle. En moins d'un mois, 561 articles sont consacrés à son décès.

Brother André, Miracle Man dies in Montreal titre le *Daily Times* de Gloucester, en Angleterre. *Au Canada, un extraordinaire thaumaturge vient de mourir*, rapporte à son tour le *Figaro*, en France. De son côté, *Le Droit* d'Ottawa écrit : *Petit frère, vous nous manquerez.*

Omer Héroux, rédacteur en chef du *Devoir*, rend un vibrant message d'estime à cet homme d'une humilité désarmante :

> *Un vieillard qui, au milieu du prodigieux succès de son œuvre, alors qu'il était entouré de tant d'hommages et d'indiscrètes curiosités parfois, gardait toute la simplicité d'un enfant.*

* * *

Avant que sonnent huit heures, le samedi 9 janvier, un long cortège quitte le mont Royal et se dirige lentement vers la cathédrale de Montréal, rue Dorchester : 400 personnes suivent à pied la rue Guy sous une pluie aveuglante et glaciale. Le vent siffle encore plus fort que la veille. Les chemins boueux et impraticables forcent les voitures à rouler au ralenti. Certaines dérapent. À l'entrée, le service d'ordre est obligé de refuser des gens. Monseigneur Gauthier officie l'absoute qui débute au son de l'orgue sur le coup de neuf heures. Ministres, députés et échevins y assistent.

Après l'office religieux, le cortège se remet en branle. Il se dirige vers l'Oratoire. Avant d'amorcer pour la dernière fois l'ascension du mont Royal, on s'arrête au Collège Notre-Dame. Le cercueil de l'ancien portier est introduit dans le parloir de l'institution, à quelques pas de la loge qu'il avait occupée durant une quarantaine d'années. Les étudiants ont congé de classe. Ils dégringolent les escaliers pour venir se recueillir devant le corps. La veille, ils avaient obtenu la permission de regarder par les fenêtres. La foule leur paraissait si compacte que, pour se faufiler du collège jusqu'à la crypte, il aurait fallu marcher sur la tête des gens. Dans les murs de son alma mater, Maurice Duplessis, premier ministre du Québec, rend un dernier hommage à son vieil ami. Il est accompagné du maire de Montréal, Adhémar Raynault.

Dehors, les tramways se suivent sur le Chemin-de-la-Reine-Marie. Bientôt, le réseau habituel ne suffit plus à la demande. La compagnie remet en fonction ses véhicules empoussiérés et relégués aux garages depuis belle lurette.

Les fidèles continuent à défiler jusqu'au mardi, alors qu'a lieu le service septime. Pas de fleurs. Tout n'est que simplicité.

Venu de Québec, le cardinal Villeneuve prononce une allocution.

Jusqu'à la dernière minute, la foule joue du coude pour s'approcher du cercueil. Des hommes et des femmes en larmes touchent les mains jointes du défunt. Des cousins du religieux réclament la permission de passer devant les autres.

— Je suis la petite-nièce de sa mère, insiste madame Monty.

— Aujourd'hui, tout le monde est parent du frère André, réplique le policier en faction qui lui refuse ce passe-droit.

Après le service religieux, ce mardi matin, les pèlerins se dispersent et les portes de la crypte se referment. Seuls quelques membres du clergé et les amis intimes du défunt assistent à l'ensevelissement, peu après deux heures de l'après-midi. La bière est déposée dans un cercueil de cuivre, lui-même enfermé dans un cercueil de bois recouvert d'un drap noir. Le chancelier y appose les scellés en versant la cire rouge fondue. Puis, on le descend à la crypte dans un tombeau de ciment.

Quelques jours plus tard, les autorités médicales remettent au père Cousineau le cœur du thaumaturge. Le vase de verre épais de forme rectangulaire dans lequel il repose est placé dans un coffret d'acier à l'épreuve du feu et exposé dans la sacristie.

Le premier ministre Duplessis offre personnellement le mausolée. Les proches du frère André se réunissent et rédigent leur lettre d'adieu. Elle porte 49 signatures. Quelques jours après, le 14 janvier, un dernier service aura lieu à l'église de Saint-Césaire où le jeune Alfred a passé une partie de son enfance. La cérémonie sera présidée par le père Clément, son confrère, qui cache difficilement sa peine.

* * *

Il s'en est fallu de peu pour que le frère André voie le parachèvement de la basilique. Jusqu'à ses derniers jours, il en a caressé l'espoir. Dix mois plus tard, le 15 novembre, ce sera chose faite. Pour l'instant, seule la crypte est sortie de terre.

Peu après sa mort, l'Oratoire avait obtenu l'autorisation de Rome d'emprunter l'argent nécessaire aux travaux. Ceux-ci ont repris le 21 avril 1937. L'architecte Dom Bellot, moine bénédictin français, avait cependant dû simplifier les plans des tourelles et du dôme. Au début de juillet, l'arc de la façade s'éleva enfin. Il était presque terminé à temps pour la fête du Travail, le 5 septembre, alors que 30 000 ouvriers assistaient à la traditionnelle cérémonie religieuse de la montagne.

L'automne venu, on pose les premières formes de la coupole. L'hiver approche, il faut se hâter. Mais les fonds manquent et le père Cousineau se voit contraint de lancer un appel général. La réponse du public ne se fait pas attendre. Les ouvriers réapparaissent et, le 30 octobre, le chantier s'achève. Il ne reste plus qu'à installer le système de chauffage pour empêcher le froid d'endommager le béton qui sera projeté autour des formes, à jet continu, même la nuit, pendant dix jours. Bientôt, on démolit les échafaudages.

Le 15 novembre, à 21 heures, l'immense dôme de Dom Bellot, formé d'un seul bloc, se dresse à plus de 500 pi (152 m) au-dessus du niveau de la rue et à 856 pi (261 m) au-dessus du niveau de la mer. Il s'agit du point le plus élevé de tous les édifices de Montréal. Un impressionnant escalier mène à la crypte.

Si l'on en croit les *Annales de Saint-Joseph*, l'année qui a suivi le décès du thaumaturge, plus de trois millions de pèlerins ont rendu visite à leur ami disparu. Mais la guerre fera bientôt rage, ce qui ralentira les travaux sans toutefois les arrêter.

Au cours des années suivantes, le dôme sera recouvert de cuivre et surmonté d'une croix. Depuis, il scintille sur le mont Royal. Et les associés du frère André dans cette gigantesque aventure se souviennent de la boutade qu'il leur avait lancée peu avant sa mort: «Vous voulez couvrir la basilique? Installez la statue de saint Joseph à l'intérieur. Il trouvera bien à se couvrir.»

L'Oratoire Saint-Joseph ne sera complété qu'en 1966, à temps pour accueillir les milliers de touristes qui visiteront Terre des Hommes, à l'occasion de l'Expo 67. Réalisée d'après les plans de l'architecte montréalais Gérard Notebaert, elle peut contenir 10 000 personnes debout et 3 000 assises. Sa longueur totale est de 341 pi (104 m) et sa largeur de 210 pi (64 m).

* * *

Le frère André disparu, qu'adviendra-t-il de la basilique inachevée? La question inquiète les pères de Sainte-Croix qui redoutent une baisse de la fréquentation. Les fonds manquent pour poursuivre les travaux et la dette est élevée. S'il fallait que les pèlerins désertent le mont Royal! Le sanctuaire sur la montagne pourrait devenir un gouffre financier.

Avant la fin de l'année 1937, un père du Saint-Sacrement de Québec, Rosaire Audet, se propose pour remplacer le frère André. Ayant visité les malades en compagnie de celui-ci – il l'a notamment vu guérir un communiste souffrant d'une crise de rhumatisme –, il prétend connaître son secret. En répétant les mêmes gestes et en utilisant l'huile de saint Joseph, il croit pouvoir obtenir des guérisons comme le frère André. Le recteur Deguire refuse sa proposition et le cardinal Villeneuve, archevêque de Québec, prie le suppléant de cesser ses activités.

Un autre jeune prêtre d'allure mystique, le père Ovila Melanson, tente à son tour de remplacer le thaumaturge à son bureau de l'Oratoire. Le fidèle Azarias Claude encourage les visiteurs à lui faire confiance. En vain. L'attitude austère du nouveau venu et sa prédication rigoriste éloignent les habitués qui préfèrent aller à la crypte se recueillir sur le tombeau du petit frère, comme de son vivant.

Bien qu'âgé, monsieur Claude reprend du service. À présent, il garde la porte de la chambre du frère André ouverte au public. Il parle de son ami décédé aux visiteurs à qui il offre des reliques plus ou moins authentiques, moyennant 25 sous. Le soir, il remet ces aumônes à l'Oratoire pour faire chanter des messes à la chapelle. Encore une fois, le père Deguire doit s'interposer et lui demander de cesser ses activités. À 75 ans, le vieillard y met donc fin, après un quart de siècle de loyaux services. Personne ne doute de sa bonne foi, mais la prudence commande aux autorités d'interdire ce qui peut ressembler à un commerce.

Il faut dire que, même de son vivant, le frère André faisait l'objet d'un culte et cela encourageait les escroqueries. Dès 1912, l'on vendait des feuillets sur lesquels on pouvait lire des prières attribuées au thaumaturge et, peu après, des commerçants malfaisants ont mis sur le marché un onguent portant son nom. Après sa mort apparurent d'autres objets de piété prétendument offerts par l'Oratoire. Les autorités redoublèrent de vigilance pour démasquer ces vendeurs sans scrupule. Elles publièrent des mises en garde dans les *Annales de Saint-Joseph*.

Chapitre 22

Comment on devient un saint

Pour le frère André, né Alfred Bessette, le long chemin menant au royaume des cieux commence sous le pontificat de Pie XII, plus précisément le 13 novembre 1940. La volonté populaire de le voir monter sur les autels est telle que monseigneur Joseph Charbonneau, archevêque de Montréal depuis la mort de monseigneur Georges Gauthier, constitue rapidement un tribunal ecclésiastique. Il nomme le père Émile Deguire, ami intime du thaumaturge, responsable de la cause. Dès lors, le procès diocésain est instruit et le tribunal se réunit avant la fin de l'année. Il siégera plus de dix ans, au cours desquels il tiendra 293 séances.

Alors que se prépare le procès de non-culte, une commission d'enquête diocésaine ordonne qu'on déplace le tombeau du frère André de la crypte à un endroit moins susceptible d'encourager les pèlerins à le prier. En effet, l'Église interdit aux croyants de vouer un culte à une personne avant que Rome se soit définitivement prononcée. Le caveau dans lequel se trouve le corps du thaumaturge sera donc placé dans la chapelle des ex-voto.

Afin d'aider les enquêteurs à s'y retrouver, on confie au père Henri-Paul Bergeron la rédaction d'une biographie du frère André. L'auteur de cette esquisse biographique de facture hagiographique rassemble une abondante documentation et recueille les confidences des confrères et amis du thaumaturge. Toutefois, il se heurte à l'absence de documents écrits et aussi à la discrétion du religieux qui, souligne-t-il en conclusion de son ouvrage intitulé Le frère André, c.s.c., s'est défendu contre toute incursion dans son intimité.

Entre-temps, avec l'approbation de l'archevêque de Montréal, l'Oratoire met sur pied un bureau de consultations médicales dirigé par le docteur Lionel Lamy. Assisté par une équipe de professionnels bénévoles, le médecin personnel du frère André, celui-là même qui l'a accompagné jusqu'à ses derniers moments, scrute les dossiers de guérison soumis à l'Oratoire afin de contrôler scientifiquement la nature de la maladie du patient guéri et sa gravité. Avant le premier octobre 1958, il se sera penché sur 791 cas. De ce nombre, une quarantaine sera retenue en vue d'être éventuellement étudiée à Rome.

La première étape de l'enquête diocésaine, l'analyse de ses écrits, se déroule sans anicroche, et pour cause : illettré, le frère André ne court pas le risque d'être recalé à l'écrit, comme certains candidats à la sainteté qui pour leur malheur avaient couché sur papier leurs troublantes méditations sur la foi. Les deux seules lettres que le thaumaturge a laissées à la postérité s'adressaient à ses parents adoptifs, Timothée et Rosalie Nadeau, de Saint-Césaire. Signées : *Je suis pour la vie, votre neveu, frère André*, ces missives dictées à un confrère racontent son bonheur d'avoir embrassé la vie religieuse. Il remercie ses bienfaiteurs pour tout ce qu'ils ont fait pour lui et les invite à lui rendre visite au Collège Notre-Dame.

Par la suite, on ne lui connaît aucune correspondance. Seules restent quelques signatures tracées maladroitement. D'après son ami le père Émile Deguire, il lui fallait cinq à dix minutes pour écrire son nom.

Le 8 octobre 1941 s'ouvre le procès informatif, sous la présidence du chanoine Adélard Arbour. Pendant plusieurs années, le tribunal scrute la vie et les vertus du candidat à la sainteté. Les avocats posent 160 questions à 49 témoins (dont

32 Montréalais et 10 Maskoutains, Ontariens et Américains de Providence, Rhode Island) qui l'ont connu intimement, des laïcs pour la plupart, afin de déterminer s'il a vécu selon l'Évangile. Leurs dépositions sont consignées dans un *summarium* de 1084 pages que j'ai pu consulter à volonté. Tout est noté: sa naissance à Saint-Grégoire, le 9 août 1845; l'accident de son père Isaac Bessette, écrasé mortellement par l'orme qu'il abattait; la tuberculose qui emporta sa mère Clothilde Foisy, laissant derrière elle 10 orphelins, dont Alfred, que nous suivrons en exil, où il passera quatre années dans les filatures de la Nouvelle-Angleterre. Enfin, les détails fourmillent à propos de son noviciat chez les frères de Sainte-Croix, où il fut barbier, embaumeur, jardinier et portier... pendant 40 ans!

À travers ces dépositions, on découvre un ascète qui mangeait peu et priait beaucoup. Un religieux hors normes qui vouait un culte particulier à saint Joseph, choisi comme patron de la Nouvelle-France en présence de Samuel de Champlain, en 1624, et que le frère André affectionnait parce qu'il lui rappelait son père charpentier et menuisier, lui aussi.

Naturellement, tout au long du procès, l'avocat du diable prend un malin plaisir à interroger les témoins à propos des célèbres, mais fort peu vertueuses, sautes d'humeur du frère André. Il est de notoriété publique que le thaumaturge piquait de saintes colères. «Arrêtez donc de vous plaindre!», martelait-il d'un ton bourru. Ou encore: «Sortez d'ici!» Certains visiteurs, paraît-il, repartaient en pleurs.

Dans sa déposition, Azarias Claude, ce riche commerçant qui, pendant des décennies, lui a servi de portier et de garde du corps, prend la défense de son ami: même malade, le vieillard enfilait les heures à son bureau sans jamais faire faux bond à ses solliciteurs.

Un autre fidèle protecteur du frère André, Jos Pichette, marchand de chaussures dont j'ai relaté la guérison dans ces pages, et qui consacrait ses soirées à le conduire auprès des gens trop mal en point pour venir à l'Oratoire, explique autrement les sautes d'humeur de son ami. Celui-ci, dit-il aux avocats, perdait patience quand les gens lui demandaient d'accomplir un miracle:

— Il trouvait le monde bête de s'imaginer que c'était lui qui guérissait.

Dans une entrevue qu'il m'accordera, le père Deguire abondera dans le même sens: «Le frère André souffrait jusqu'à en pleurer de voir qu'on lui attribuait un don de guérison, alors qu'il se considérait comme le commissionnaire de saint Joseph. Son petit chien.»

D'autres témoins interrogés à l'enquête mettent son ton bourru sur le compte de l'attitude frondeuse de certains malades. Parfois, rappellent-ils, le pauvre frère se sentait dépassé par les événements. Un jour, une femme affublée d'une bosse sur le nez lui ordonna de l'enlever sur-le-champ. Devant des exigences aussi farfelues, il versait dans l'humour facile. Ainsi, en voyant arriver un cul-de-jatte, il laissa échapper: «J'espère que celui-là ne vient pas me demander de lui faire pousser une paire de jambes!»

Tous s'accordent cependant pour affirmer que ses visiteuses, toujours trop légèrement vêtues à son goût, le faisaient littéralement sortir de ses gonds. «Les femmes, c'est du poison!» ronchonnait-il. À celle qui avait mal à la gorge, il lançait: «Frottez-vous jusqu'à ce que le linge repousse!» À une autre qui se plaignait d'être oppressée, il répondait sèchement: «Ce n'est toujours bien pas votre collet qui vous gêne!» On l'a même entendu dire, cinglant: «Est-ce votre costume de bain que vous portez? Allez vous rhabiller! Vous reviendrez après.»

La fille d'Azarias Claude, avec qui j'ai discuté de la chose pour les besoins de ce livre, m'a confirmé que le frère André n'était ni plus ni moins scrupuleux que le clergé de son époque. Pour ne pas offenser sa pudeur, son père s'était procuré des mantes de différentes tailles dont il couvrait les épaules dénudées des visiteuses avant leur passage devant le thaumaturge.

Enfin, ses proches viendront affirmer sans l'ombre d'une hésitation que le petit frère était un homme de commerce agréable, qui taquinait gentiment ses interlocuteurs. Dans l'intimité, préciseront-ils, il laissait volontiers tomber son masque de sévérité. Par exemple, il aimait exhiber ses maigres biceps et, pince-sans-rire, prétendait qu'il écraserait sans difficulté quiconque voudrait s'en prendre à lui. Ce trait de caractère a aussi frappé le père Benoît Brunelle, qui avait bien connu l'humble portier du Collège Notre-Dame, et que j'ai interviewé : « Nous, les collégiens, le croisions à la sacristie et il nous montrait ses poings comme un boxeur en disant : *Do you want to fight ?* »

Marguerite Claude, quant à elle, se souvenait qu'il aimait les enfants. Chez ses parents, où il passait souvent la soirée, le frère André l'écoutait jouer du piano et chanter *Rigoletto* : « Il me trouvait bien bonne. »

Les juges ecclésiastiques analyseront tous ces témoignages. Ils ne retiendront pas contre le frère André son mauvais caractère qu'ils mettront, eux aussi, sur le compte de son âge avancé et de l'épuisement dû à ses interminables journées de labeur.

Jésus ne s'est-il pas emporté ? N'a-t-il pas chassé les vendeurs du temple ?

* * *

En relisant les notes du procès sur la vie du frère André, force est de constater que les interrogatoires furent parfois serrés. Par moments, on se serait cru dans une véritable cour de justice, en particulier lorsque l'avocat du diable, le chanoine Adolphe Sylvestre, posait des questions insidieuses pour confondre les témoins :

— Le frère André s'imposait-il des mortifications ?

— Oui, répondirent plusieurs témoins, il portait un cilice (ceinture cloutée) sous sa chemise.

Devant cette déposition, on ne peut s'empêcher de se demander s'il s'agit d'une mortification de la chair ou d'une manifestation de masochisme. J'ai posé la question au psychanalyste Michel Dansereau. «Je ne porterais pas de jugement tranché, dit-il. Ça peut l'être, mais ça ne l'est pas toujours. Le frère André croyait en la souffrance du corps et, en même temps, il avait de la compassion pour les corps souffrants.»

L'image préférée du frère André n'était-elle pas celle représentant le Christ ensanglanté attaché à un poteau, après la flagellation ?

De son côté, le vice-postulateur de la cause, le père Bernard Lafrenière, aujourd'hui disparu, m'a expliqué que l'Église y voit une volonté de dépassement. «La mortification fait partie de la tradition chrétienne et est considérée comme positive. C'est comme l'athlète qui s'impose des exercices dans l'espoir de ne pas céder au laisser-aller. De se dépasser.»

Autre question de l'avocat :

— Le frère André a-t-il vu le diable ? A-t-il été tourmenté par lui ?

Vers la fin de sa vie, des témoins affirment l'avoir vu projeté dans les airs et entendu se bagarrer avec le démon dans sa chambre. Il se plaignait parfois qu'une main lui serrait le cou fortement. Comme Jos Pichette l'a rapporté, «le diable cherchait à l'étouffer». Le père Émile Deguire, lui, se souvenait que son voisin de chambre avait souvent peur d'un gros chat noir menaçant. «Pourtant, insista-t-il lorsque je lui en ai parlé, il n'était pas porté aux hallucinations.»

Encore là, les juges sont demeurés froids devant ces témoignages qui peuvent être le fruit d'une imagination trop fertile. De tels incidents sont difficilement contrôlables et souvent reliés à l'iconographie.

* * *

Les procureurs ont ensuite voulu savoir comment s'est répandue sa réputation de guérisseur. De bouche à oreille, ont répondu ses proches. Il faut remonter à 1877 pour découvrir sa première guérison, celle du frère Aldéric, qui souffrait d'une blessure à la jambe. L'économe du Collège Notre-Dame s'était plaint à son collègue que les médecins voulaient l'amputer. Peu après sa guérison étonnante, il y eut celle d'un collégien fiévreux cloué au lit par le médecin et que le frère André avait envoyé jouer dehors apparemment en pleine forme. Un geste qui déclencha une rancune tenace du praticien contre le portier.

Les exploits de celui-ci se propagèrent ensuite comme une traînée de poudre. Bientôt, les éclopés et les malades envahirent le collège à la recherche du «petit frère qui guérit tous les maux».

Dès 1909, sa réputation s'étend bien au-delà de la Côte-des-Neiges. Cette année-là, il reçoit 24 745 lettres, dont 112 annoncent des guérisons complètes, tandis que 4 329 parlent d'amélioration! Même bilan spectaculaire en 1927, alors que 1 161 personnes affirment avoir été l'objet ou le témoin d'une guérison attribuée au frère André. Il fait figure de sauveur et chaque jour, la radio annonce ses déplacements.

Les journaux rapportent ses «miracles» sans aucun esprit critique. Un malade hospitalisé à Saint-Laurent vient d'être opéré à la suite d'une appendicite aiguë. Craignant le pire, on glisse une médaille de Saint-Joseph dans le bandage et il guérit. Ici, une méningite disparaît, là, une phlébite est évitée. Une dame affirme avoir été guérie d'un cancer après que son mari eut monté les marches de l'Oratoire à genoux. L'on évoque aussi bien la conversion d'un blasphémateur que celle d'un homme pratiquant une autre religion. L'épouse d'un apostat raconte: «Mon mari avait été influencé par de mauvais amis et il était tourné protestant [...]. Moi, je n'ai cessé de prier saint Joseph. À la fin, mon mari s'est converti. Trois semaines après, il mourait à l'Hôtel-Dieu. Vous dire comme il a fait une belle mort...»

La rumeur s'emballe et les gens téléphonent à l'Oratoire pour demander à quelle heure se font les miracles. Le va-et-vient incessant se poursuit, cependant que les béquilles, les prothèses et les corsets s'empilent à l'Oratoire, leurs proprié-taires les laissant au frère André en signe de reconnaissance pour les faveurs obtenues de son vivant ou après sa mort.

À la barre, les témoins n'en finissent plus de rapporter les faits qui se déroulent sur la montagne. Voilà qu'ils racontent les derniers jours du frère André qui, le 31 décembre 1937, entre à l'hôpital Notre-Dame-de-l'Espérance, à Saint-Laurent, pour ne plus en ressortir. Le docteur Lamy émet un diagnos-tic: artériosclérose, paralysie du côté droit, semi-coma, perte partielle de la vue. Dans sa chambre, à côté de lui, sur le drap blanc, ses proches remarquent sa médaille de saint Joseph, comme ils le mentionnent dans leurs dépositions. Ils évo-quent son agonie et se souviennent de ses paroles: «Le grand Tout-Puissant s'en vient.»

Au cours des neuf mois qui suivent la mort du frère André, les autorités compilent les résultats. Il y eut 933 guérisons et

6700 faveurs obtenues. En mars 1938, le petit Raymond de Chute-à-Blondeau guérit d'une tuberculose osseuse. Comme aussi Rose-Aline, une Montréalaise de 11 ans, atteinte de paralysie infantile, que ses parents ont conduit à la crypte. Après la bénédiction du Saint-Sacrement, on a appliqué un reliquaire sur ses jambes et… elle s'est mise à courir. Les autorités de l'Oratoire ne démentent pas la nouvelle racontée dans *La Presse* du 25 avril 1938.

L'enquête est maintenant bouclée. Le moment est venu de rassembler toutes ces dépositions dans un *summarium*. Le 15 avril 1958, on présente les actes du procès aux cardinaux chargés de déterminer si la cause peut être introduite à Rome. Pie XII réclame des précisions sur les fréquentes absences du thaumaturge qui lui permettaient d'échapper aux règlements de sa communauté. Surtout, il veut tout savoir à propos de sa façon de frictionner les malades avec de l'huile. Le père Deguire prépare la réponse, mais la mort du pape retarde encore la reprise des travaux. Finalement, le décret tant attendu sera prononcé un peu plus de deux ans plus tard. Et, le 8 novembre 1960, le pape Jean XXIII introduit la cause en cour de Rome.

Deux nouvelles enquêtes suivront, lesquelles s'étireront encore des années. Elles permettront aux experts en droit civil et canonique de reconnaître officiellement la vie exemplaire du candidat à la sainteté.

Il est midi, heure de Rome, le 12 juin 1978, lorsque le pape Paul VI promulgue le décret final qui reconnaît l'héroïcité des vertus du frère André et le proclame vénérable.

* * *

Tout est maintenant en place pour que débute à Rome comme à Montréal ce qu'on appelle le « procès des miracles ». Il s'agit de la deuxième des trois étapes devant mener à la canonisation du frère André. Pour l'instant, on cherche à le béatifier.

Au cours des années suivantes, une pléiade de médecins analysent rigoureusement trois des seize guérisons que le frère André aurait réalisées après sa mort. Le père Bernard Lafrenière, vice-postulateur de la cause à l'époque, m'a expliqué les règles qui doivent guider les experts médicaux. Pour qu'il y ait miracle, la maladie dont souffrait une personne doit être grave et sa guérison complète et permanente. La science ne doit pas pouvoir établir de lien de causalité entre le traitement médical et le résultat. Enfin, un contexte de prière et de foi doit avoir provoqué une intervention visible de Dieu.

La première de ces guérisons concerne sœur Marie de Saint-Frodobert, une missionnaire franciscaine de Tunis qui souffrait d'une inflammation des synoviales du genou droit. Son médecin l'a suivie pendant deux ans et demi. Elle aurait guéri subitement, la nuit de la mort du thaumaturge, après lui avoir exprimé sa reconnaissance.

Il y eut ensuite Yvonne Vignola-Breton, atteinte d'une otite depuis neuf ans. Son mal disparut instantanément au pied du tombeau du frère André, en 1940. Aujourd'hui, la science aurait guéri facilement cette jeune femme grâce à la découverte des antibiotiques. Pourquoi retenir cette guérison comme miraculeuse ?

« L'Église exige la spontanéité de la guérison, m'expliqua le père Lafrenière. La médecine, il est vrai, peut venir à bout de l'otite, mais de façon progressive et non immédiate. »

En février 1966, le tribunal étudie un dernier cas, celui de Joseph Audino, un Américain de Rochester, dans l'État de New York, souffrant d'un cancer du foie qui s'était généralisé en 1957. Lorsque les traitements par radiation n'eurent plus d'effets, son médecin, le docteur Philip Rubin, spécialiste en médecine nucléaire, tenta une dernière expérience pour à tout le moins soulager son patient dont le mal avait atteint la phase terminale. Il introduisit dans son organisme, par injection intraveineuse, des particules d'or radioactif. Au pied de son lit, une note disait : *va mourir dans les vingt-quatre heures.* Or, monsieur Audino, qui vouait une grande confiance au frère André, multipliait les prières. Quelques jours plus tard, son médecin constatait une guérison complète.

Interrogé au réseau anglais de Radio-Canada en 1978, le docteur Rubin affirma ne pouvoir expliquer scientifiquement cette guérison puisque son traitement radioactif, appliqué à d'autres cancéreux, n'avait jamais donné aucun résultat. Depuis, les médecins ont d'ailleurs cessé de l'administrer, vu les risques qu'il faisait courir au patient.

Rome soumit le dossier Audino à neuf médecins. Leurs rapports comptent 966 pages auxquelles s'ajoutent 150 radiographies. Si une seule objection avait semé le doute dans l'esprit de l'équipe médicale, le cas aurait été renvoyé. À l'unanimité, les experts ont conclu que la médecine ne pouvait pas expliquer le rétablissement de l'Américain.

En 1982, l'Église a, elle aussi, authentifié cette guérison miraculeuse et, le 23 mai, le pape Jean-Paul II a béatifié le frère André. À Montréal, les catholiques ont pu suivre les cérémonies romaines retransmises par satellite à la télévision.

La petite histoire raconte que cette année-là le miraculé Joseph Audino, alors âgé de 74 ans, jouait au golf et venait parfois à l'Oratoire Saint-Joseph pour remercier son bienfaiteur.

* * *

Avant de connaître les délices de la canonisation, le frère André, à qui l'on attribuait déjà plus de 125 000 guérisons, a dû accomplir un dernier miracle, celui-là après sa béatification. En février 2010, donc 28 ans plus tard, Rome a reconnu une nouvelle guérison comme étant scientifiquement inexplicable.

Le « miraculé » est un enfant de dix ans. Il circulait à vélo lorsqu'il a été happé par une voiture. L'accident, qui s'est produit en 1990, a laissé l'enfant avec deux fractures du crâne et une hémorragie cérébrale. La petite victime est restée dans le coma pendant trois semaines. Au dossier, le médecin a écrit : « Coma post-traumatique. Stade terminal par engagement du tronc cérébral. » Un arrêt cardiocérébral était prévisible. On attendait la fin. Or, au moment même où, à l'Oratoire Saint-Joseph, un membre de la famille demandait au bienheureux frère André sa guérison, l'enfant est sorti du coma.

Le docteur Yvon Roy, généraliste montréalais à la retraite, a dirigé l'équipe de huit médecins qui ont analysé le dossier. J'en ai discuté avec lui.

« Cette guérison ne s'explique pas médicalement, m'a-t-il dit, catégorique. L'état de l'enfant qui, comble de malchance, avait contracté une pneumonie était irréversible et le médecin soignant avait cessé tout traitement. Il l'avait même placé sur un protocole de dons d'organes. »

Avant d'en arriver à cette conclusion, le docteur Roy a consacré 2000 heures à ce cas surprenant. Il a étudié les 800 pages du dossier médical de l'enfant accidenté, consulté des spécialistes et rencontré les infirmiers du Service des soins intensifs de l'hôpital concerné. Son volumineux rapport a été remis à une commission médicale mandatée par le Vatican, qui a authentifié à l'unanimité cette guérison. Une commission théologique l'a ensuite attribuée à l'intercession du bienheureux frère André.

Ni le docteur Roy ni ses collègues n'ont de réticence à affirmer le caractère extraordinaire de cette guérison.

« Il ne peut s'agir d'une réaction psychologique de la part de l'enfant puisqu'il était dans le coma », dit-il en soulignant que les cas neurologiques sont plus embêtants.

Le petit garçon n'a gardé aucune séquelle physique ou mentale de l'accident. Il a repris ses études et aujourd'hui, à 30 ans, il se porte à merveille. La famille ne souhaitant pas être identifiée, l'Oratoire Saint-Joseph s'est engagé à la confidentialité.

* * *

Finalement, l'Église a confirmé ce que le peuple savait depuis belle lurette : le frère André est un saint.

L'humble portier du collège Notre-Dame, à Montréal, aura attendu 73 ans et subi d'interminables procès au cours desquels l'avocat du diable aura scruté sa vie à la loupe, tandis qu'une pléiade de médecins aura décortiqué ses guérisons dites miraculeuses. Entre-temps, les catholiques auront enterré six papes avant que le septième, Benoît XVI, le fasse enfin entrer au royaume des saints, le 17 octobre 2010.

Second saint né au pays, après Marguerite d'Youville, canonisée en 1990, le frère André a damé le pion à Kateri Tekakwitha, béatifiée deux ans avant lui, en 1980. À noter que les « saints martyrs canadiens », des jésuites que Pie XII a nommés seconds patrons du Canada, après saint Joseph, sont montés sur les autels avant lui, soit en juin 1930, mais tous sont originaires de France. C'est aussi le cas de Marguerite Bourgeoys, élevée à la sainteté en 1982.

On aurait tort de croire que l'Église a fait traîner le dossier du père de l'Oratoire Saint-Joseph. Plusieurs bienheureux, des évangélisateurs et des fondateurs pour la plupart, attendent leur tour depuis fort longtemps. Il en est ainsi pour monseigneur François de Laval et Marie de l'Incarnation, dont les procès ouverts à la fin du XIXe siècle semblent paralysés depuis leur béatification, en 1989.

D'autres candidats à la sainteté patientent sagement. Une douzaine d'entre eux ont déjà été béatifiés et cinq ont été déclarés vénérables. Enfin, 15 autres prétendants ont également vu leur cause introduite à Rome sans toutefois avoir réussi à ce jour à franchir les étapes subséquentes. Parmi eux, il y a Jeanne Mance, fondatrice de l'Hôtel-Dieu de Montréal, et Rosalie Cadron-Jetté, fondatrice de l'hôpital de la Miséricorde.

Le culte des saints a toujours existé. Dieu apparaissant inaccessible, le peuple se choisit des intermédiaires pour s'adresser à lui. Cette dévotion a pris beaucoup d'ampleur dès le IIe siècle, avec la multiplication des martyrs. Celui qui mourait par violence montait sur les autels par le fait même. Puis, l'Église a commencé à tenir compte de la vie exemplaire des modèles qu'elle voulait proposer à ses fidèles : vierges, confesseurs et moines sont alors entrés dans le royaume des élus. Parfois, la foule imposait ses choix au Vatican. « Ambroise est un saint », cria-t-elle, au IVe siècle. Et Rome canonisa l'évêque de Milan.

Au Moyen Âge, il a fallu mettre le holà à la canonisation en chaîne de faux guérisseurs qui ressuscitaient « miraculeusement » des malades enterrés vivants par une médecine ignorante. Mais le véritable renversement eut lieu sous Benoît XIV, vers 1750. Dès lors, la vie vertueuse des candidats prima leurs miracles.

Rome, qui s'est toujours méfiée des thaumaturges, les canonise rarement. La plus célèbre demeure Jean-Marie Vianney, connu sous le nom de curé d'Ars. Il a grossi les rangs des élus en 1925. Ce qui n'a pas empêché d'éminents médecins français d'affirmer que le saint homme était atteint de psychose hallucinatoire ! Comme l'écrivait Pierre L'Ermite, on peut être saint et névrosé.

Curieux paradoxe, Rome qui se montre aussi soupçonneuse que les incroyants devant l'inexplicable exige des miracles de ses futurs saints. Pourquoi un candidat à la sainteté devrait-il se manifester ainsi? La vie édifiante d'un frère André ou d'une mère Teresa ne devrait-elle pas suffire pour les proposer aux catholiques comme des modèles à imiter? Dans les officines du Vatican, la question ne fait pas l'unanimité. Pour l'heure, l'Église s'en tient à sa règle qui existe depuis des siècles. Dans une guérison miraculeuse, elle perçoit un signe de Dieu. Une preuve que le candidat à la sainteté est bien auprès de Lui.

* * *

Figure légendaire de notre histoire, le frère André est un homme bien ancré dans notre tradition. Aujourd'hui, le guérisseur s'efface derrière le fondateur de l'Oratoire Saint-Joseph. La science a évolué et la médecine explique maintenant certaines guérisons étonnantes hier encore. Le faiseur de miracles inspire moins, cependant, que le bâtisseur de cathédrale qui ne cesse d'étonner.

Bon an, mal an, deux millions de touristes empruntent la route qui mène au sanctuaire du mont Royal. Comme au temps du frère André, les croyants, mais aussi les non-croyants, demandent dans leurs prières la santé, le travail, l'harmonie dans la famille, le succès dans les études… On y croise encore des pèlerins qui montent à genoux les marches conduisant à la crypte ou qui, à la boutique de souvenirs, achètent des fioles d'huile bénite ou des statues de saint Joseph.

Les temps changent pourtant. Les paralytiques ne se lèvent plus comme jadis en criant: «Alléluia, je suis guéri.»

La coutume d'offrir ses béquilles ou sa canne en signe de reconnaissance au thaumaturge se perpétue. L'Oratoire conserve précieusement les ex-voto recueillis au début de l'œuvre, car ces objets appartiennent au patrimoine. Toutefois, on n'expose pas les appareils orthopédiques plus récents. Désormais, on les expédie en Haïti, où, depuis le tremblement de terre, les besoins se sont multipliés.

Reste une question : si les gens âgés demeurent attachés au frère André, que pensent de lui les jeunes du XXIe siècle ? Les vertus qu'il pratiquait – la piété, l'obéissance et la modestie – ne sont plus guère à la mode. Mais, selon le recteur de l'Oratoire, le père Claude Grou, on aurait tort de le considérer comme un héros du passé.

« Le don de sa vie pour les malades, sa générosité, son attention aux personnes souffrantes font de lui une source d'inspiration, dit-il. Aussi, il a démontré sa capacité d'aller au bout de lui-même. »

En ce sens, la vie du frère André est porteuse de messages. Au jeune qui arrive de la campagne et dont l'avenir est bouché, elle apprend la détermination et la ténacité. Le frère André lui dit : « Vas-y, t'es capable ! » À l'immigrant qui veut se tailler une place au soleil, il donne du courage : « Surtout, ne lâche pas. Moi aussi, j'ai tenté ma chance ailleurs. »

Le frère André incarne l'espoir. Il n'avait rien en partant. Ni famille, ni santé, ni instruction. Mais il a écouté sa voix intérieure et, envers et contre tout, a réalisé son grand rêve. Un rêve démesuré. C'est ainsi qu'aujourd'hui, et pour les siècles à venir, saint Joseph est honoré sur le mont Royal.

« Pour y arriver, souligne le père Grou, il s'est fait rassembleur. »

En effet, il a mis ses amis et ses visiteurs à contribution. Toujours, il a trouvé autour de lui quelqu'un prêt à donner un coup d'épaule pour construire la chapelle, à délier ses goussets ou à collecter des fonds. Avec l'aide de ceux qui, au fil des ans, sont devenus ses complices, il a fondé, à Montréal, le plus imposant temple dédié à saint Joseph au monde. Un lieu de pèlerinage qui accueille chaque année des milliers de visiteurs croyants et non croyants.

Épilogue

À l'orée des années 1980, ma décision d'écrire la vie du frère André n'allait pas de soi. Autant dire que je naviguais à contre-courant. Le Québec tout entier faisait table rase de son passé religieux, balançant par-dessus bord ses vendredis maigres, ses péchés mortels à confesser et ses médailles. Même les prêtres jetaient leur soutane aux orties.

Lorsque j'ai annoncé mon projet à mes amis, plusieurs se sont demandé quelle mouche m'avait piquée. Vous dire comme on m'a rabâché le monologue irrévérencieux des Cyniques intitulé *La visite à l'Oratoire*. Durant la Révolution tranquille, ces humoristes québécois pourfendaient la commercialisation du culte voué au frère André sur la montagne, où l'on vendait des « hot-dogs reliques-moutarde » et la boisson préférée du pape, le « papsi ». Marc Laurendeau nous introduisait dans le hall des miracles — *the Miracle Mart*. « *Follow the guide*, lançait-il. Ici, c'est le cœur du frère André à quarante ans. Là, le cœur du frère André à cinq ans… Ti-gars, remets ça dans le bocal… »

Est-ce ce monologue qui a incité des cambrioleurs à s'emparer du cœur du frère André en 1974 ? Toujours est-il que dans la nuit du 15 au 16 mars, l'urne dans laquelle il reposait a été dérobée. Posé sur une base de marbre, derrière une grille de fer verrouillée, le reliquaire était exposé au musée de l'Oratoire depuis plus de 20 ans. Les malfaiteurs avaient pénétré dans l'enceinte par une fenêtre et avaient fait sauter les verrous. On n'avait relevé aucun autre signe d'effraction, ce qui ajoutait au mystère.

On a d'abord cru qu'il s'agissait d'une blague d'étudiants, car au même moment le carnaval battait son plein à l'Université de Montréal. La rumeur a ensuite couru que des Américains protestants l'avaient emporté outre-frontière dans l'espoir de le vendre à prix fort. Peut-être était-ce plutôt le méfait d'un collectionneur d'objets de piété qui aurait bénéficié de la complicité de quelque religieux à l'intérieur? Chose certaine, les auteurs connaissaient le maniement des serrures.

Une rançon de 50 000 dollars fut demandée à l'Oratoire qui refusa de céder au chantage et jugea bon d'interdire toute collecte de fonds visant à rassembler le montant exigé. Mais voilà qu'à la mi-mars, un inconnu téléphona au *Journal de Montréal* et avisa le rédacteur en chef, Jacques Beauchamp, que des photographies du cœur du frère André se trouvaient dans une voiture garée sur le terrain d'un marchand d'automobiles, à l'angle des rues Saint-Denis et Crémazie. Une journaliste dépêchée sur les lieux en dénombra une douzaine.

L'enquête de la police de Montréal piétina pendant neuf mois. Puis, samedi le 21 décembre 1974, tôt le matin, le reliquaire était retrouvé intact dans le sous-sol d'une maison de rapport du sud-ouest de Montréal. Les voleurs avaient demandé à un jeune avocat montréalais du nom de Frank Shoofey de leur servir d'intermédiaire. On n'a jamais su le fin fond de l'affaire qui a néanmoins défrayé la chronique.

* * *

À ma première visite à l'Oratoire, c'est le père Bernard Lafrenière, responsable de la cause du frère André, qui m'a accueillie.

Je n'aurais pas pu mieux tomber. Non seulement savait-il tout de la vie et de l'œuvre du thaumaturge, mais il ne demandait pas mieux que de partager ses connaissances avec la biographe en herbe que j'étais. Certes, je n'ambitionnais pas de signer un ouvrage savant truffé de notes de bas de page, pas plus que je ne me sentais d'attaque pour explorer les arcanes de la spiritualité du petit frère. Mais je comptais bien le suivre à la trace pour tâcher d'appréhender le phénomène qui avait fait couler de l'encre pendant presque tout un siècle.

Je savais peu de choses de sa vie, si ce n'est qu'il avait guéri des milliers de gens et qu'on lui devait l'Oratoire Saint-Joseph. Ces guérisons, perçues comme des manifestations surnaturelles, m'intriguaient, mais je voulais surtout comprendre comment un obscur portier, illettré, méprisé par une partie du clergé et tenu pour un charlatan par les médecins, était devenu un bâtisseur de cathédrale vénéré partout sur la planète.

Au moment de sa disparition, à 91 ans, en ce lugubre 6 janvier 1937, le rédacteur en chef du *Devoir*, Omer Héroux, avait eu cette réflexion prémonitoire : *Un homme vient de mourir dont le trépas suscite la plus vive, la plus profonde émotion. […] Cet homme laisse derrière lui une œuvre qui tient du prodige, un monument matériel qui défiera les siècles, un monument spirituel dont personne ne peut mesurer l'importance…*

D'entrée de jeu, le père Lafrenière m'offrit un monumental ouvrage de 1146 pages intitulé *Le frère André et L'Oratoire Saint-Joseph du Mont-Royal*. Publié en 1963 par le chanoine Étienne Catta, un historien français réputé, ce livre constituait alors la source la plus complète qui existait sur le sujet. J'en fis ma bible. Le style est ampoulé, mais la mine de renseignements qu'on y trouve m'a permis de recréer le climat du temps et de replacer les événements dans leur contexte.

Le responsable de la cause m'a aussi autorisée à m'asseoir à la grande table de bois des archives de l'Oratoire, où j'ai pu potasser à volonté le *summarium*. Ce précieux document rassemble les dépositions assermentées de tous les témoins – amis, confrères, supérieurs, pèlerins et malades – au procès en vue de la béatification et de la canonisation du frère André. Un dossier de plus d'un millier de pages qui raconte presque au jour le jour, dans une langue parlée, la petite histoire du célèbre portier qui accomplissait des miracles. J'ai abondamment puisé dans les témoignages colorés, souvent naïfs, mais d'une valeur inestimable de ses contemporains pour recréer les scènes de la vie quotidienne.

* * *

Pour comprendre le phénomène, il fallait d'abord situer le frère André dans son époque. J'ai pris rendez-vous avec l'historien Michel Brunet, qui m'avait enseigné l'histoire à l'Université de Montréal. Je revois son sourire amusé tandis qu'il se souvenait que son propre père, un bon ami du thaumaturge, lui rapportait du poisson lorsqu'il allait à la pêche…

Plus sérieusement, il m'a décrit avec force détails le contexte socioéconomique qui prévalait au début du XXe siècle.

«Jusqu'en 1912, me dit-il, la métropole a connu des années fastes : déplacement des populations, développement hydroélectrique, industrialisation des pâtes et papiers, etc. La guerre de 1914, qui a profité à toute l'Amérique, a ensuite favorisé l'urbanisation de Montréal et a permis aux femmes d'accéder au marché du travail. Une légère récession a suivi. Elle a coïncidé avec l'épidémie de grippe espagnole qui a décimé des familles entières.

«Peu après, les affaires ont repris. Mais la grande prospérité des années 1920 s'arrêta brutalement en 1929, quand la crise économique frappa. Quelque 40 000 ouvriers se sont retrouvés chômeurs. En ce temps-là, l'assurance-chômage n'existait pas, l'aide sociale non plus. À la merci de la charité publique, les familles devaient s'en remettre au secours direct et à la générosité de la Société Saint-Vincent-de-Paul. Les suicides du haut du pont Jacques-Cartier n'étaient pas rares. »

Ce sont ces gens qui trouvaient refuge sur le mont Royal. Désemparés, ils n'avaient plus que leur foi inconditionnelle héritée de leurs pères et leur confiance inébranlable dans le frère André.

* * *

« Les gens aimaient le frère André parce qu'il leur ressemblait », me dit le père Émile Deguire, qui avait 83 ans bien sonnés lorsque je l'ai interviewé. « Il parlait la même langue qu'eux et avait un gros bon sens paysan. Sans le chercher, il était populaire auprès du petit monde qui l'acceptait comme l'un des leurs. »

Émile Deguire se définissait comme l'un des rares survivants d'une époque à jamais révolue, celle qui a vu naître et grandir l'œuvre de l'Oratoire Saint-Joseph. Pendant une quinzaine d'années, il a partagé ce qu'il appelait « les moments privilégiés » de la vie du thaumaturge. Soir après soir, dans l'intimité de leurs tête-à-tête, ce jeune prêtre de 30 ans recueillait les confidences du vieillard de 80 ans qui portait sur ses épaules un lourd destin. Par chance, le père Deguire avait précieusement conservé le carnet dans lequel il avait tout noté au fur et à mesure.

« J'avais une dizaine d'années quand j'ai vu le frère André pour la première fois, me raconta-t-il. C'était en 1906. J'accompagnais ma mère, qui était veuve, à l'Oratoire. À ce moment-là, il n'y avait qu'un petit sanctuaire sur la montagne. On s'agenouillait à la balustrade pour prier après notre visite à son bureau. Un jour, il m'a donné une médaille de saint Joseph.»

Le père Deguire en profita pour me mentionner que les visiteurs défilaient devant le thaumaturge à la vitesse de l'éclair. À peine avaient-ils eu le temps de réciter leur boniment que le frère André sonnait sa clochette. «Au suivant!», ordonnait-il, après les avoir enjoints à prier ou à faire une neuvaine.

Ce n'est qu'à partir de 1923 que le prêtre a véritablement connu le thaumaturge. Il venait d'être nommé directeur des *Annales de Saint-Joseph*. Ce qui le frappa au fur et à mesure qu'il le côtoyait? Sa simplicité, sa franchise et son rire d'enfant. Peu à peu, chacun triompha de sa timidité et leur amitié se scella définitivement lorsqu'ils se retrouvèrent voisins de chambre:

«Le soir, vers neuf ou dix heures, j'entendais trois coups vigoureux dans ma porte. Je savais que c'était lui. Il entrait, s'accoudait à mon *roll top* et passait une heure à jaser. C'était tout un conteur! Jamais il ne s'assoyait. Il me parlait des malades qu'il venait de visiter et des merveilles que saint Joseph avait accomplies. Il s'émerveillait devant les guérisons qui s'étaient produites au cours de la journée.

— S'attribuait-il un rôle dans ces guérisons? lui ai-je demandé.

— Non, il se percevait comme l'instrument de saint Joseph. Vous savez, il souffrait de voir que les gens s'imaginaient qu'il pouvait guérir à volonté. Un jour, je l'ai vu arriver tout énervé à mon bureau. Il a crié: «Venez vite, quelqu'un m'a pris à la gorge.» Je suis accouru et j'ai demandé à l'homme ce qu'il désirait. Il m'a répondu: «Je veux que le frère André me guérisse... Je l'ai serré à la gorge, mais ce n'était pas sérieux.» Je lui ai ordonné de partir.

— Le frère André devinait qu'une personne allait guérir. Comment l'expliquez-vous?

— En fait, il avait le don de guérison à son insu. Un soir, je lui ai dit: «C'est curieux, dans certains cas, vous dites aux malades qu'ils sont guéris et c'est fait. D'autres fois, vous leur conseillez de prier saint Joseph, de faire une neuvaine ou de se frictionner avec une médaille ou de l'huile. Alors, il m'a répondu: "Quand je dis à quelqu'un de lâcher ses béquilles, c'est que c'est évident qu'il va pouvoir marcher". Je crois que la formule lui venait selon son inspiration.»

Le père Deguire a consenti à me parler des fameux «frottages» si souvent dénoncés du frère André, qui lui ont valu les épithètes de vieux frotteux et de frère graisseux. Apparemment, le thaumaturge croyait que ce procédé naturel – l'usage de l'huile – favorisait la guérison et que celle-ci s'opérait par degrés. Il observait le malade avec une certaine anxiété, le regardait dans les yeux et l'interrogeait pour savoir si ça allait mieux. Dans ces moments-là, il paraissait en attente: «Il attribuait les guérisons à la confiance et à l'humilité des gens. Il était convaincu que beaucoup plus de malades seraient guéris s'ils persévéraient dans de telles frictions. Il appliquait l'huile sur les membres malades, mais jamais sur une plaie vive. Et il s'imposait la règle d'une grande propreté. Je peux vous dire aussi qu'il ne frictionnait pas au bureau. D'ailleurs, le temps lui en aurait manqué.»

Nous avons ensuite parlé de l'attitude du thaumaturge à l'égard des prêtres avec lesquels il s'entretenait rarement. Sous prétexte qu'ils étaient des théologiens, il préférait se taire et les écouter. Peut-être s'imposait-il une certaine réserve vis-à-vis de ceux qui le regardaient de haut ou le traitaient avec condescendance? En revanche, le père Deguire me confirma que ses amis, et ils étaient nombreux, l'aimaient beaucoup. L'un d'entre eux, sans le lui dire, lui avait même acheté une voiture:

«Le frère André ne l'a jamais su. Chaque fois qu'il réclamait un chauffeur, notre homme lui envoyait sa voiture conduite par l'un de ses employés. Mais attention: jamais il ne sortait pour son plaisir. Le père Clément rédigeait la liste des malades à visiter et il la suivait scrupuleusement.»

Même âgé, le petit frère – il mesurait à peine 5 pi (1,5 m) – travaillait comme un forcené. Ses journées commençaient à cinq heures et rarement s'accordait-il un moment de répit, malgré les 40 visiteurs qui se succédaient devant lui chaque heure. Il ne se plaignait pas et respectait son vœu d'obéissance. Il confia un jour à son voisin de chambre n'avoir jamais refusé de faire ce qu'on lui demandait lorsqu'il était portier au collège: «Je répondais toujours oui et je terminais la nuit ce que je n'avais pu faire le jour.»

Souvent, le père Deguire rédigeait des lettres au nom du thaumaturge. Alors, j'ai voulu savoir pourquoi la communauté n'avait pas fait instruire celui-ci.

«Dans ce temps-là, il y avait beaucoup d'analphabètes», répondit-il. Puis, comme s'il ne voulait pas que je méjuge le frère André, il ajouta: «Il n'était pas instruit, mais il était intelligent.» Et de me rappeler que l'évêque de Montréal, monseigneur Gauthier, avait vanté à haute voix son influence sur les ouvriers.»

L'affaire s'était passée à l'époque où les communistes s'infiltraient partout. Cela peut faire sourire aujourd'hui, mais le thaumaturge, comme ses visiteurs, avait la hantise du communisme qui apparaissait comme une terrible menace. Lors de sa dernière maladie, il a même offert sa vie pour sauver le monde de ce fléau.

«À sa mort, se souvenait le père Deguire, monseigneur Gauthier a affirmé que le frère André avait produit un courant extraordinaire dans le monde ouvrier contre les communistes et en faveur de l'Évangile.»

Lorsque notre entretien s'acheva à son bureau de l'Oratoire, je quittai l'ami du frère André avec le sentiment de mieux connaître celui dont je voulais écrire la vie. Me revient à la mémoire ce que le père Deguire me dit en me serrant la main.

« Encore aujourd'hui, le frère André fait partie de la famille. »

Ô combien il avait raison ! Au hasard de mes recherches, j'ai constaté qu'il suffit de prononcer son nom pour déclencher la machine à souvenirs. L'oncle de l'un, guéri d'un cancer par la médaille que le thaumaturge lui avait accrochée au cou, a vécu jusqu'à… 83 ans. La cousine d'un autre, qui pourtant s'était fait rabrouer sans pitié malgré ses infirmités, avait recommencé à marcher sitôt après sa visite à l'Oratoire. Chacun a sa propre anecdote à raconter. Sans oublier tous ceux qui se réclament de sa parenté. Des Bessette, des Foisy, des Nadeau, des Lefèbvre…

Lorsque, quelques années plus tard, je m'attaquerai à la biographie du cardinal Paul-Émile Léger, celui-ci m'avouera qu'à l'adolescence, sa rencontre avec le thaumaturge n'avait pas été une expérience exaltante :

« Il paraissait plutôt réticent derrière son guichet, se souvenait-il. Après avoir écouté mes problèmes de santé, il m'a donné sa recette. Je l'ai suivie, mais je ne crois pas avoir fait passer ma prière par l'entremise du frère André, car je n'avais pas tellement confiance en son pouvoir d'intervention. À l'époque, qui aurait pu penser qu'on l'élèverait un jour sur les autels ? »

Ce genre de témoignages se compte par centaines. Cependant, il est parfois difficile de démêler le vrai du faux dans ces récits 100 fois répétés en toute bonne foi, mais qui, hélas ! sont jugés peu crédibles. J'ai rencontré deux personnes qui jurent avoir en leur possession le chapelet que le frère André a reçu de sa mère. Quelqu'un m'a aussi raconté un fait qui se serait produit dans la chapelle de l'Oratoire : un paralytique fraîchement guéri se serait fracassé la tête en tombant sur la balustrade et serait mort sur le coup. Aucune trace de cet accident fatal dans les archives que j'ai dépouillées. Et que penser de ce témoin encore vivant qui se souvient clairement que le petit frère, alors âgé de 77 ans, «coachait» son équipe de hockey au collège Notre-Dame?

* * *

Comme tout un chacun, je restais perplexe quant à la véracité des dizaines de milliers de guérisons qu'on attribuait au frère André. Étaient-elles réelles ou imaginaires?

Pour les besoins d'un film que j'ai préparé avec la cinéaste Mireille Dansereau, en 1982, j'ai fait la connaissance d'un «miraculé» de 1935. Jacques Berthiaume avait neuf ans quand il rencontra le frère André au parloir du Collège de Saint-Césaire. Incapable de se tenir sur sa jambe gauche, il ne se déplaçait jamais sans ses béquilles. «Je veux me faire guérir», dit-il candidement au thaumaturge, qui lui répondit: «Va demander à ta mère si je peux apporter tes béquilles à l'Oratoire.» L'enfant courut jusqu'à chez lui. «C'est seulement en voyant maman pleurer que j'ai compris que je marchais sans mes béquilles», m'a-t-il confié, 50 ans après les faits.

Nul ne conteste le rôle de la confiance et de la foi dans le processus de guérison. Comme m'a fait remarquer l'animateur de radio Jacques Languirand, que j'ai interviewé dans le cadre de ce film, le frère André possédait le don de guérison, c'est-à-dire une énergie suggestive qui découle de l'émotion.

«Le simple fait de savoir que le frère André a guéri quelqu'un suggère qu'il en avait le pouvoir, m'expliqua-t-il, et cela déclenche le processus d'autoguérison. Comme le démontre la médecine, l'effet placebo demeure le plus grand agent de guérison de tous les temps. Surtout, n'allez pas dire que ça ne marche par sur vous, ça marche sur tout le monde.»

Il n'empêche, le récit des guérisons attribuées au frère André suscite bon nombre de questions. Car, si elles passent pour miraculeuses aux yeux de ceux qui en ont bénéficié ou qui en témoignent, elles ont rarement été étudiées scientifiquement.

Ainsi, le premier mars 1909, le père Georges Dion, supérieur provincial de la congrégation de Sainte-Croix, mentionne pour la première fois en chaire que des « miracles » s'opèrent à l'Oratoire. Il relate l'extraordinaire guérison de madame Napoléon Courchêne, de Saint-Guillaume d'Upton, « qui est venue se confier aux prières du frère André ». Jamais auparavant, il ne s'était autant avancé. Comme preuve, il présenta deux certificats. Le premier, de la plume du médecin traitant de la patiente, se lit comme suit :

Saint-Guillaume d'Upton, 19 février 1913

Je, soussigné, médecin licencié de la Province de Québec, certifie que Madame Napoléon Courchêne, de cette paroisse, a été malade et sous mes soins depuis le mois de juin 1906, d'une maladie intestinale et utérine, que je ne puis définir d'une manière absolue et que je considérais incurable. Je certifie, en outre, que je vois aujourd'hui la même personne guérie d'une manière qui est en dehors de mes connaissances et que je puis appeler miraculeuse. En foi de quoi, je donne ce certificat.

Dr J. L. A. Melançon

Le même jour et dans le même village, le curé de la paroisse signe, lui aussi, une déposition :

Je, soussigné prêtre, curé, certifie que Madame Napoléon Courchêne a été gravement malade depuis dix-huit mois. Aujourd'hui, elle est parfaitement bien; elle a été guérie après une neuvaine à saint Joseph.

En foi de quoi, je donne ce certificat.

F.-X. Lessard, prêtre, curé.

Vu avec nos lunettes d'aujourd'hui, il est évident que ces deux certificats ne constituent pas des preuves convaincantes. Il faut admettre aussi que la médecine a fait des pas de géant au fil des ans. Une guérison jugée miraculeuse hier s'explique peut-être scientifiquement à présent. Cela dit, si l'on ne met pas en doute la bonne foi de la plupart des témoins, il serait hasardeux de conclure à tout coup à une intervention surnaturelle.

J'ai consulté une batterie de médecins, psychanalystes et anthropologues pour mieux comprendre comment des milliers de gens ont pu se déclarer guéris après leur visite au frère André ou à son tombeau, ou simplement à la suite d'une neuvaine. Surprise! pour bon nombre de professionnels, ces guérisons n'ont rien d'étonnant.

Les explications du docteur Gilles Bibeau, psychiatre et anthropologue, méritent qu'on s'y arrête. Ayant observé les guérisseurs d'Afrique et d'Amérique du Sud pendant dix ans, il a pu mesurer l'efficacité de leurs techniques et l'influence bénéfique des rituels symboliques, comme le chant ou les danses, sur la psychologie des personnes malades.

Selon lui, le corps possède une capacité extraordinaire de se guérir:

«Quatre-vingt-dix pour cent des malades qui se rendent chez le médecin pourraient se guérir eux-mêmes grâce à leurs propres mécanismes d'autoguérison », dit-il, avant d'ajouter que les guérisons sont le fruit d'un processus naturel. « Y voir un miracle, c'est banaliser les forces naturelles. »

La grande question à laquelle on doit répondre : à quelle variable faut-il imputer la guérison d'une personne ? Est-ce le médicament qu'on lui a administré qui l'a provoquée ? Avait-elle la volonté de guérir ? L'hérédité a-t-elle joué un rôle ?

« Nous savons que certains états émotionnels intenses enclenchent dans le corps par le système nerveux central des mécanismes de guérison. »

Mais, ce qui, selon lui, est fondamental dans une médecine, ce n'est pas d'abord de faire disparaître la maladie, mais de lui donner une signification. Pourquoi s'est-elle produite ? A-t-elle un sens dans la trajectoire de vie de la personne ?

« Le grand mérite du frère André, conclut-il, c'est moins d'avoir guéri un millier de gens que d'avoir donné un sens à la maladie, rôle que devrait jouer la médecine, mais dont elle s'est écartée pour devenir essentiellement curative. Le frère André a respecté la maladie et l'inéluctabilité de la mort. En créant des dispositions psychologiques positives, il a permis à un certain nombre de personnes de s'en tirer. Aux autres, il a rendu leur mal acceptable, supportable. Ainsi, il a fait un bien immense à une population de malades. »

* * *

Reste la méthode du frère André. La plupart du temps, il recommandait au malade ou à l'éclopé de se frictionner avec l'huile d'olive bénite, puisée dans un vase brûlant placé sous la statue de saint Joseph. « Frottez-vous et saint Joseph fera le reste », répétait-il aux visiteurs qui défilaient devant lui et à qui il distribuait des médailles miraculeuses. Il n'en fallait pas plus pour que ses dénonciateurs le traitent de frère graisseux et de vieux frotteux.

L'usage de l'huile peut surprendre. Pourtant, tous les thaumaturges emploient un corps quelconque et se prêtent à des manipulations corporelles. Ainsi, Jésus délayait de la poussière dans sa salive, puis l'appliquait sur les yeux d'un aveugle. L'onction des malades, recette empruntée à la Bible, est une tradition dans l'Église.

Certains voient toutefois dans l'application de l'huile sur les membres malades un mélange de superstition et de fétichisme. Ont-ils raison ?

« Oui, répond le père Benoît Lacroix, spécialiste des religions populaires à qui j'ai posé la question. Le peuple a droit à ses rites qui lui viennent de la tradition. S'il lui faut des bibelots, pourquoi pas ? »

Selon lui, il y avait chez le frère André un côté magicien qui n'avait pas peur des médailles, de l'huile et de tout ce qui paraît suspect aux yeux des érudits. Un mélange inséparable de foi et de naïveté.

« Il avait la confiance absolue que les malades guériraient grâce à saint Joseph et il prédisait leur guérison. »

La religion oscille entre la superstition et l'adoration, dit-il. Et l'Oratoire Saint-Joseph est l'alliance réussie du profane et du sacré, de l'imaginaire et du réel :

« Il faut capituler devant la superstition quand elle n'est pas désordonnée. Mais lorsque les églises en profitent pour s'enrichir, là, je ne marche plus. »

Le père Benoît Lacroix, qui a effectué une impressionnante recherche pour essayer de comprendre le phénomène, ne croit pas facilement aux miracles. Mais il a foi dans les capacités insoupçonnées de l'être humain.

«Freud nous a fait découvrir les mille facettes du subconscient. Le surconscient, lui, n'est pas encore exploré. Un jour viendra un nouveau Freud qui démontrera que chaque personne détient un pouvoir spirituel sur une autre.»

Le frère André réalisait-il qu'il guérissait? D'après le père Lacroix, il était surtout un homme d'instinct. Il voyait que quelque chose se passait, mais ne savait pas quoi. En ce sens, il apparaît comme l'exemple parfait du médiateur qui refuse de se placer au-devant de la scène. Lui, il préférait valoriser saint Joseph.

«La guérison n'est pas seulement la rencontre de deux confiances: celle du guérisseur et celle du patient. Un élément à ne pas délaisser est la confiance qu'on a en la toute-puissance divine. La guérison s'opère à trois: le malade, le médiateur et Dieu.»

* * *

Lorsqu'il était portier au Collège Notre-Dame, le frère André avait l'habitude de placer sa statue de saint Joseph de dos, comme pour forcer celui-ci à regarder la montagne. Déjà, il rêvait d'ériger sur le mont Royal un sanctuaire dédié à la mémoire du père de Jésus. D'une décennie à l'autre, il a convaincu ses visiteurs de l'aider à réaliser son rêve. Des gens d'ici et d'ailleurs ont gravi la pente abrupte dans l'espoir d'y trouver sinon la guérison du moins le réconfort. Conquis par ce petit religieux plein de compassion pour leurs misères, ils ont contribué dans la mesure de leurs moyens à l'érection d'une chapelle et, plus tard, d'un impressionnant sanctuaire. Certains ont retroussé leurs manches pour mettre l'épaule à la roue, d'autres ont financé les travaux avec de modestes offrandes ou de généreux dons, et cela, même pendant la crise économique.

L'histoire de l'Oratoire en est une de foi, mais aussi de solidarité, comme le note le père Lacroix dans son analyse intitulée *L'Oratoire Saint-Joseph*, *avec tout ce qu'il véhicule d'histoire, de dévotions, de traditions et de souvenirs du frère André, comme un fait populaire.* Publiée en 1979, cette réflexion sur une page importante de notre passé me semble toujours pertinente aujourd'hui.

L'historien constate que ce qui a fait la popularité de ce sanctuaire, c'est moins l'opposition de certains clercs à ses débuts et la participation des laïcs que la personne même du frère André. Cet homme peu instruit et issu du monde ordinaire a vite ému, rallié et fait bouger les masses.

Dans les temps durs, les lieux de culte attirent les foules. D'ailleurs, les guérisons se produisent souvent pendant les manifestations de ferveur collective. La rencontre d'un guérisseur ajoutée au cortège d'émotions, d'espoir et d'attente agit.

> *Le peuple va sur la montagne pour répondre à un besoin instinctif de visualiser le sacré,* écrit-il, *de toucher, d'expérimenter le surnaturel par des gestes aussi élémentaires que voir la chapelle du frère André, toucher son tombeau, baiser une relique, une statue, dire des mots qui ont une valeur presque magique, faire ou accomplir une promesse, voire un vœu, utiliser l'eau, l'huile dans leur signification fondamentale et cosmique.*

Même les béquilles, cannes et autres ex-voto que l'on expose dans les lieux de culte trouvent grâce à ses yeux. D'après lui, on ne doit pas sous-estimer la valeur sociologique, thérapeutique et humaine du pèlerinage qui permet de mieux incarner son sens spirituel. Les gens y viennent pour goûter la foi, pour être surpris, émus, pour s'étonner. Il précise, dans son analyse :

Il ne faut pas leur reprocher. Le merveilleux est une nourriture nécessaire. Qui ne s'émerveille pas, qui n'attend pas de miracles a perdu son enfance… Dommage !

Lors d'une rencontre, j'ai demandé au père Lacroix quelle signification il donnait au fait que le sanctuaire se trouve haut perché sur le mont Royal, quasi inaccessible aux malades et aux handicapés ?

« Le frère André a deviné d'instinct que la montagne était un lieu sacré naturel », m'a-t-il répondu, en soulignant qu'à l'origine de tous les grands cultes, dans toutes les religions, il y a quelque chose qui dépasse l'ordinaire. « Car le peuple aspire à l'extraordinaire. À l'Oratoire, il y a du rationnel et de l'irrationnel, de l'imaginaire et du réel vécu. »

Autre trait important qu'il souligne dans sa recherche, l'homme est essentiellement pèlerin. Or, là-haut, les paralysés se sentent portés par les autres, comme réhabilités dans leurs fonctions de marcheurs. Et de faire remarquer qu'en ce pays démesuré, on a besoin de vaincre la distance, de conquérir l'espace qui l'entoure.

Spécialiste de l'histoire médiévale, il rappelle que, pour les pèlerins, et sans qu'ils en prennent toujours conscience, il se passe à l'Oratoire Saint-Joseph, comme dans les cathédrales du Moyen Âge, un phénomène prophétique. Car cet édifice symbolise le monde idéal en miniature.

Ici on adore, on se recueille, écrit-il encore. Ici, le peuple vit non pas l'éclatement de la communauté humaine en petits groupes et nations, mais celui de la grande communauté des rachetés. Rassemblements, abolitions des ethnies, noces anticipées, avant-goûts d'une société idéale, ce qu'on appellerait la vocation eschatologique de l'Oratoire depuis 1904.

C'est là l'œuvre visible du frère André qui, selon l'historien, résume à lui seul un siècle de religion populaire en Amérique francophone, comme Lionel Groulx représente à sa façon presque un siècle de nationalisme.

« C'est le peuple qui l'a identifié, dit-il. Les gens de toutes les origines et de toutes les religions ont senti qu'il les comprenait. Il a réussi à s'imposer dans son milieu parce qu'il incarne les valeurs spirituelles de nos traditions. »

Pour le père Lacroix, nul doute, le frère André fait partie de la race des défricheurs.

« Dans un pays jeune comme le nôtre, la spiritualité n'est pas passive, conclut-il. C'est l'action qui prime. Or le frère André était un mystique à l'intérieur et un homme d'action à l'extérieur. Il a commencé une œuvre et l'a organisée. C'est un pionnier. »

Remerciements

Jacques Berthiaune, frère de Saint-Césaire
Gilles Bibeau, psychiatre et anthropologue
Marie-Marthe Brault, ethnologue et sociologue
Benoit Brunelle, prêtre, étudiant au Collège Notre-Dame
Michel Brunet, historien
Marguerite Claude, fille d'Azarias Claude, ami du frère André
Michel Dansereau, psychanalyste
Émile Deguire, prêtre, ex-recteur de l'Oratoire Saint-Joseph
Jean-Guy Dubuc, prêtre, ex-éditorialiste à *La Presse*
Gérald Godin, alors ministre des communautés culturelles et de
   l'immigration
Père Claude Grou, recteur de l'Oratoire Saint-Joseph
Benoît Lacroix, dominicain, historien, spécialiste des religions
   populaires
Jacques Languirand, animateur radio
Marc Laurendeau, humoriste et journaliste
Cardinal Paul-Émile Léger, archevêque de Montréal à la retraite
Dr Yvon Roy, médecin généraliste

Un merci tout spécial au regretté père Bernard Lafrenière, responsable de la cause du frère André dans les années 1980, et à Jean-François Rioux, l'actuel archiviste à l'Oratoire Saint-Joseph. Leur collaboration m'a été précieuse.

Sources

ALLAIRE, Chanoine J. B. A. *Dictionnaire biographique du clergé canadien-français*, tome I, Montréal, Imprimerie de l'École catholique des Sourds-muets, 1908-1934.

Annales de Saint-Joseph, Montréal, Frères de Sainte-Croix, 1912-1939,

BASTYNS, frère Marie-Ludovic. *Le petit frère André du Canada, un trouvère de saint Joseph*, Montréal, Éditions Marie-Média-trice, 1951, 143 pages.

BERGERON, Henri-Paul. *Le frère André*, Montréal, Fides, 1947, 265 pages.

BERNARD, Henri. *Le pèlerinage dans la pastorale d'aujourd'hui*, Ottawa, Fides, 1966.

BON, Docteur Henri. *Le miracle devant la science*, Nice, Le Centurion, 1957, 227 pages.

BORDELEAU PEPIN, Denise. *La création d'une nation en Nouvelle-France et les Fondateurs de son Église*, Tome II, Montréal, Éditions du Long-Sault, 2009, 129 pages.

BRAULT, Marie-Marthe. *Monsieur Armand, guérisseur*, Montréal, Parti-pris, 1974, 155 pages.

_____. *Oratoire Saint-Joseph du Mont-Royal, étude d'un sanctuaire de pèlerinage catholique*, Thèse de maîtrise en anthropologie, Université de Montréal.

BURTON, Katherine. *Brother André of Mont-Royal*, Indiana, Ave Maria Press, 1952, 197 pages.

CATTA, Étienne, Chanoine. *Le frère André et l'Oratoire Saint-Joseph du Mont-Royal*, Montréal et Paris, Fides, 1964, 1146 pages.

CHAPELLE, Joseph. *Histoire du 22ᵉ bataillon*, Montréal, Chanteclerc, 1952.

CHAUFFIN, Yvonne et Marc Oraison. *Le tribunal du merveilleux*, Paris, Pion, 1976, 241 pages.

CROIDYS, Pierre. *Frère André de la congrégation de Sainte-Croix*, Paris, La Colombe, 1957, 125 pages.

DESNOYERS, l'Abbé Isidore. *Histoire de Saint-Césaire*, archives de l'évêché de Saint-Hyacinthe.

FILTEAU, Gérard *Histoire des patriotes*, Montréal, L'Aurore, 1975, 481 pages.

GAUTHIER, Père Roland. *La dévotion à saint Joseph chez le frère André, avant la fondation de l'Oratoire du Mont-Royal*, texte d'une conférence prononcée à Ségovie en 1978 et à l'Oratoire Saint-Joseph en 1976.

GODBOUT, Arthur. *L'origine des écoles françaises dans l'Ontario*, Ottawa, Presses de l'Université d'Ottawa, 1972, 183 pages.

GRAND'MAISON, Jacques. *Crise du prophétisme*, Montréal, L'Action catholique canadienne, 1965, 315 pages.

GROULX, Chanoine Lionel. *Les rapaillages, vieilles choses et vieilles gens*, Montréal, 1916.

GROULX, Lionel (Alonié de Lestres). *L'appel de la race*, Montréal, Fides, 1956

HAM, George, H. *Le thaumaturge de Montréal*, 1941, 72 pages, Toronto, The Musom book, 252 pages.

_____. «The Miracle Man», *MacLean*, 1ᵉʳ février 1921.

HATCH, Alden. *Le miracle de la montagne*, Paris, librairie Arthéme Fayard, 1959, 206 pages.

INSTITUT GÉNÉALOGIQUE DROUIN. *Généalogie de frère André, (Alfred Bessette)*, Montréal, 1938.

LACHANCE, Micheline. «Comment on fabrique un saint», *L'actualité*, Mai 1982, p. 86-93.

LACROIX, Benoît. «L'Oratoire Saint-Joseph (1904-1979), fait religieux populaire», *Les cahiers de Joséphologie*, Vol. XXVII, n° 2, 1979.

LAVOIE, Yolande. *L'émigration des Québécois aux États-Unis, de 1840 à 1930*, Québec, Gouvernement du Québec, Conseil de la langue française, éditeur officiel du Québec, 1979, 55 pages.

LE BEC, docteur R. *Raisons médicales de croire au miracle*, Paris, Bonne presse, 1949, 208 pages.

LEGAULT, André, c.s.c. *Le frère André*, Montréal, Fides, 1946, 32 pages.

L'HERMITE, Jean. *Le problème des miracles*, Paris, Gallimard, 1956, 234 pages.

ORAISON, Marc. *Médecins et guérisseurs*, Paris, Le Thielleux, 1955, 142 pages.

L'Oratoire, revue mensuelle publiée à la suite des *Annales de Saint-Joseph*, depuis 1944.

Œuvre des tracts, sous la direction des Pères Jésuites, brochures sur le communisme, 1936. Tracts numéro 201, 203 et 209.

Oratoire Saint-Joseph, publication officielle, textes et photos de Henri Bernard, Montréal, 49 pages.

OUELLET, Fernand. *Histoire économique et sociale du Québec, 1760-1850*, Montréal, Fides, 1971, 289 pages.

PACIORKOWSKI, Ryszard. *Guérisons paranormales dans le christianisme contemporain*, Varsovie, 1976, 168 pages.

PH'ABREY, Gilles. *Le portier de saint Joseph*, Montréal, Fides, 1958, 208 pages.

PROVENCHER, Jean. *Québec sous la loi des mesures de guerre, 1918*, Trois-Rivières, les éditions du Boréal Express, 1971, 146 pages.

RENY Paul. *Le frère et la religieuse, vus par des étudiants de niveau collégial*, Enquête, 1975.

RIVARD, Adjutor. *Chez nous*, Montréal, Bibliothèque de l'Action française, 1923.

ROBILLARD, Denise. *Les merveilles de l'Oratoire (1904-2004)*, Montréal, Fides, 2005, 484 pages.

RUMILLY, Robert. *Henri Bourassa*, Montréal, Les Éditions de l'Homme, 1969, 791 pages.

_____. *Histoire de la province de Québec*, Tomes VII et XV, Montréal, Fides, 1973.

_____. *Histoire de Montréal*, Tomes 3 et 4, Fides, Montréal, 1974.

SAINT-PIERRE, Arthur. *L'Oratoire Saint-Joseph*, s.l., Montréal, 1928, 144 pages.

SIMARD, Jean. *Un patrimoine méprisé, la religion populaire des Québécois*, en collaboration avec Joceline Milot et René Bouchard, Montréal, Hurtubise/HMH, Cahiers du Québec, 1979, 309 pages.

* * *

DANSEREAU, Mireille (réal.). 1982. *Le frère André*. Film produit par Radio-Québec d'après un scénario de Micheline Lachance et de Mireille Dansereau.

Index

Ganz, Arthur, 312, 313, 314, 315, 321, 322, 345.

Gardiner, John, 223.

Gauthier, Georges (monseigneur), 256, 247, 311, 343, 344, 352, 364, 372, 379, 404.

Gauthier, Raoul, 307, 308, 309, 310, 322.

Gauthier, Raoul (madame), 309, 310, 311.

Gauthier, Roland (père), 418 (sources).

Geoffrion, Louis (père), 45, 46, 283.

Gérard (frère), 130.

Gertrude (sainte), 249, 328.

Giacomini, A., 169.

Gilman, Alexander, 264, 265.

Gilman, Alexander (madame), 264, 265.

Godbout, Adélard, 284, 285, 286.

Godin, Gérald, 415 (sources).

Gordon, Sir Charles, 332.

Gouin, Paul, 323.

Gouin, sir Lomer, 89, 149.

Gravelle, Camil, 301.

Gray, Léon, 330, 331, 332, 335.

Grou, Claude (père), 394, 415 (sources).

Grou, Elphège (père), 141, 142.

Groulx, Lionel, 290, 297, 413, 418 (sources).

Guérin, (madame), 356.

Guerin, Michael, 45, 46.

Gunn, Alexander, 45.

Ham, George (colonel), 200, 418 (sources).

Hannon, Martin, 79, 80.

Hébert, Dieudonné, 234, 235, 236.

Hébert, Dieudonné (madame), 234.

Henri (frère), 38, 61, 253.

Héroux, Omer, 371, 399.

Ignace (frère), 45, 49, 73.

Janet, Pierre (docteur), 191.

Jean-Paul II, 389.

Jean XXIII, 387.

Jette, Joseph, 93, 94.

Joseph (saint), 10, 18, 20, 21, 23, 24, 25, 26, 28, 37, 38, 40, 43, 45, 46, 47, 49, 50, 51, 52, 57, 60, 62, 63, 67, 68, 69, 70, 71, 72, 73, 74, 79, 80, 94, 95, 96, 98, 99, 100, 101, 102, 103, 109, 113, 126, 129, 130, 132, 135, 143, 144, 145, 150, 151, 152, 159, 165, 167, 169, 170, 174, 175, 180, 181, 183, 192, 194, 202, 209, 211, 215, 238, 249, 258, 271, 274, 276, 285, 287, 294, 295, 298, 300, 301, 302, 308, 310, 315, 316, 321, 322, 327, 328, 330, 331, 333, 334, 336, 338, 346, 347, 348, 349, 351, 352, 355, 356, 359, 360, 361, 362, 364, 365, 375, 381, 382, 386, 391, 393, 394, 395, 402, 403, 408, 409, 410, 411, 417 (sources), 418 (sources).

Joseph-des-Chérubins (sœur), 258.

Laberge (docteur), 30, 31, 32.

Labonté, Elphège (père), 253, 254, 255, 268.

Lacroix, Benoît, 410, 411, 412, 413, 414, 415 (sources).

Lacroix, Édouard, 20.

Ladislas (frère), 26.

Laënnec, Paul, 189, 191, 196.

Lafrenière, Bernard (père), 7, 384, 388, 398, 399, 415 (sources), 416 (sources).

Lalande, Joseph, 98, 102.

Lalonde (père), 163.

Lalonde, Gabrielle, 162.

Lalonde, Henri, 162.

Lalonde, Marcel, 370.

Lamy, Lionel (docteur), 191, 196, 247, 248, 249, 276, 277, 291, 292, 294, 295, 296, 355, 357, 359, 360, 362, 365, 369, 380, 386.

190, 197, 198, 199, 249, 250, 251, 252, 273, 274, 275, 293, 294, 320, 321, 327, 328, 329, 350, 357, 358, 359, 361, 366.

Pietro di Maria (monseigneur), 231.

Pie X, 152.

Pie XI, 363, 365.

Pie XII, 379, 387, 391.

Placide (frère), 351, 359, 360.

Plouffe (docteur), 238, 239,

Plouffe, Albert, 347.

Préfontaine (monsieur), 51.

Plouffe, Jean-Baptiste (père), 255, 256.

Préfontaine, Édouard, 50, 51.

Provençal, André (messire), 176, 178, 179, 180, 334.

Raymond, 387.

Raynault, Adhémar, 372.

Richard, Calixte, 59, 60, 66, 67.

Riopelle, J. L. (docteur), 369.

Rioux, Jean-François, 416 (sources).

Robert (frère), 175, 189, 235.

Robert, Moïse, 237, 238, 239, 240, 241, 242, 243, 244.

Robert, Moïse (madame), 238.

Rockfeller, John D., 355.

Rose-Aline, 387.

Routhier (monsieur), 100.

Roy (père), 231, 310.

Roy, Yvon (docteur), 390, 415 (sources).

Rubin, Philip (docteur), 388, 389.

Rumilly, Robert, 89 (notes), 91 (notes), 286 (notes), 420 (sources).

Ryan (les), 355.

Sainte-Catherine-de-Ricci (sœur), 30.

Sainte-Sophie (sœur), 30.

Saint-Georges Morissette (maître), 322, 323, 324.

Savaria, J.-T., 98, 102.

Shoofey, Frank, 398.

Simard, Jean, 11.

Suzie [fille d'Alphonsine Bessette], 109.

Sylvestre (curé), 111.

Sylvestre, Adolphe (chanoine), 384.

Tail, Ralph (madame), 201, 202.

Taschereau, 323.

Tekakwitha, Kateri, 391.

Teresa (mère), 393.

Ubald (docteur), 365.

Val, Merry del (monseigneur), 152.

Valente, Antonio, 316, 317, 318.

Valente, Antonio (madame), 316, 317, 318.

Vanutelli (monseigneur), 88, 91.

Veilleux, Charles-Eugène, 95.

Veilleux (madame), 95.

Vianney, Jean-Marie, 392.

Viau (fille de monsieur), 100.

Vierge (sainte), 250, 251, 328.

Vignola-Breton, Yvonne, 388.

Villeneuve, Rodrigue (cardinal), 371, 373, 375.

Youville, Marguerite d', 391.

INSTITUTIONS, LIEUX ET COMMUNAUTÉS RELIGIEUSES

Bon Pasteur de Lisbonne, 144.

Chevaliers de Colomb, 218.

Congrès eucharistique, 78, 87, 92, 107, 142, 256.

Croix-Rouge, 144.

Église catholique, 10, 69, 89, 90, 97, 102, 200, 218, 275, 276, 365, 371, 379, 384, 388, 389, 391, 392, 393, 410, 417 (sources).

Table des matières

Suivez les Éditions de l'Homme sur le Web

Consultez notre site Internet et inscrivez-vous à l'infolettre pour rester informé en tout temps de nos publications et de nos concours en ligne. Et croisez aussi vos auteurs préférés et l'équipe des Éditions de l'Homme sur nos blogues!

www.editions-homme.com

Achevé d'imprimer au Canada
sur papier Enviro 100 % recyclé